LOUIS LEGER
MEMBRE DE L'INSTITUT
PROFESSEUR AU COLLÈGE DE FRANCE

Serbes Croates et Bulgares

ÉTUDES HISTORIQUES, POLITIQUES ET LITTÉRAIRES

LES ORIGINES DE LA NATION SERBE. — LA LITTÉRATURE SERBO-CROATE. — GEORGES D'ESCLAVONIE, CHANOINE PÉNITENCIER A TOURS. — LA CULTURE INTELLECTUELLE EN BOSNIE-HERZÉGOVINE. — L'ILLYRISME. — LA RENAISSANCE INTELLECTUELLE DES SERBES. — MOLIÈRE A RAGUSE. — LES USKOKS. — LE POÈME NATIONAL DU MONTÉNÉGRO. — LA GUZLA DE MÉRIMÉE. — L'ÉVÊQUE STROSSMAYER. — LE CENTENAIRE DE LA LITTÉRATURE BULGARE. — LA BULGARIE MODERNE. — LE ROI FERDINAND. — UNE EXCURSION A SOFIA.

PARIS
LIBRAIRIE DES CINQ PARTIES DU MONDE
JEAN MAISONNEUVE & FILS, ÉDITEURS
3, RUE DU SABOT

1913

Serbes
Croates
et Bulgares

LOUIS LEGER

MEMBRE DE L'INSTITUT

PROFESSEUR AU COLLÈGE DE FRANCE

Serbes Croates et Bulgares

ÉTUDES HISTORIQUES, POLITIQUES ET LITTÉRAIRES

LES ORIGINES DE LA NATION SERBE. — LA LITTÉRATURE SERBO-CROATE. — GEORGES D'ESCLAVONIE, CHANOINE PÉNITENCIER A TOURS. — LA CULTURE INTELLECTUELLE EN BOSNIE-HERZÉGOVINE. — L'ILLYRISME. — LA RENAISSANCE INTELLECTUELLE DES SERBES. — MOLIÈRE A RAGUSE. — LES USKOKS. — LE POÈME NATIONAL DU MONTÉNÉGRO. — LA GUZLA DE MÉRIMÉE. — L'ÉVÊQUE STROSSMAYER. — LE CENTENAIRE DE LA LITTÉRATURE BULGARE. — LA BULGARIE MODERNE. — LE ROI FERDINAND. — UNE EXCURSION A SOFIA.

PARIS

LIBRAIRIE DES CINQ PARTIES DU MONDE

JEAN MAISONNEUVE & FILS, ÉDITEURS

3, RUE DU SABOT

1913

INTRODUCTION

Après avoir été longtemps méconnues ou dédaignées les nations qui font l'objet des essais compris dans le présent volume se sont imposées à l'attention de l'Europe.

Il y a bientôt un demi-siècle que j'ai commencé à les étudier, à parler leurs langues, à lire leurs poètes et leurs publicistes, à vivre de leur vie, à faire ressortir le rôle qu'elles ont joué dans l'histoire de la civilisation, à mettre en relief leurs hommes d'État, leurs écrivains, leurs héros, leurs bienfaiteurs. Je me suis appliqué sans relâche à démontrer dans mes leçons et dans mes livres que les Sud-Slaves n'étaient pas des intrus dans la vie européenne, qu'ils n'étaient pas — comme on affectait naguère de le croire — l'instrument passif de telle ou telle ambition étrangère, qu'ils avaient le droit et le devoir de reprendre la place qu'ils occupaient naguère au foyer de la civilisation européenne. Des événements récents m'ont complètement donné raison.

La sympathie qu'ils nous inspirent ne doit pas rester purement platonique. Ils ne doivent pas être seulement pour nous des amis, mais surtout des alliés.

Plus nos adversaires occultes ou déclarés s'efforcent de paralyser leur développement plus nous devons nous appliquer à y contribuer. Notre devoir est de maintenir et de consolider par tous les moyens la Confédération balkanique.

Si les Confédérés d'hier oubliaient pour un instant les avantages qu'ils ont retirés hier de leur union et ceux qu'ils en retireront encore dans l'avenir, on ne pourrait que leur appliquer le mot célèbre : « Tu sais vaincre, tu ne sais pas user de la victoire. »

SERBES
CROATES ET BULGARES

LES ORIGINES DE LA NATION SERBE

I

Au point de vue ethnique et linguistique, les Serbes ne forment qu'une seule nationalité avec les Croates ; la seule différence qu'il y ait entre eux et les Croates, c'est que ceux-ci sont en général catholiques et emploient l'alphabet latin, tandis que les Serbes proprement dits sont orthodoxes et emploient l'alphabet cyrillique, identique à l'alphabet russe. D'après les récentes recherches du Pr Florinsky de Kiev[1], le chiffre total de Serbocroates dépasse aujourd'hui neuf millions. Ils sont répartis entre quatre groupes politiques : 2 500 000 appartiennent au royaume de Serbie, 235 000 au Montenegro, 1 861 200 à la Bosnie-Herzégovine, 779 000 à la Cisleithanie autrichienne (en Istrie et en Dalmatie) et près de 3 millions à la Hongrie ; plus de 500 000 étaient sujets de l'Empire Ottoman dans la Vieille Serbie, la Macédoine, le vilayet de Scutari.

Ce nom de Serbes ne se rencontre pas seulement chez les Sud-Slaves. Nous le retrouvons chez le petit groupe des

1. *La race slave. Statistique et ethnographie* (en russe). Kiev, 1907. M. Niederle dans son volume plus récent (*La race slave*, Paris, Alcan, 1911) arrive à un total de 8 533 442.

Serbes de Lusace, qui habite en Saxe et en Prusse et qui est le dernier débris du grand peuple que les chroniques du moyen âge appelaient Sorabi. Cette identité de noms soulève un problème fort délicat; elle semblerait indiquer une commune origine. Mais la langue des deux groupes ethniques est fort différente. Mis en présence, un Serbe de Belgrade et un Serbe de Bautzen n'arriveraient point à s'entendre, malgré la communauté des racines et le parallélisme linguistique des deux idiomes.

C'est sous le règne de Justinien que les chroniques byzantines mentionnent pour la première fois l'apparition des Slaves (Σκλαβηνοί) dans la Péninsule balkanique. Ils poussent des pointes jusqu'aux environs de Dyrrachium, (598) jusqu'à Nich, bientôt jusqu'en Grèce. Peu à peu, ils s'établissent sur le Danube, ils remontent le cours de ses affluents, colonisent la Dalmatie et les îles de l'Adriatique. Dans leurs invasions, ils n'apparaissent pas en un groupe unique commandé par un seul chef. On n'a pas gardé les noms des tribus primitives dont l'ensemble, établi entre Zara et Andrinople, constituait la région appelée par les Grecs Σκλαβινία. Ces noms n'apparaissent qu'au xe siècle. Parmi ces tribus, celle des Serbes (Σέρβλοι, Σέρβοι) joue de bonne heure un rôle prépondérant au Nord-Ouest de la Péninsule. Notre Eginhard les mentionne pour la première fois en 822 : *Sorabos quæ natio magnam Dalmatiæ partem obtinere dicitur*. Ils sont partagés en districts dont les chefs s'appellent des joupans (ζούπανοι[1]) ou des princes (ἄρχοντες); ils mènent une vie guerrière et pastorale. Nous ne savons rien de leur religion durant la période payenne. Le christianisme pénètre chez eux de deux côtés, par la voie romaine, par la voie byzantine; peu à peu le catholicisme prévaut sur les bords de l'Adriatique, l'orthodoxie dans l'intérieur de la Péninsule balkanique. La liturgie slavonne attribuée aux apôtres Cyrille et Méthode devient la liturgie

1. Chefs de la joupa ou district. Le mot *joupa* (district) est d'origine incertaine; on le rencontre surtout chez les Tchèques et les Slaves méridionaux.

nationale de la plupart des Serbes. Ils ont à lutter, d'un côté, contre les Byzantins qui considèrent ces intrus comme des vassaux, de l'autre, contre leurs congénères, les Bulgares, qui sont déjà solidement organisés.

A dater du huitième siècle, nous connaissons les noms d'un certain nombre de princes serbes, noms à physionomie slave, qui n'ont guère d'intérêt que pour les indigènes. Aucun de ceux qui les ont portés n'a laissé une trace considérable dans l'histoire. Au XIe siècle, le centre de gravité des pays serbes est dans la région appelée Dioklitia, qui correspond à peu près au Montenegro actuel. L'un des princes de cette contrée, Michel, obtient des Byzantins, vers 1051, le titre de *protospathare,* autrement dit de porte-glaive, titre honorifique qui fut aussi conféré à des doges de Venise. Ce prince appartenait-il à l'Église grecque ou à l'Église latine? on ne sait. Ce qu'il y a de certain, c'est que, vers 1077, il s'adressa au pape Grégoire VIII pour lui demander le titre de roi, qu'il porte en effet dans les textes occidentaux. Par l'Adriatique, les relations étaient fréquentes avec l'Italie, et la langue serbe, notons-le en passant, a subi plus d'une empreinte italienne. Byzance ne reconnut pas ce titre royal, mais elle accepta le concours du prince serbe et de son fils Bodin dans ses luttes contre les Normands (1081-1085). Bodin eut fort à faire pour tenir tête tantôt aux Byzantins, tantôt aux chefs serbes qui lui disputaient le principat. Sous ses descendants, le centre de gravité de l'État serbe se déplaça en se reportant vers l'Orient dans la région appelée Rasa ou Rachka (dont le centre est aujourd'hui Novi-Bazar)[1]. Les Serbes de cette région obéissaient à des joupans groupés autour d'un grand joupan (ἀρχιζούπανος, μέγας ζούπανος) qui étaient officiellement vassaux de Byzance, mais qui cherchaient toutes les occasions de lui échapper. La capitale de la région était la ville de Ras, qui s'appelle aujourd'hui Novi-Bazar, dans la

1. Cette région doit son nom à la Rachka, affluent de la rive gauche de l'Ibar.

Vieille Serbie, laquelle appartenait hier aux Turcs et que les patriotes serbes revendiquent naturellement. C'est du nom de cette ville qu'est venu celui de la Rascia et des Rasciens, en allemand Raizen, qui est parfois donné aux Serbes par les écrivains étrangers. Nous avons déjà expliqué comment, par la mer Adriatique et les villes naguère romaines du littoral, les Serbes s'étaient trouvés en rapport avec la culture italienne lors de la première croisade. Une partie des guerriers européens passa par la Dalmatie, une autre par la vallée de la Morava. L'Occident entra ainsi en rapport avec les Serbes. Ils n'eurent guère qu'à se louer de ces visiteurs qui ravagèrent leur pays et qu'ils durent plus d'une fois contenir ou repousser les armes à la main.

Au début du XIIe siècle, les Hongrois annexèrent à leur royaume — par le lien de l'union personnelle — la Dalmatie et la Croatie. Écartés définitivement du littoral adriatique, les Serbes durent diriger vers l'Ouest leur expansion. La province de Rachka (Vieille Serbie) devint le noyau central de leur nationalité. La Bosnie, qui avait fait partie naguère du groupe de la Zeta, c'est-à-dire du Montenegro actuel, s'en détacha et forma un banat[1] indépendant jusqu'au jour où elle fut en partie occupée par les Hongrois (1535), et depuis cette époque les rois de Hongrie prirent le titre de rois de Bosnie, titre auquel les événements récents donnent un regain d'actualité. Nous ne savons pas encore aujourd'hui si la Bosnie, récemment annexée par l'empereur François-Joseph, sera considérée comme territoire d'empire ou si elle fera partie de la couronne de Hongrie. La conquête opérée au XIIe siècle n'eut d'ailleurs qu'un caractère éphémère, et dans la seconde moitié de ce siècle, nous voyons la Bosnie gouvernée par des bans indépendants de la Rascie et vassaux de Constantinople.

Le christianisme était venu dans les pays serbes de deux côtés, de Constantinople et de Rome. Isolée de l'Adriatique,

1. Ban, mot slave d'origine incertaine qui désigne un chef d'État. On dit encore le ban de Croatie

la nation serbe se trouva livrée définitivement aux influences orthodoxes.

II

Au fond, l'histoire de la nation morcelée entre diverses principautés, soumise tantôt à la suprématie de Byzance, tantôt à celle de la Hongrie, tantôt à celle de Venise, n'offre guère d'intérêt jusqu'au moment où apparaît une dynastie nationale, celle des Némanides.

Dans la seconde moitié du XIIe siècle, un véritable homme d'État surgit chez les Serbes dans la personne du grand-joupan Nemania (1159-1196). Il était né aux environs de Podogoriça, dans le Montenegro actuel. Il avait d'abord était baptisé par des prêtres catholiques de l'archevêché d'Antivari. Mais quand il alla s'établir dans la Rascie, il passa à l'Église orthodoxe. Vers 1170, il réussit à se faire proclamer grand-joupan, essaya de profiter des luttes entre Venise et Byzance pour se déclarer indépendant, mais dut se résigner à aller rendre hommage à l'empereur Manuel. Après la mort de ce souverain (1180), il échappa de nouveau à la suzeraineté des Grecs, s'allia aux Hongrois et poussa ses armes victorieuses jusqu'au littoral de l'Adriatique. Plus tard, il s'allia aux Bulgares, envoya à l'empereur Frédéric Ier une mission serbe qui alla jusqu'à Nuremberg et salua en personne l'empereur lorsqu'il passa à Nich, traversant la Péninsule balkanique pour gagner la Terre sainte. Il l'accompagna en guerroyant contre les Grecs jusqu'en Bulgarie au lieu dit la Porte de Trajan[1]. L'empereur Isaac ne lui pardonna pas cette hostilité, et, après que Frédéric Barberousse fut passé en Asie Mineure, les Grecs envahirent à leur tour les pays serbes ; Nemania, vaincu aux environs de Nich, dut faire la paix ; son fils Étienne épousa une nièce de l'empereur byzantin. Une fois assuré du côté de

1. Au sud d'Ichtiman en Bulgarie (Roumélie orientale). Voir sur cette *Porte* mon livre *La Slave, le Danube et le Balkan*, p. 214 (Paris, Plon, 1884).

Byzance, Nemania arrondit ses domaines au détriment de ses voisins et poussa ses conquêtes jusqu'à l'Adriatique. Son domaine renfermait à la fois des catholiques ressortissant aux diocèses d'Antivari et de Raguse, et un évêché serbe dépendant de l'archevêché d'Ochrida. L'Église serbe commença à entrer en rapport avec les sanctuaires du mont Athos. Nemania fonda le monastère de Stoudénitsa (sur l'Ibar, dans la Serbie actuelle), qui existe encore aujourd'hui. En 1196, il abdiqua pour se faire moine, d'abord dans ce monastère, puis au mont Athos au monastère de Khilandar, qu'il avait également fondé et qui appartient toujours aux moines serbes. Un frère de Nemania, Miroslav, qui régnait sur le bassin de Neretva (Narenta), fit écrire et enluminer par un diacre nommé Gregori un magnifique évangile qui fut conservé pendant des siècles au monastère de Khilandar. En 1896, le roi Alexandre, qui devait périr de façon si tragique, visita le sanctuaire national. Les moines lui firent présent de l'évangile de Miroslav et le jeune roi en fit publier à Vienne, en 1897, une édition facsimilé, exécutée par la maison Angerer et qui ne fut tirée qu'à un petit nombre d'exemplaires.

Dans le monastère de Khilandar vécut aussi le fils de Nemania, saint Sava, le grand saint national des Serbes. Nemania lui-même finit par entrer dans la vie monastique sous le nom de saint Siméon et, sous ce nom, il est le héros de pieuses légendes. L'une d'entre elles fut écrite par son fils Étienne, surnommé Prvovientchani (c'est-à-dire le premier couronné). Habile diplomate, il trouva tout ensemble le moyen de se faire donner par Rome une couronne royale (d'où son surnom) et de constituer dans ses États un archevêché orthodoxe, dont son frère saint Sava fut l'organisateur et le premier titulaire. L'Église serbe fut dès le début, et elle est encore aujourd'hui, autocépale. Le règne des successeurs immédiats d'Étienne est peu intéressant. Celui d'Ouroch II (1282-1321) est un des plus longs de l'histoire serbe. Ce roi (kral), marié plusieurs fois, épousa en quatrièmes noces une fille de l'empereur grec Andronic II qui lui apporta en dot quelques districts de la Macédoine septentrionale. Il aida son beau-frère dans les luttes contre les Turcs d'Asie, sans se douter que le jour viendrait bientôt où Grecs et Serbes lutteraient en vain pour défendre la Péninsule contre les envahisseurs exotiques. Ouroch fut célèbre par sa piété et ses bonnes œuvres. Il a gardé dans le peuple serbe le titre de saint roi. La tradition serbe attache un grand intérêt aux fondations pieuses des souverains. Ainsi, le roi Étienne Ouroch III (1321-1351) a reçu le surnom de Detchanski à cause du monastère de Detchani qu'il érigea et dont la charte de fondation nous a été conservée[1]. Ces monastères ont été pendant la domination turque de précieux foyers de civilisation et ont puissamment contribué à conserver les traditions nationales.

Le représentant le plus remarquable de la dynastie des Némanides fut Étienne Douchan, qui régna de 1331 à 1355. Il profita de l'anarchie qui sévissait à Byzance pour pousser en Épire, en Thessalie et jusqu'à Salonique ses armes victorieuses. Il porte dans l'histoire le surnom de Fort. En 1346, le jour de Noël, il se fit couronner tsar des Serbes et des Grecs. Ce titre n'avait pas encore été pris par les princes russes, mais il avait été porté dès le IXe siècle par les princes de Bulgarie. Au fond, si l'on s'en rapporte aux origines étymologiques, il n'était guère plus noble que celui de kral : car si tsar représente le nom de César, kral représente celui de Karl, autrement dit de Charlemagne. Tandis que Douchan guerroyait contre les Grecs, les Turcs mettaient le pied sur le sol de l'Europe, s'établissaient à Gallipoli. Le nouveau tsar comprit le péril, et, si j'en crois M. Jireczek, il négocia avec le Saint-Siège pour se faire nommer « capitaine de la Chrétienté contre les envahisseurs ».

Ce qui constitue aujourd'hui le principal titre de gloire de Douchan, c'est le code qu'il promulga en 1349 et auquel

1. Ce monastère existe encore aujourd'hui. Il n'a plus que quatre ou cinq moines. Il est situé au Sud de Petch (Ipek) dans la Vieille Serbie.

son nom est resté attaché. Ce texte juridique a été étudié il y a quelques années par M. Dareste[1].

Douchan n'avait que quarante-sept ans quand il mourut. Sous ses successeurs, la Serbie rascienne ne se maintint pas au rang élevé où il l'avait placée. La nation serbe, dans la seconde moitié du XIVe siècle, s'émiette en un certain nombre de principautés. L'un des princes, Vlkachin ou Voukachin, prend le titre pompeux de roi des pays serbes, des Grecs et des contrées occidentales. En 1376, quelques-uns de ces roitelets se coalisent pour une expédition commune contre les Turcs, qui étaient déjà établis à Andrinople et qui menaçaient les frontières des pays serbes.

Le 13 septembre 1371, ils furent complètement défaits à Tchirmen, sur la rive gauche de la Maritsa; les Turcs pénétrèrent en Macédoine et obligèrent tous les princes serbes établis au Sud du Mont Char (Char planina) à reconnaître leur suzeraineté ou à devenir tributaires.

A ce moment, les pays du Nord se groupèrent sous l'autorité d'un roi Bosniaque, Tvrdko. M. Stanoievitch, dans son histoire de la nation serbe, essaie de raconter parallèlement l'histoire de la Bosnie et des autres pays serbes. Il eût peut-être mieux valu la concentrer tout entière dans un chapitre spécial. A poursuivre l'unité de la race dans des groupes très différents, l'attention se fatigue et l'intérêt se disperse.

III

Essayons de résumer l'histoire de la Bosnie. Cette province occupée par des Serbes depuis la période des migrations, subit tout d'abord la pénétration des Croates établis sur les bords de l'Adriatique; dès la première moitié du XIe siècle, elle constitua un diocèse catholique (*ecclesia Bosonensis*), soumis tour à tour aux archevêchés de Spalato, d'Antivari et, plus tard, de Raguse; elle était en grande

1. Voir le *Journal des Savants*, année 1886, p. 82 et suiv.

partie catholique; au point de vue politique, elle tomba d'abord dans la sphère d'influence — comme on dit aujourd'hui — de la Croatie et, par suite, de la Hongrie. Chez les chrétiens de Bosnie, catholiques ou orthodoxes, se développa de bonne heure l'hérésie des Bogomiles, autrement dit des patarins, et l'on a prétendu que les Bosniaques musulmans descendent d'ancêtres qui ont mieux aimé embrasser le mahométisme que de rentrer dans l'Église officielle, — catholique ou orthodoxe. Les chefs qui gouvernaient la Bosnie, sous la tutelle des rois de Hongrie, s'appelaient *bans*. Le premier dont on sait le nom se nommait Boritch; le premier qui joue un rôle sérieux dans l'histoire, c'est le ban Koulin (1186-1204). C'est à lui que l'on doit le plus ancien document connu en langue sud-slave, un privilège conféré en 1189 aux Ragusains. Son nom vit encore dans les traditions populaires[1]; l'invasion des Tartares en Hongrie donna l'occasion aux Bosniaques de s'émanciper de la tutelle hongroise. Pendant la seconde partie du XIIIe siècle et la première moitié du XIVe, l'histoire de la province ne présente qu'une longue série de luttes contre les pays voisins. Les religions dominantes paraissent être le catholicisme et l'hérésie des Bogomiles. Les souverains continuent à porter le titre de *bans*.

Peu de temps après la mort de Douchan, au moment où son empire s'affaiblit et se morcelle, apparaît en Bosnie un souverain qui semble reprendre sa tradition. Étienne Tvrdko[2] (1353-1391) appartenait à la dynastie des Némanides par les femmes; il réussit à mettre la main sur les rasciens et, en 1377, il prit le titre de roi. Il s'appelait, en sa langue maternelle, d'un titre un peu long, roi des Serbes, de Bosnie, du littoral et des pays occidentaux. En latin, on l'appelait *banus* Bossine et rex Raxie. Depuis ce temps-là, la Bosnie a prétendu garder le nom de royaume. Le couronnement eut lieu, d'après la tradition, au monastère de

1. Raconter quelque chose en commençant par Koulin répond à notre locution française : remonter au déluge.

2. Prononcez Tvertko.

Milechevo[1] où reposaient les restes de saint Sava, le grand saint orthodoxe. Cette circonstance a donné lieu de croire que Tvrdko appartenait lui-même à l'orthodoxie.

Malheureusement, Tvrdko ne réussit pas à grouper autour de lui tous les pays serbes. Les Turcs avançaient sans cesse vers le Nord-Ouest. Le 15 juin 1389, ils rencontrèrent dans la plaine de Kosovo (le champ des merles) le prince Lazare, qui régnait sur les pays serbes du bassin de la Morava, et ses deux gendres, Vouk Brankovitch, prince de Pristina et de Prizren, un prince Georges Stratimirovitch, de la famille qui régnait dans la Zeta, et un corps d'armée bosniaque envoyé par le roi Tvrdko. Malgré leur valeur les Serbes succombèrent; le prince Lazare fut tué et enseveli au monastère de Ravanitsa.

Cette bataille de Kosovo a donné lieu à tout un cycle épique d'une grande beauté. Les Serbes, nation poétique par excellence, se sont consolés de leur défaite en exaltant leurs héros, en les idéalisant dans de poétiques légendes. J'ai étudié autrefois le cycle épique de Marko Kralievitch[2]; celui de Kosovo a été il y a bien longtemps déjà, traduit en français avec beaucoup de talent par feu le baron d'Avril. Il renferme des épisodes très poétiques[3].

La vie politique de la nation serbe ne finit pas immédiatement au lendemain du désastre de Kosovo; morcelée en plusieurs groupes, elle garde encore sous la suzeraineté turque sinon l'indépendance, au moins l'autonomie. Le fils de Lazare, Étienne Lazarevitch, règne de 1389 à 1427, d'abord avec le titre de knez (prince), ensuite avec celui de despote; les petits États, au lieu de se grouper contre l'ennemi commun, gaspillent leurs forces dans des guerres intestines. La veuve de Lazare donne sa fille Olivera en mariage à Bajazet et les fils du héros de Kosovo servent dans l'armée turque à Nicopolis (1396), à Angora (1402).

1. A 5 kilomètres de Priepolie, dans la Vieille Serbie.

2. Ce travail a été reproduit en un petit volume de la *Bibliothèque slave elzévirienne* (Paris, Librairie Ernest Leroux, 1906).

3. Voir les traductions d'Adolphe d'Avril et de Dozon.

Les Hongrois s'emparent des villes serbes sur le Danube; les Vénitiens s'attaquent aux régions du Sud-Ouest. Parmi les despotes qui ont joué un rôle dans l'histoire, on peut citer les noms de Georges Brankovitch (1429-1456), de Lazare (1456-1458); on peut y ajouter celui d'Étienne, qui fut le dernier roi de Bosnie. Il mourut en 1463. Rien de douloureux et de confus comme l'histoire de ces dernières luttes de la nationalité serbe; écrasée dans son pays, elle essaya de se reconstituer en partie chez les congénères de Croatie et de Slavonie, de Dalmatie. Ces réfugiés sont connus dans l'histoire sous le nom d'Uscoques, mot qui a passé dans notre langue historique (Uskociti, se réfugier, italien Uscocco). Nous aurons l'occasion d'en parler plus loin.

Belgrade est aujourd'hui la capitale du royaume de Serbie; mais, comme on peut le voir par ce rapide résumé, ce n'est pas sur les bords du Danube, c'est beaucoup plus au Sud, dans les bassins supérieurs de la Drina, de la Morava, et même du Drin, que s'est joué le drame historique de la race serbe.

IV

Nous n'avons pas encore parlé de l'Herzégovine. Cette province, au début de l'histoire, ne porte pas le nom sous lequel elle est connue aujourd'hui. Parfois indépendante, elle partagea parfois les destinées de la Rascie. L'archevêque saint Sava, fils de Nemania, dont nous avons parlé plus haut, y organise des évêchés orthodoxes. Au XIVe siècle, elle tombe aux mains de la Bosnie. On l'appelle la principauté de Chlm ou de Zachlumie (en latin Chulmo, Chelmo, Chelmania). Les Turcs y pénètrent pour la première fois en 1386, mais ils sont repoussés : la province garde son indépendance jusqu'à la seconde moitié du XVe siècle. En 1448, un prince de Zachlumie, Étienne Vouktchitch, a l'idée de prendre le titre allemand de Herzog ou duc de Saint-Sava en l'honneur du saint national dont les reliques reposaient dans le monastère de Milechevo dont nous avons parlé. De là vient le nom d'Hercegovina, donné désormais à la province. L'Herzégovine reconnaît au xve siècle la suzeraineté turque. Cette vassalité ne la sauve pas de la conquête musulmane.

En 1465, la Bosnie est envahie par les Turcs, qui poussent jusqu'aux frontières de la petite république ragusaine. Le premier et dernier Herzog (Herceg en serbe) meurt en léguant à ses États le titre qn'il a imaginé pour eux et que les Turcs lui conservent (Herseg en turc). Un de ses fils se fait musulman et devient grand vizir sous le nom d'Ahmed Hersegovitch. La province forme désormais un sandjak soumis au beglerbeg de Bosnie.

Reste à dire quelques mots du Montenegro. Ce nom, comme on sait, est la traduction italienne[1] du slave Tsrna Gora, la Montagne noire.

Cette région, au début du moyen âge, est appelée Dioclia (du nom de la ville romaine de Doclea), ou encore Zeta, du nom d'un cours d'eau.

Au début de l'histoire slave, elle apparaît gouvernée par des chefs appelés joupans, vassaux de l'empire byzantin. C'est de cette contrée qu'est originaire la famille des Némanides, dont nous avons parlé tout à l'heure. L'archevêque Sava la constitue en diocèse; l'intérieur du pays est de religion orthodoxe; le littoral, de religion romaine. Sur ce sol de la Zeta se rencontrent trois éléments : serbe, italien et albanais.

Les Turcs ne réussissent pas à pénétrer dans ces régions montagneuses, et au xve siècle, en 1456, le prince Étienne Tsrnoievitch devient vassal de la République de Venise avec le titre de capitaine et de voievode. C'est dans un document de l'année 1429 que l'on rencontre pour la première fois le nom de la Tsrna Gora (Montagne noire). A la fin du xve siècle, Tsettinié possédait une imprimerie qui publia les premiers livres sud-slaves, des livres religieux bien entendu.

1. En dialecte vénitien. La forme toscane serait nero.

De 1514 à 1528, le Montenegro est gouverné par le fameux Scanderberg.

Dans la seconde moitié du xve siècle, la province tombe définitivement sous la suzeraineté ou même sous l'administration directe des Turcs. Mais, grâce au voisinage des Vénitiens, elle réussit souvent à échapper au joug osmanli pour passer sous la tutelle de la Sérénissime République. A dater du xviiie siècle, le Montenegro, gouverné par des métropolitains, attire l'attention de la Russie qui, en 1711, envoie une ambassade à Tsettinié, et, bien avant la résurrection de la Serbie, ce petit pays commence à jouer un rôle dans la politique européenne.

L'HISTORIEN DE LA SERBIE

M. CONSTANTIN JIRECZEK

Vers 1830, les historiens allemands Heeren et Uckert avaient invité Schaffarik a écrire une histoire générale des peuples slaves pour la Collection de l'Histoire des États européens (*Geschichte der Europäischen Staaten*) qu'ils avaient récemment fondée à la Librairie Perthes à Gotha. Schaffarik avait refusé. Il lui déplaisait d'écrire pour les libraires. Heeren et Uckert sont morts depuis longtemps; mais la Collection a été continuée par M. Giesebrecht et M. Lamprecht. Elle est arrivée maintenant à son trente-huitième ouvrage et c'est le petit-fils de Schaffarik, M. Constantin Jireczek, qui moins timoré que son illustre aïeul, y donne aujourd'hui l'histoire d'un peuple slave qu'il a étudiée depuis plus d'un quart de siècle, et sur lequel on lui doit déjà nombre d'excellentes publications[1].

J'ignore sous quelle forme Schaffarik, s'il avait accepté, aurait traité le sujet qu'on lui demandait. Il aurait sans doute concentré tous les peuples slaves en un seul volume et nous aurait donné un *Compendium* analogue à son *Histoire de la langue et de la littérature slaves*. Depuis cette époque lointaine le domaine de la Slavistique a été singulièrement agrandi et fouillé dans tous les sens.

Je ne reviendrai pas ici sur le tableau général de cette histoire, que j'ai esquissé à propos du livre de M. Stanoe-

1. *Geschichte der Serben*, 1er vol., Gotha, Perthes, 1911.

vitch : je tiens seulément à bien marquer les différences qui existent entre le manuel serbe et l'ouvrage définitif que nous présente aujourd'hui le savant professeur de Vienne. Le résumé de M. Stanoevitch embrasse, en un volume in-8° de trois cent quatre-vingt-cinq pages, tout l'ensemble de l'histoire des pays serbes depuis les origines jusqu'à l'avènement du souverain actuel, Pierre Karageorgevitch. Il n'est accompagné d'aucune indication des sources, d'aucune remarque bibliographique. C'est un manuel d'enseignement secondaire. L'ouvrage de M. Jireczek formera deux volumes compacts comprenant un total d'environ 900 pages. Il n'est pas un fait, pas une date, qui ne soit accompagné de références aux sources grecques, latines, slaves, hongroises, italiennes. C'est, pour employer une expression familière, un travail de tout repos ou, pour parler en style plus noble, définitif. Peu de temps après l'apparition du texte allemand, une traduction serbe par M. Radonitch a paru à Belgrade.

Les travaux de M. Jireczek ne sont connus chez nous que de quelques spécialistes. Je voudrais indiquer ici par quel ensemble d'études il s'est préparé à l'œuvre considérable dont nous espérons pouvoir saluer prochainement le couronnement glorieux. M. Joseph Constantin Jireczek, né à Vienne en 1854, appartient à la nationalité tchèque. Son père, Joseph Jireczek, mort en 1895, a joué un rôle considérable dans la vie intellectuelle de la nation tchèque et fut, au cours de l'année 1871, ministre de l'Instruction publique à Vienne. Il avait épousé en 1853 une fille de Schaffarik. L'historien actuel de la nation serbe s'est montré de bonne heure digne de cette illustre origine. En 1876, à l'âge de vingt-deux ans, il prenait le titre de docteur en philosophie à l'Université de Prague et l'année suivante il devenait docent d'histoire de l'Europe orientale à cette même Université. Il étudiait particulièrement celle des peuples balkaniques. Lorsque la Principauté de Bulgarie songea à organiser son enseignement, elle fit appel au jeune savant tchèque, qui avait déjà fait paraître une bibliographie de la littérature bulgare moderne (Braïla, 1872) et une histoire de la nation bulgare publiée simultanément en tchèque et en allemand (*Geschichte der Bulgaren*, Prague, 1876) et qui depuis a été traduite en russe, en bulgare et en magyar. En 1877, M. Jireczek avait donné également un important mémoire en allemand : *Die Heerstrasse von Belgrad nach Constantinopel und die Balkanpässe, eine historischgeographische Studie* (Prague, 1877) et un autre, en 1879, sur les routes commerciales et les mines de Serbie et de Bosnie au moyen âge (*Die Handelstrassen und Bergwerke von Serbien und Bosnien im Mittelalter*).

Lorsqu'il arriva à Sofia en novembre 1879, — à l'âge de vingt-cinq ans, — M. Jireczek possédait déjà le bulgare comme sa langue maternelle. Il fut nommé secrétaire général du Ministère de l'Instruction publique et titulaire du portefeuille au cours des années 1881-1882. J'ai eu l'occasion de visiter la Bulgarie en 1883 et de rendre hommage à l'activité du jeune ministre dans un livre publié l'année suivante [1]. Malheureusement, en sa qualité de ministre dans un pays parlementaire, le jeune savant était, bien malgré lui, devenu un homme politique lié aux destinées de ses collègues.

Au bout de quelques mois il donna sa démission, devint président du Conseil de l'Instruction publique, directeur du Musée et de la Bibliothèque de Sofia. Il profita de son séjour en Bulgarie pour parcourir dans tous les sens, et avec les moyens de transport les plus primitifs, tout l'ensemble des pays bulgares — sauf la Macédoine. Il a résumé ses explorations dans un volume publié en langue tchèque, à Prague, sous ce titre : *Excursions en Bulgarie* (1 volume de 710 pages, in-8°, 1880), ouvrage beaucoup plus complet que celui de Kanitz qui avait eu naguère les honneurs d'une traduction française [2]. Depuis, tout l'ensemble de ses recherches sur

1. *La Save, le Danube et le Balkan* (Paris, Plon, 1884).

2. *La Bulgarie Danubienne et le Balkan*, Paris, Hachette, 1882. Cette traduction renferme (p. 304) une erreur que j'ai le devoir de relever. M. Ka-

la Bulgarie a été concentré dans un volume intitulé : *Das Fürstentum Bulgarien, seine Bodengestaltung, Natur, Bevölkerung, wirtschaftliche Zustände*, etc. (grand in-8°, Prague et Vienne, 1891).

Après cinq années de séjour en Bulgarie, années qui comptent certainement parmi les plus fécondes de sa vie, M. C. Jireczek retourna à Prague, y reprit son cours à l'Université tchèque récemment créée et y résida jusqu'en 1893. Au mois d'avril de cette année, il fut chargé à Vienne d'une chaire de langues et d'archéologie slaves qui doublait ou plutôt soulageait celle dont M. Jagic était alors titulaire[1]. En 1898 il était élu membre de l'Académie des Sciences de Vienne. En 1901 il était l'un des deux délégués de cette Compagnie au Congrès international des Académies et depuis il a pris part, avec notre regretté confrère Krumbacher, aux travaux préparatoires de la publication d'un Corpus des documents grecs du moyen âge. Les honneurs sont venus le chercher de toute part, et les Corps savants de Prague, de Budapest, de Belgrade, d'Agram, de Sofia, de Constantinople, de Pétersbourg l'ont admis au nombre de leurs membres associés ou correspondants. En 1905, l'organe de la Société des Sciences de Sofia — récemment transformée en Académie — a publié une bibliographie de ses travaux. Elle ne comprenait pas moins de 189 numéros.

M. Jireczek écrit avec la même facilité le tchèque, sa langue maternelle, l'allemand, le serbe et le bulgare, et même le français, qu'il manie très aisément. Presque tous ses travaux sont relatifs aux deux grands peuples méridionaux auxquels il a consacré sa vie. Nul ne connaît mieux que lui leur littérature historique ; il n'est pas moins familier

nitz m'a confondu avec un vice-consul de Belgique, M. Legay, qui est presque mon homonyme et qui rendit à la ville de Sofia de grands services lors de la guerre russo-turque. J'ai résumé une partie des voyages de M. Jireczek dans une étude intitulée : La Bulgarie inconnue (*Russes et Slaves*, 1re série, p. 186 à 250).

1. Voir, sur M. Jagic, *Journal des Savants*, année 1908.

avec le monde byzantin et je n'ai pas oublié en quelle haute estime le tenait le regretté Krumbacher. Mais, à l'occasion de l'apparition de son histoire de Serbie j'ai tenu à mettre en lumière la physionomie d'un savant de premier ordre qui fait grand honneur à la nation tchèque et à l'illustre aïeul dont il continue la tradition.

UN PRÉTENDANT SERBE
AU DIX-SEPTIÈME SIÈCLE
LE COMTE GEORGES BRANKOVITCH

I

Sous la pression de l'invasion ottomane un grand nombre de Serbes avaient dû se replier vers le nord et chercher un asile en Hongrie. Les souverains de ce royaume les avaient accueillis avec sympathie et avaient vu en eux de précieux auxiliaires pour la défense des frontières menacées. Parmi ces émigrés la famille des Brankovitch commence à jouer un rôle important à dater de la fin du XVIe siècle. Elle possède des biens dans les comitats d'Arad, de Zarond[1] et de Temesvar.

C'est dans le comitat d'Arad, au bourg de Jénopol, appelé par les Magyars Boros Jenö, que naquit en 1645 Georges Brankovitch. Son père avait servi dans les armées des princes de Transylvanie qui étaient alors vassaux du Sultan. Les Turcs avaient naguère occupé Jénopol et ils y étaient encore assez nombreux pour que le jeune Brankovitch ait eu l'occasion d'apprendre leur langue. Sa famille appartenait naturellement à la religion orthodoxe. Un frère de Georges, Sava Brankovitch, fut promu, en 1656, à la dignité du métropolitain dans la capitale de la principauté, Gyula Fehervar (Alba Julia).

1. Ce comitat a été supprimé en 1676 et partagé entre les deux comitats voisins d'Arad et de Hunyad.

Le métropolitain Brankovitch était un homme ambitieux, d'une moralité douteuse. Pour relever son prestige il imagina, sans aucune raison légitime, de se rattacher à l'antique famille historique des Brankovitch qui au quinzième siècle avait fourni deux despotes[1] à la nation serbe. Il initia de bonne heure son jeune frère à ces prétentions peu justifiées et entreprit de le préparer à la carrière diplomatique et politique. La Transyvalnie avait une agence à Constantinople ; et cette agence avait naturellement besoin d'un drogman. Le jeune Georges avait eu l'occasion d'apprendre le turc et le magyar. La connaissance du latin était indispensable ; c'était dans les régions orientales, avant le français, la langue internationale de la diplomatie. Georges Brankovitch, l'apprit de son mieux, avec des maîtres assez médiocres. Il savait encore le roumain qu'il eut l'occasion de pratiquer durant ses divers séjours en Valachie. Sa langue maternelle était le serbe ; mais, suivant la mode de ce temps, il ne l'écrivait pas ; il écrivait un idiome composite où dominait le slavon ecclésiastique. Enfin plus tard il apprit l'allemand. Il lisait beaucoup dans toutes ces langues, mais sans méthode et sans critique, comme le font le plus souvent les autodidactes.

En 1663, à l'âge de dix-huit ans, Georges Brankovitch fut envoyé chez les Turcs en compagnie d'un ambassadeur chargé de porter le tribut à la Porte. Le voyage fut très compliqué ; la mission gagna d'abord Belgrade, puis Nich, Sofia, Philippopoli et enfin Andrinople où le sultan se plaisait volontiers à résider. Au bout de quelques mois le chef de la mission mourut subitement et Brankovitch dut remplir ses fonctions jusqu'à l'arrivée du successeur, — lourd fardeau pour un jeune homme de dix-neuf ans. Il a laissé une chronique sur laquelle nous reviendrons tout à l'heure. Il y raconte non sans une certaine satisfaction, comment il fut reçu en audience par le Kaïmakan Kara Mustapha qui

1. Ce titre fut porté à diverses reprises du XIIIe au XVe siècle par des princes plus ou moins indépendants en Serbie, en Épire et en Morée.

lui offrit du café et le gratifia d'un caftan. A propos de ce séjour à Andrinople Brankovitch invente un épisode, qui paraît être entièrement sorti de son imagination. L'Empereur pour faire pièce au sultan aurait promis aux nations balkaniques de leur rendre leur indépendance et aurait désigné Brankovitch comme le futur chef de la nation serbe. Et le patriarche dans le plus grand secret aurait, le 8 novembre 1663, dans l'église de Saint-Michel-Archange à Andrinople, sacré le jeune Serbe en qualité de despote. Tout ce récit est mensonger et la critique moderne n'a pas eu de peine à le réfuter. Dans sa chronique Brankovitch a souci de toute autre chose que de la vérité. En réalité le prétendu despote oublié par le prince qui l'avait envoyé, ne recevait de lui aucun subside, et faillit mourir de faim dans Andrinople. Au bout de trois ans il retourna dans son pays, En 1665 il fut encore chargé d'une mission à Constantinople. Il devait conclure un emprunt pour mettre la principauté transylvaine en état d'acquitter son tribut. En 1667 il fut attaché comme interprète à la personne de Husein pacha, envoyé du Sultan près le prince Apaffy. Ces diverses missions valurent au jeune diplomate une précoce expérience et une connaissance approfondie du monde musulman et de ce monde fanariote qui servait les Turcs tout en les exploitant.

Il allait maintenant entrer en relations avec l'État qui dès cette époque lointaine commençait à apparaître comme le libérateur éventuel des peuples balkaniques. La Russie orthodoxe était le protecteur naturel des coreligionnaires grecs, roumains et slaves, des Slaves particulièrement qui pratiquaient sa langue liturgique et recevaient d'elles leurs livres sacrés. Le frère de Georges Brankovitch, le métropolitain Sava, entreprit au cours de l'année 1668 un voyage en Moscovie pour recueillir des aumônes en faveur d'un de ses Monastères. Le jeune diplomate l'accompagna. Peut-être avaient-ils tous deux une mission politique, soigneusement dissimulée, pour ne pas exciter les susceptibilités ombrageuses de la Porte. A Lwów (Lemberg en Galicie), le métropolitain Sava rencontre le métropolitain de Kiev, Antoine Vinitsky, lequel lui donna une lettre de recommandation pour le tsar Alexis Mikhaïlovitch. De là il gagna Varsovie où il fut reçu par le roi Jean Casimir, celui qui devait abdiquer au cours de cette même année, et qui repose à Paris sous les voûtes de Saint-Germain-des-Prés. La Pologne était à ce moment en paix avec la Moscovie et Jean Casimir donna aux voyageurs une lettre de recommandation pour son voisin le tsar Alexis Mikhaïlovitch.

Le 8 mai la mission transylvaine ou plutôt serbe était à Smolensk, et le 20 du même mois à Moscou. Le 31 le métropolitain Sava était reçu par le tsar ; il lui présenta les lettres de son souverain Apaffy, du métropolitain de Kiev et du roi de Pologne. Deux jours après il remit à la chancellerie moscovite une note où il s'informait de la situation exacte de la Russie et de la Pologne. Le prince de Transylvanie désirait savoir si ces deux États étaient encore en guerre ou si réellement la paix avait été définitivement conclue. Évidemment si la Russie avait les mains libres du côté de la Pologne, les peuples chrétiens du Danube et du Balkan pouvaient espérer son appui dans leurs luttes éventuelles contre les Ottomans; et les sujets orthodoxes du prince de Transylvanie exploités par les calvinistes pouvaient eux aussi compter sur la protection du grand souverain orthodoxe.

Georges Brankovitch raconte qu'il fut l'objet des attentions du tsar qui le traita avec de grands honneurs. Mais les récits où il prétend sans cesse magnifier son rôle sont plus que sujets à caution et les documents moscovites leur donnent le plus radical démenti. Quand la mission transylvaine partit de Moscou, elle reçut, suivant l'usage, des présents : le métropolitain Sava 40 pièces de zibeline et 30 roubles argent ; l'archidiacre 17 roubles, le diacre 6 roubles ; Georges n'eut que 4 roubles, un peu plus que les domestiques qui en reçurent chacun deux.

Il rentra dans sa patrie après trois mois de séjour en Moscovie. Ce séjour avait évidemment contribué à développer chez lui le sentiment de sa nationalité slave. Sans doute il était sujet transylvain, mais il n'était ni Magyar, ni Roumain et il avait pu constater de ses propres yeux la puissance de ce tsar slave et orthodoxe dont l'ombre commençait à se projeter sur l'Europe,

En 1669 il fut de nouveau attaché d'abord à une mission envoyée à Salonique auprès du sultan Mahomet IV, ensuite à un commissaire turc chargé de régler avec la principauté une question de confrère.

II

Des problèmes fort graves s'agitaient dans l'intérieur de la principauté. Les protestants prétendaient décidément soumettre l'église orthodoxe à l'autorité de leur surintendant et à leur tutelle. Georges Brankovitch chercha des alliés chez les Roumains et au mois d'avril 1673 il conclut à Bucarest, avec le prince Ghika, une convention secrète, un véritable traité d'alliance pour la défense des orthodoxes serbes et roumains. Ce traité entre un prince régnant, — et un simple particulier, — frère il est vrai du métropolitain orthodoxe de Transylvanie constitue, il faut bien le dire, un document singulier. Le prince Ghika avait peut-être cru traiter avec un héritier éventuel des anciens princes de Serbie, titre que Georges Brankovitch se donnait à l'occasion, sans y avoir aucun droit.

Peu de temps après nous retrouvons Brankovitch à Andrinople; il entre en relations avec l'envoyé impérial Kindsberg, lui annonce l'intention de passer ainsi que son frère au service de l'Empereur et se faire allouer un subside de vingt-cinq ducats. Il lui promet de grouper sous ses étendards les Slaves méridionaux, Serbes et Croates par la lutte définitive qui doit *casser le nez* de l'Ottoman[1].

1. Ista bestia (le Turc) simper dabit occasionem, donec ipsi nasus bene non confrangatur (mémoire adressé à Kindsberg).

En attendant il reste au service d'Apaffy. En 1675 il fut renvoyé en mission auprès de la Porte, mais non plus en qualité de simple drogman. Cette fois il portait le titre de kapoukiaya[1], c'est-à-dire d'agent. Il fut remplacé dans ces fonctions en 1677. La situation du représentant de la Transylvanie à Constantinople était alors bien délicate. Le prince vassal de la Turquie était fort embarrassé entre les intrigues de ses voisins les Magyars qui voulaient se révolter contre l'Empereur, les sollicitations de Louis XIV en lutte perpétuelle avec l'Empire, et ses devoirs envers le Sultan son suzerain. Quand Georges Brankovitch rentra dans la Principauté il trouva son frère le métropolitain de plus en plus compromis par les intrigues des calvinistes. On l'avait accusé de malversations; il fut dépouillé de l'administration temporelle de son diocèse[2] et suspendu de l'exercice de ses fonctions. Peu de temps après il fut réinstallé par un *motu proprie* du prince Apaffy (Janvier 1686). Son triomphe fut de courte durée. Dès le mois suivant il fut de nouveau cité devant un tribunal composé de calvinistes. On ne lui reprochait plus seulement la mauvaise administration des biens de l'église, on s'en prenait à ses mœurs, on l'accusait d'entretenir des concubines. Son procès était jugé d'avance. Il fut dépouillé de sa dignité et jeté en prison. Il mourut l'année suivante des suites des mauvais traitements qu'il avait endurés. Quelles qu'aient pu être ses fautes, le procès avait été un acte de monstrueuse iniquité. Des calvinistes étaient absolument incompétents pour juger un prélat orthodoxe dont la cause ressortissait au patriarche de Constantinople. Georges Brankovitch avait lui aussi été jeté en prison. Mais il ne tarda pas à recouvrer sa liberté. Désespérant de l'avenir après la ca-

1. On donne le nom de *qapoukiaya* aux agents ou procureurs établis auprès de la Porte. Ce sont des fondés de pouvoir envoyés par les pachas de province, ils en sont les représentants salariés, et résident à Constantinople sous l'autorité du gouvernement (Barbier de Meynard, *Dictionnaire turc-français*).
2. Juillet 1679.

tastrophe qui avait accablé son frère, il se résolut à quitter sa patrie et passa en Roumanie.

La situation de cette contrée, vis-à-vis de la Porte, était absolument la même que celle de la Transylvanie. Brankovitch s'établit à Bucarest vers la fin de l'année 1676. Il s'y fit bien venir des boïars et du prince. On prenait au sérieux la généalogie qu'il s'était créée et en vertu de laquelle il se prétendait apparenté à la famille roumaine des Brancovano. A Bucarest il se trouvait presque en famille. On estimait qu'il pourrait jouer un rôle considérable au cas où toutes les nations danubiennes, Autrichiens, Hongrois, Roumains et Serbes réussiraient à se liguer contre la Porte. Le bruit de son nom parvint jusqu'à Vienne et l'empereur Léopold, pour s'assurer ses services, lui conféra, ainsi qu'à son frère le métropolitain, le titre de baron hongrois[1] et le reconnut pour l'héritier légitime de l'Herzégovine et de la Syrmie — reconnaissance platonique s'il en fut.

L'empereur Léopold aurait été bien à plaindre s'il n'avait eu contre les Turcs d'autre allié que Brankovitch. Les Turcs approchaient de Vienne et au mois de septembre ils s'établissaient devant cette ville. Ce fut un autre Slave, un roi authentique celui-là, Sobieski, qui délivra la capitale et peut-être la chrétienté (12 septembre 1683). On sait par quelle ingratitude il fut récompensé et comment l'Autriche a plus tard remercié la nation polonaise.

Brankovitch n'était pas homme de guerre, mais d'intrigue et de diplomatie. Pendant son séjour à Bucarest il s'efforça de négocier un traité d'alliance entre la Roumanie et la Transylvanie (1685). Il fut même envoyé en mission à Vienne par le prince Serban Cantacuzène en 1688. Serban avait grand peur de se compromettre vis-à-vis de ses voisins immédiats les Turcs et les Tartares. Brankovitch n'était pas de ses sujets et il pouvait au besoin le désavouer. De son côté Brankovitch songeait plus à ses propres intérêts qu'à ceux du prince dont il était le mandataire. Il adressa à l'Empe-

1. Le diplôme est daté du 13 juillet 1687.

reur un long mémoire rédigé en langue latine[1] où il exposait le profit que la maison d'Autriche pouvait retirer de la formation d'un état sud-slave dont lui, Brankovitch, aurait été naturellement le souverain. Les Bosniaques, les Serbes, les Bulgares, les Rasciens, les Thraces, les Albanais, les Macédoniens, disait en résumé le memorandum, considèrent l'Empereur comme leur futur libérateur. Ils espèrent qu'il voudra bien reconstituer un état illyrien. Les peuples illyriens naguère élisaient librement leur souverain. Il convient donc qu'ils élisent maintenant un despote, investi du titre de tsar, titre que les Moscovites ont emprunté aux anciens Illyriens. Outre le libre choix de leur souverain, les peuples illyriens demandent à l'Empereur le libre exercice de leur religion, l'intégrité de leur domaine. Si l'Empeur les aide à se reconstituer, ils seront contre les ennemis orientaux des alliés fidèles, ils seront les *antemurales* du royaume de Hongrie. Le memorandum conclut en invitant l'Empereur à reconnaître comme sérénissime despote, le seigneur Georges Brankovitch. Ce despote devra prendre rang parmi les princes du saint empire. Brankovitch rappelle à ce propos le titre de baron hongrois qui lui a été conféré quelques années auparavant. En attendant d'être installé dans la souveraineté qu'il réclame, le solliciteur demande une subvention annuelle de quatre mille huit cents florins qui le mette en état d'exécuter ses projets grandioses.

Évidemment l'auteur du memorandum faisait preuve de quelque naïveté et supposait à la cour de Vienne un désintéressement tout à fait étranger à ses traditions. D'un autre côté elle ne pouvait pas dédaigner absolument l'aide que lui apportaient les populations dont Brankovitch garantissait le concours efficace. En attendant que ses vastes projets eussent l'occasion de se réaliser, Léopold le reconnut pour le descendant de la famille princière des Brankovitch, souve-

1. Une copie de ce document se trouve à la bibliothèque de l'Université de Bologne. Elle a été publiée par M. Tomitch au tome XLII des Documents (Spomenik) édités par l'Académie de Belgrade.

rains de l'Herzégovine, de la Syrmie, de l'Illyrie, de la Mésie et lui confirma pour lui et ses descendants le titre de comte. Le diplôme qui conférait ce titre ne faisait d'ailleurs aucune allusion à la reconstitution éventuelle de l'état dont Brankovitch prétendait devenir le souverain. L'habile aventurier n'était pas encore au comble de ses vœux, mais il se croyait déjà sur la route de la fortune. Il allait bientôt être cruellement déçu.

Après lui avoir conféré le titre de comte, l'Empereur l'envoya en Transylvanie à l'état-major du général Veterani qui avait occupé cette province vassale du Sultan. Il devait s'entendre avec le général pour soulever les Serbes du Banat dès qu'il en aurait reçu l'ordre. Mais à peine avait-il quitté Vienne que ses fraudes furent mises à jour. D'autres Brankovitch de Bosnie se présentèrent et démontrèrent qu'il n'était qu'un imposteur. On découvrit qu'il avait entamé des négociations avec le tsar de Moscovie. Au lieu de voir en lui un précieux auxiliaire comme on faisait jusque-là, on soupçonna un dangereux concurrent.

Lui cependant ne se doutait de rien. A dater du mois de mai 1689 il s'était mis à recruter des partisans et en avait groupé environ huit cents qu'il réunit à Orsova où il établit son quartier général. De là il adressa aux Serbes un manifeste où, sous le nom de Georges II, il se proclamait despote héréditaire de la Mésie Inférieure et Supérieure. Il ne savait pas le revirement qui s'était produit à Vienne. Le 3 août l'Empereur avait envoyé à son généralissime, le duc de Bade, l'ordre d'observer toutes les démarches du pseudo-despote et de l'arrêter au besoin. Le 26 octobre, Brankovitch fut appelé à Kladovo[1] pour conférer avec le prince de Bade au sujet de la campagne contre les Turcs. Il traversa le Danube et arriva au rendez-vous sans rien soupçonner.

Dès son arrivée il fut arrêté, emmené à Orsova et retenu prisonnier d'abord à Orsova, puis à Nagyszeben, autrement

1. Actuellement ville du royaume de Serbie sur le Danube.

dit Hermannstadt en Transylvanie. Après avoir été sommairement interrogé par le jésuite Antone Dino il fut expédié à Vienne et provisoirement interné à l'hôpital de cette ville. Il sollicita en vain une audience impériale pour se justifier auprès du souverain. Il avait signé sa requête du titre de despote d'Illyrie et de Mésie, autrement dit des pays serbes. Mais ces provinces, l'Empereur entendait, s'il en devenait maître, les annexer directement à ses États et les titres que s'attribuait Brankovitch portaient en eux-mêmes sa condamnation. Cependant les Serbes qui ne soupçonnaient pas la fraude du prisonnier le considéraient comme le chef moral de leur nation. Ils demandaient qu'il fût mis à leur tête pour faire campagne contre les Turcs. Mais la cour de Vienne n'entendait point relâcher son prisonnier. Elle se contenta de donner aux Serbes un voïevode ou chef de leur race, Manastirli qui se distingua notamment à la bataille de Slankamen (1691). Pour calmer l'indignation des Serbes qui se regardaient comme offensés dans la personne de leur chef national, l'Empereur consentit à accorder à Brankovitch une pension provisoire de mille florins et le fit transporter de l'hôpital à l'hôtellerie de l'Ours d'Or sur le Fleischmarkt. Il y était d'ailleurs sous bonne garde. Toutefois on lui laissait une liberté relative et on lui permettait d'exercer dans une certaine mesure les droits qu'il prétendait tenir de son titre de despote. Ainsi nous le voyons au cours de l'année 1693 conférer un brevet de colonel et adresser à la nation serbe une proclamation où il déclare que les affaires litigieuses entre sujets serbes doivent en dernière instance être portées devant son auguste personne. Il recevait sans obstacle le patriarche serbe Arsène III, venu à Vienne pour défendre auprès de la chancellerie les intérêts de sa nation. En revanche le patriarche et les hauts dignitaires du clergé serbe adressaient à l'Empereur requêtes sur requêtes pour obtenir la liberté de leur illustre compatriote. Lui-même, Brankovitch, rédigeait un mémoire pour prouver la légitimité de ses prétentions et pour les justifier méditait d'écrire sa chronique qui n'est au fond qu'une longue apologie.

Cependant les années s'écoulaient et il restait toujours, sinon prisonnier, du moins interné. Pour obtenir sa liberté il sollicitait l'intervention de l'ambassadeur de Pierre le Grand protecteur naturel des Serbes orthodoxes. Ce n'était peut-être pas très habile.

Au mois de janvier 1699 le traité de Karlowitz mit fin à la guerre entre l'Empereur et la Turquie et ajourna indéfiniment les espérances des Serbes. Les prétentions de Brankovitch devenaient de plus en plus problématiques et les réclamations de ses compatriotes avaient de moins en moins de chance d'être écoutées. Pour comble de malheur le propriétaire de l'Ours d'Or commençait à se lasser de son pensionnaire. On lui avait imposé un corps de garde qui avait fini par écarter de l'hôtellerie sa clientèle habituelle. Il accablait de ses réclamations, la cour, la chancellerie, la municipalité.

Au cours de l'année 1702 le Conseil aulique insista auprès de l'Empereur pour que le cas de Brankovitch fût définitivement élucidé. Le 15 août l'Empereur reçut un rapport qui proclamait l'usurpateur coupable de fraude et d'intrigues contre la sûreté de l'État et qui concluait en s'opposant à sa libération. Pour le mettre hors d'état de nuire et d'entretenir des relations avec la nation serbe il fallait l'interner le plus loin possible des pays serbes. La ville d'Eger, en Bohême, sur la frontière de Bavière, paraissait le lieu le plus convenable pour cet internement. Elle possédait une garnison dont le chef saurait veiller sur cet hôte dangereux.

L'Empereur souscrivit à cette proposition ; il ordonna que l'interné conservât sa pension et fût traité avec ménagements. Au mois de décembre 1703, Brankovitch quitta cette ville de Vienne où il languissait depuis tant d'années et le patron de l'Ours d'Or fut enfin débarrassé de cet hôte importun.

Eger est surtout connue dans l'histoire par les tragiques souvenirs qui se rattachent au nom de Waldstein. Le nom de Brankovitch est moins populaire dans les pays occidentaux. Si le prétendant serbe connaissait l'histoire du grand condottiere allemand, il dut s'établir dans sa pensée de singuliers rapprochements entre leurs deux destinées. Les habitants de la petite ville ne savaient pas au juste qui était ce grand personnage que l'Empereur leur envoyait. Il n'était pas interné dans une casemate. Il pouvait choisir son logis et ses relations. On le croyait fort riche et il jouissait d'un crédit illimité. Il vivait grandement et se parait d'un costume oriental des plus somptueux. Bientôt il fut accablé de dettes. Il avait la conscience plus large que la bourse et, comme tous les aventuriers, il ne désespérait jamais de l'avenir. Il adressa tour à tour à l'Empereur Léopold et à son successeur Joseph Ier des suppliques où il réclamait sa liberté. Elles ne furent pas entendues. Il était tombé dans la misère la plus profonde et nous le voyons au cours de l'année 1711 solliciter tour à tour des subsides de l'impératrice autrichienne et du tsar Pierre le Grand. Il s'éteignit le 13 décembre de cette même année. Il affectait dans les derniers temps de sa vie des allures singulières. Un portrait, dont l'original est conservé au château de Kœnigswart, appartenant aux Metternich, nous le montre les yeux hagards, les cheveux répandus sur les épaules, la barbe tombant jusqu'à la ceinture. Il a l'air d'un charlatan ou d'un aliéné. Je ne me pique pas d'être versé en graphologie, mais les fac-similé de son écriture paraissent révéler un tempérament bizarre et singulièrement agité. Brankovitch fut surtout pleuré par ses créanciers. Comme il était hérétique, il fut enseveli en dehors du cimetière catholique. Sa tombe devint un lieu de pèlerinage pour ceux de ses compatriotes qui ne soupçonnaient point ses fraudes et qui voyaient en lui un représentant de la dynastie et de la tradition nationales. En 1743 ses restes furent déterrés et transportés dans les pays serbo-croates, à Karlovats[1]. Ils furent reçus solennellement par le patriarche Arsène IV et déposés au monastère de Krusedol, à côté de ceux du patriarche Arsène III. C'est dans ce monastère que repose aujourd'hui le premier roi de

1. En allemand Karlstadt, ville de Croatie.

la Serbie, Milan Obrenovitch. L'ingénieux aventurier avait poursuivi toute sa vie la constitution d'une nationalité serbe, qui aurait formé un petit état vassal de l'Empereur ou plutôt du roi de Hongrie. En 1848 ce rêve a failli se réaliser.

Je ne parlerai point ici de sa Chronique. Elle n'a qu'une très médiocre valeur historique et elle a surtout pour objet d'étayer les mensonges sur lesquels l'auteur espérait fonder sa fortune. Elle est d'ailleurs encore inédite et après l'analyse très consciencieuse qu'en a donné son dernier historien, il ne semble pas qu'il y ait un grand intérêt à la publier.

LA LITTÉRATURE SERBO-CROATE

Les peuples sud-slaves ou, comme ils s'appellent eux-mêmes, les Iougoslaves[1], se divisent en trois groupes : les Slovènes, les Serbo-Croates, les Bulgares. D'après les récentes évaluations du Pr Niederlé, qui englobe même les Slaves émigrés dans le Nouveau Monde, on compterait aujourd'hui 1 450 000 Slovènes, 8 210 000 Serbo-Croates et 4 588 000 Bulgares, soit au total plus de quatorze millions de Sud-Slaves répartis entre l'Autriche, la Hongrie, la Turquie, le royaume de Serbie, le royaume de Bulgarie et le Montenegro. Ces quatorze millions se partagent entre cinq cultes : chrétiens orthodoxes, catholiques, grecs uniates, réformés (en assez petit nombre) et musulmans. Ils pratiquent trois alphabets : le latin chez les Slovènes et les Croates, le cyrillique (autrement dit l'alphabet russe avec de légères variantes) chez les Serbes et les Bulgares. Un texte identique peut être imprimé tour à tour en caractères latins à Agram, en caractères slaves à Belgrade. D'autre part, dans les îles de la Dalmatie, quelques milliers de fidèles suivent encore l'antique liturgie slave-romaine avec des livres liturgiques imprimés dans un alphabet mystérieux qui remonte peut-être aux apôtres slaves, l'alphabet dit *glagolitique*.

Comme on le voit par ces indications, ces Iougoslaves, malgré leur petit nombre, constituent une mosaïque fort bigarrée de peuples, de langues et d'alphabets.

1. Ioug veut dire « Sud ».

En dehors de la littérature propement dite, ces peuples ont encore gardé une littérature orale de chants épiques qui se transmettent de bouche en bouche comme les *bylines* de la Russie ou les *doumas* de l'Ukraine. C'est surtout dans le groupe orthodoxe que l'épopée populaire a persisté. Chez les Serbes et les Bulgares, l'influence du clergé a été moins forte que celle du clergé catholique, plus vigilant, plus soucieux d'exterminer tout ce qui pouvait rappeler les traditions du paganisme. Je n'ai pas l'intention d'insister en ce moment sur cet élément épique qui mérite une sérieuse attention et qui a déjà été chez nous l'objet de travaux détaillés. Je me contente de rappeler ici ceux de MM. Dozon, D'Avril, et le petit volume que j'ai consacré récemment au cycle épique de Marko Kralievitch[1]. Certains faussaires ont même essayé de fabriquer des chants épiques où l'on aurait retrouvé les premières pages de l'humanité. Mais la falsification a été heureusement éventée.

I. Les Slovènes.

De tous les peuples iougoslaves, les Slovènes sont les plus voisins de nous. Aux époques primitives du christianisme, leur littérature religieuse se confond avec celle de leurs voisins les Croates. C'est la Réforme qui chez eux commence à émanciper la langue nationale, écrasée jusqu'alors par le latin. C'est à Tubingue et à Urach, en Wurtemberg, que s'imprimèrent la seconde moitié du XVIe siècle les premiers textes religieux (catéchisme, Actes des apôtres, traductions de la Bible, etc.). A cette époque héroïque se rattache les noms de Truber, d'Ungnade, de Georges Dalmatin, du philologue Bohoricz, qui édita en latin une grammaire slovène, à Wittenberg, en 1584. Dans la préface de

1. Dozon, *Poésies populaires serbes* (Paris, Leroux). — D'Avril, *La Rapsodie de Kossovo* (Paris, Leroux). — L. Leger, *Le Cycle épique de Marko Kralievitch* (Paris, Leroux).

cette grammaire, Bohoricz se plaît à proclamer la grandeur et l'unité de la race slave. « La langue slave, dit-il, est répandue par la plus grande partie du monde, sinon par le monde entier. » La même année, Dalmatin faisait paraître à Wittenberg une traduction intégrale de la Bible : cette publication ne coûta pas moins de 8 000 florins, somme énorme pour le temps. Sur ce total, les États de Carniole fournirent 6 1000 florins, ceux de Styrie 1 000, ceux de Carinthie 900. Dans les pays slovènes, comme en Bohême, la Contre-réformation finit par triompher et anéantit la plupart des livres hérétiques. Mais pour réussir, elle dut employer les mêmes procédés que chez les Tchèques. Il fallut, d'une part, détruire les livres proscrits, de l'autre, écrire des livres catholiques dans la langue nationale. Ce ne fut que vers la fin du XVIIIe siècle que le slovène arriva à la vie littéraire, au sens profane du mot. On vit apparaître des almanachs, des essais dramatiques, notamment, en 1790, une adaptation du *Mariage de Figaro*. La Slovénie (appelons de ce nom l'ensemble des Slaves de la Styrie, de la Carinthie, de la Corniole et de l'Istrie) eut son premier poète dans la personne de Valentin Vodnik, né en 1758, mort en 1819. Il était professeur à Lublania, autrement dit Laybach, lorsque Napoléon vainqueur de l'Autriche, créa en 1809, avec des provinces enlevées à l'empereur François Ier, une Illyrie soumise à la France et administrée par deux gouverneurs résidant l'un à Lublania (Laybach), l'autre à Trieste. Cette Illyrie comprenait l'ensemble des pays slovènes, une partie de la Croatie et de la Dalmatie. Ce nom d'Illyrie, renouvelé de l'antiquité classique, produisit un effet magique. Les pays auxquels il s'appliquait n'ont été peuplés par les Slaves que plusieurs siècles après l'ère chrétienne. Mais il ne manquait pas de patriotes qui se plaisaient à faire remonter leur origine aux périodes les plus lointaines de l'antiquité.

Vodnik, devenu, sous le régime français, inspecteur des écoles et directeur du gymnase de Laybach, fut de ces nombreux Slaves qui s'enthousiasmèrent pour Napoléon et virent en lui le régénérateur des nations. J'ai dans ma bibliothèque un livre bien rare, — probablement unique en France ; — c'est une grammaire française en langue croate, rédigée par un curé croate, Sime Starčević[1], d'après une grammaire allemande de Mozin, qui était fort à la mode. Elle porte ce titre : *Nouvelle grammaire illyrico-française à l'usage de la jeunesse militaire des provinces illyriennes*. Ce livre est imprimé à Trieste et daté de 1812. 1812 ! Un an plus tard, cette jeunesse militaire que Napoléon rêvait de mettre au service de la France échappait à sa domination et rentrait au service des Habsbourg.

Le poète Vodnik crut à l'éternité du régime français et de la dynastie napoléonnienne. Dans une ode enthousiaste, *le Réveil de l'Illyrie*, il chanta le passé et les espérances de son peuple :

Napoléon a dit : Réveille-toi, Illyrie. Elle s'éveille, elle soupire : Qui me rappelle à la lumière ? O grand héros, est-ce toi qui me réveilles ? Tu me donnes ta main puissante, tu me relèves... Le Grec et le Latin appellent notre pays l'Illyrie ; mais tous ses fils l'appellent la Slovénie. Le citoyen de Raguse, l'habitant du littoral, de Cattaro, de Goritsa, tous, de leurs anciens noms s'appellent Slaves.

Chez les Slovènes pénètre Napoléon ; une génération tout entière s'élance de la terre. Appuyée d'une main sur la Gaule, je donne l'autre à la Grèce pour la sauver. A la tête de la Grèce est Corinthe, au centre de l'Europe est l'Illyrie. On appelait Corinthe l'œil de la Grèce, l'Illyrie sera le joyau du monde[2].

Napoléon évacua l'Illyrie ; le rêve de Vodnik s'évanouit. Toutefois l'empereur François Ier sembla lui donner un semblant de satisfaction en créant en 1816 un royaume d'Illyrie qui comprenait la Carniole, les pays de Goritz et de Gradisca, de Villach et de Klagenfurt, le littoral et une petite partie de la Carniole. Le titre un peu fantastique de

1. Ce Sime Starcevitch, qui est mort en 1858, était le grand-oncle d'un homme politique croate, Ante Starcevic, qui me fit cadeau du volume il y a une vingtaine d'années.

2. J'ai traduit l'ode en entier dans *le Monde slave* (t. I, 2e édit., p. 32-33).

roi d'Illyrie figure toujours dans le protocole de la Chancellerie autrichienne; mais il ne représente qu'une entité de protocole. Il n'a pas plus de valeur que celui du roi de Chypre ou de Jérusalem.

Vodnik n'eut pas à se louer de son malencontreux enthousiasme pour Napoléon. Il eut beau chanter le retour de la domination autrichienne; malgré ses palinodies, il tomba en disgrâce et mourut dans une situation assez misérable.

Il avait dû rencontrer à Laybach un Français aventureux qui rédigeait alors la partie française du journal officiel de la domination, *Le Télégraphe*. Ce Français s'appelait Charles Nodier et devait jouer assez brillamment sa partie dans le concert romantique. C'est à Laybach que Nodier puisa l'inspiration de quelques-unes de ses premières œuvres, *Jean Sbogar*, et un récit truculent : *Smara ou les Démons de la nuit, songes romantiques*, traduits de l'esclavon du comte Maxime Odin. Inutile de dire que le comte Maxime Odin, — un prétendu noble ragusain, — n'a jamais existé et qu'Odin n'a jamais été un nom slave[1]. C'est Nodier probablement qui suggéra à Mérimée l'idée première de cette colossale mystification qui parut pour la première fois à Strasbourg, en 1827, sous ce titre : *La Guzla ou choix de poésies lyriques recueillies dans la Dalmatie, la Bosnie, la Croatie et l'Herzégovine*[2].

Plus tard, le bon Nodier, pour avoir séjourné chez les Illyriens, se croyait capable de disserter sur leur langue et leur littérature et lorsque parut, entre les années 1832 et 1839, le *Dictionnaire de la conversation et de la lecture*, c'est à lui qu'on demanda l'article : *Langue et littérature illyriennes*, et cet article a été réimprimé sans changement au tome onzième de la deuxième édition de cet ouvrage, qui parut à Paris en 1856. Il est bien curieux comme rare spécimen d'ignorance impudente et de creuse phraséologie. En 1856, Nodier était mort depuis douze ans; un éditeur consciencieux aurait eu le devoir de faire mettre son article

1. Odin représente tout simplement les quatre premières lettres de NODIer.
2. Voir plus loin l'étude sur Mérimée.

au courant de la science. Les bons travaux ne manquaient pas alors, même en français, sur cette littérature si peu connue. Les trois quarts de l'article sont consacrés à des divagations plus ou moins exactes sur les chants des *guzlars*, tels qu'on se les figurait d'après les fantaisies de Mérimée. Nodier se permet d'émettre un diagnostic doctrinal à propos de cette langue qu'il ignore et de cette littérature qu'il ne soupçonne pas :

Je ne sais, dit-il gravement, si la langue slave aura jamais une littérature classique; je l'en crois très digne sous tous les rapports et il est du moins certain qu'elle a déjà son *Iliade* ou sa *Jérusalem* ; c'est l'*Osmanide*, poème épique de Gondola, aussi célèbre chez les Dalmates qu'il est inconnu à Paris[1]. Toutefois ce poème assez récent n'existe lui-même que dans la bouche des rapsodes et dans quelques manuscrits très rares. En attendant que le poète esclavon prenne son rang parmi les maîtres de l'épopée, ce qui peut arriver un jour, son existence à peine constatée n'occupe pas la renommée à vingt lieues du pays qui conserve ses cendres et je n'ai jamais entendu nommer un de ses émules dans tout le reste de l'Europe.

Ceci est fort impudent. Dès 1826, Schafarik avait publié à Bude sa *Geschichte der Slavischen Sprache und Literatur* et en 1837 l'Allemand Olbrecht avait publié à Leipzig un autre ouvrage sur les littératures slaves, où Nodier aurait eu beaucoup à apprendre, et où le nom de Gondola ou mieux Gundulic n'était pas ignoré.

Nodier continue ainsi sa notice :

Le culte de la Muse slave a dû être beaucoup plus dédaigné dans la civilisation scolastique et universitaire des âges modernes; mais je ne doute pas qu'il ne se rétablisse un jour.

Le bon Nodier et le *Dictionnaire de la conversation* savaient se contenter de peu. L'*Osmanide* avait été publiée en 1803 et en 1826[2] et traduite en italien dès 1827. Quant à

1. Nous parlerons tout à l'heure de cette Osmanide.

2. J'ai dans ma bibliothèque un magnifique exemplaire de l'édition de 1826 (3 volumes in-8°, Raguse) qui aurait certainement réjoui le cœur de Nodier, lequel était, comme on sait, un passionné bibliophile.

ce culte de la Muse slave, que l'auteur de Jean Sbogar croyait si dédaigné, nous verrons tout à l'heure dans quelles œuvres et par quelles mains il avait été célébré.

Revenons à Vodnik; il fut un précurseur non seulement comme poète, mais aussi comme publiciste. Il fonda le premier Journal de son pays, les *Ljublanske Novice (Gazette de Laybach)*. En 1827 une chaire de slovène fut créée dans cette ville; cet idiome trouva son grammairien dans la personne d'un philologue qui d'ailleurs écrivait en allemand et qui a joui d'une réputation européenne, Kopitar. Depuis, la nation slovène a donné au monde slave un autre grand philologue, Miklosich, qui fut professeur à Vienne et associé de l'Institut, et qui d'ailleurs ne se piquait guère de patriotisme slave. De tous les peuples slaves de l'Autriche-Hongrie les Slovènes sont ceux qui ont les prétentions les plus modestes. Ils n'ont pas dans leur histoire de faits bien saillants et, malgré la dénomination purement fictive de Royaume d'Illyrie, ils ne sauraient avoir la prétention — comme les Tchèques, les Polonais ou les Croates — de reconstituer un état qui n'a jamais existé. Ils ne rêvent ni d'une grande Slavie, ni même d'un royaume illyrien; ce qu'ils voudraient avoir, ce que leur promet d'ailleurs la constitution, c'est une université nationale à Laybach. Leurs voisins, les Croates, en ont bien une à Agram.

En littérature les Slovènes n'ont pas eu, comme d'autres peuples, comme leurs congénères, les Russes et les Polonais, à passer par la crise douloureuse de la lutte des classiques et des romantiques. Avec François Prešern (né en 1800, mort en 1849), la poésie slovène entre de plain-pied dans le romantisme; elle s'inspire de Byron, de Mickiewicz, des balladistes allemands, mais elle puise aussi directement aux sources de la vie populaire.

Stanko Vraz (1810-1851), après avoir débuté en recueillant et publiant les chants populaires de son pays, passa chez les Croates, où nous le retrouverons plus loin, et devint chez eux le plus grand poète de la période dite *illyrienne*.

La littérature politique naquit en 1843 avec le journal *Novice* rédigé par le Dr Bleiveis. En 1852, un évêque patriote, Slomšek, fonda une société de Saint-Hermagoras pour la publication de livres populaires. Cette société, qui existe toujours, a puissamment contribué à exciter dans le peuple le goût de la lecture. Bien que leurs origines littéraires — ainsi que nous l'avons vu tout à l'heure — remontent à la Réforme, les Slovènes sont aujourd'hui d'ardents catholiques.

En 1866, à l'instar de ce qui s'était passé à Novi-Sad chez les Serbes de Hongrie, chez les Tchèques, chez les Slovaques, les Slovènes fondèrent une *Matiça*, c'est-à-dire une société coopérative ou mutualiste d'édition. Cette société, qui au début ne comptait que cinq cents membres, en a aujourd'hui environ quatre mille. Ses publications embrassent à peu près tous les genres et sont assurées d'un public assidu et intelligent.

L'activité littéraire des Slovènes se concentre surtout à Laybach ; mais Klagenfurth (en slovène Celovec) lui a parfois disputé le premier rang. C'est à Celovec qu'Antoine Janežić (1825-1869) fonda le premier journal purement littéraire. Parmi ses collaborateurs l'un des plus considérables fut François Levstik (1831-1887) que ses compatriotes se plaisent à appeler le Lessing slovène ; Levstik fut tout ensemble critique, poète, romancier. Joseph Jurčić (1844-1881) fut surtout un peintre de la vie populaire, une sorte de Tourguenev slovène, dont certaines œuvres ont été portées avec succès à la scène. M. Tavezar (né en 1851) a écrit aussi des romans de la vie nationale ; l'un d'entre eux se passe à Lublania (Laybach) à l'époque du congrès qui valut à cette ville, d'ailleurs assez obscure, une renommée éphémère.

En créant la revue *Zvon (la Cloche)* le poète Stritar (né en 1836) a donné à la littérature slovène l'organe périodique qui lui avait manqué jusqu'alors ; chez Stritar le poète est doublé d'un critique et d'un philosophe. Mais son libéralisme a dû plus d'une fois se heurter au conservatisme clérical de ses compatriotes. C'est pourtant le clergé qui a produit deux des meilleurs poètes de l'époque moderne, Gregorčič (né en 1844) et Askerec (né en 1856). Gregorčič est un patriote passionné. Dans un de ses poèmes les plus célèbres, il met en scène un prêtre qui impose les cendres aux fidèles suivant le rite de l'église catholique ; à la fin se présente devant lui un personnage qui représente le peuple slovène, ce peuple si longtemps méconnu et misérable. Le prêtre rejette les cendres loin de lui et s'écrie d'une voix forte : « Lève-toi, mon pauvre peuple, jusqu'ici foulé aux pieds dans la poussière, ce n'est pas le jour des cendres qui est ton jour, c'est le jour de la résurrection. » Antoine Askerec (né en 1856) a écrit des ballades et des romances, des poèmes épiques et lyriques. Ce n'est pas un poète de sentiment et de mélancolie, c'est le poète de l'action. Sa muse ne s'attarde point à pleurer. « La torche dans une main, le glaive dans l'autre », elle conduit son peuple au combat contre l'obscurantisme et la tyrannie, mais elle ne l'invite pas aux sanglantes revanches. « Le progrès, la civilisation, que telle soit notre vengeance ! » Elle se berce de rêves humanitaires ; elle tend une main fraternelle aux frères musulmans. Elle défend la cause des opprimés et des misérables. Askerec s'inspire au besoin de la poésie populaire russe et des légendes de l'Orient. Gregorčič et Askerec sont les deux chefs d'école de la jeune génération.

Les Slovènes ont même une littérature dramatique. Ce n'est que depuis 1887 que les représentations slovènes alternent avec les représentations allemandes au théâtre de Lublania[1] ; on y joue peu de pièces originales et celles qui ont ce caractère sont naturellement assez difficiles à comprendre pour les étrangers, même pour les congénères slaves qui ne sont pas au courant des mœurs locales ou des types indigènes.

Je n'ai pas de renseignements récents sur la statistique

1. Sur Lublania (Laybach) voir mon volume *La Save, le Danube et le Balkan*.

des journaux dans les pays de langue slovène. En 1897 le total des périodiques était de 54, dont deux journaux quotidiens paraissant à Lublania et un bi-quotidien à Trieste. Aujourd'hui, ce que les Slovènes désirent avant tout, c'est un établissement d'enseignement supérieur où les leçons seraient données en leur langue. Ils ne peuvent avoir de grandes ambitions politiques, mais le jour où le suffrage vraiment universel sera proclamé en Autriche ils apporteront un précieux appoint à leurs congénères de Bohême et de Moravie dans la lutte contre l'élément germanique. Ils tiennent avant tout à rester slaves, et il ne faut pas oublier que c'est ce peuple qui ferme aux ambitions allemandes le chemin de Trieste.

II. Les Croates.

La littérature religieuse des Serbes et des Croates au moyen âge n'offre guère de production originale et je n'ai point à m'en occuper ici. Des textes théologiques ou juridiques, des Vies des Saints ne constituent pas, à proprement parler, des œuvres littéraires. La littérature historique fait presque complètement défaut. Il est bien entendu que je ne m'occupe pas ici des écrits en langue latine.

C'est à Spalato et à Raguse qu'apparaissent les premiers représentants de la littérature proprement dite.

La Dalmatie subissait la domination de Venise, mais elle n'avait pas renoncé à sa langue nationale, l'idiome slave ou serbo-croate ; les citoyens les plus éclairés allaient faire leur éducation en Italie, mais ils rapportaient de l'étranger le noble désir de rivaliser avec leurs maîtres. La littérature de la Dalmatie s'inspire naturellement des poètes italiens. Le premier en date des poètes croates de la Dalmatie, c'est Marko Marulić (1450-1524). C'est par lui que l'Académie sud-slave d'Agram a commencé en 1869 sa collection des anciens écrivains croates, qui compte aujourd'hui vingt-cinq volumes. Son poème de *Judith* parut en 1521. Le sujet est emprunté à la Bible, mais au fond le poète songe aux voisins musulmans qui oppriment les frères chrétiens. Tandis que la poésie populaire — alors fort dédaignée des humanistes — néglige la rime et ne produit que des vers blancs, les représentants de l'école littéraire s'appliquent au contraire à n'écrire que des vers rimés. Le plus souvent ils se contentent d'adapter ou de paraphraser des œuvres italiennes. Un contemporain de Marulić, Pierre Hektorović (1487-1572), est surtout célèbre par un poème original, *Dialogue des pêcheurs,* dans lequel il a intercalé trois chansons populaires.

Comme les villes d'Italie, les cités dalmates avaient des fêtes de carnaval qui souvent donnaient lieu à des chansons ou à des poèmes satiriques; l'une des œuvres les plus célèbres dans ce genre est *La Bohémienne* d'André Čubranović (mort vers 1550).

La plupart des poètes se sont plu à traiter des sujets bibliques, soit d'après le texte des Écritures, soit d'après quelque prototype latin ou italien. Ainsi Mavro Petranić[1] (1482-576), moine de l'ordre de Saint-Benoît, a chanté *La Chaste Suzanne, Le Sacrifice d'Abraham, La Résurrection.* Marin Držić[2] (1520-1585) écrivit des comédies, dont un *Avare* d'après Plaute. Je pourrais citer ici bien d'autres noms et des titres d'ouvrages qui n'apprendraient rien au lecteur. J'ai hâte d'arriver au grand poète national ragusain, à celui que les Sud-Slaves opposent avec orgueil à l'auteur de la *Jérusalem délivrée,* à François Gundulić (1588-1638), qui est aussi connu sous le nom italien de Gondola. Il appartenait à une famille noble et remplit avec honneur quelques emplois de la République; il serait sans doute arrivé à la magistrature suprême, au titre de *prince,* s'il avait dépassé l'âge de cinquante ans. Son œuvre capitale est un grand poème épique, l'*Osmanide.* Ce titre est assez difficile à expliquer. Au premier abord il semble singulier qu'un poète

1. Le c final de ces noms se prononce *tch* comme dans les noms serbes.
2. Prononcez « Derjitch ».

slave chrétien ait pris pour héros un musulman. Le fait demande quelques commentaires. Au mois de mai 1622 s'était accomplie à Constantinople une révolution de palais qui avait eu un retentissement considérable chez les chrétiens de la Péninsule balkanique et de l'Europe orientale : le meurtre du sultan Osman II, étranglé par son grand vizir Daoud Pacha. Peu de temps auparavant les troupes de ce sultan avaient échoué au siège de Chocim ou Khotin en Bessarabie ; elles avaient été repoussées par celles du roi de Pologne Sigismond III. C'est le fils de Sigismond, Wladyslaw ou Ladislas (roi de Pologne de 1632 à 1648) qui est le véritable héros du poème dont la dénomination est plutôt inexacte.

Gundulić entretenait par sa famille ou par ses études de nombreuses relations avec l'Italie. A ce moment-là un duc de Toscane, Ferdinand III, avait eu l'idée d'apprendre la langue slave de ses voisins, les Dalmates, et c'était un jésuite apparenté à l'auteur de l'*Osmanide*, Marin Gundulić, qui lui donnait des leçons. Dans une ode adressée à cet auguste élève, le poète ragusin célèbre la gloire de la race slave. Il joue comme le fera plus tard le Tchèque Kollar sur l'homonymie des mots *slave* et *slava* (qui veut dire gloire) et il exalte la grandeur de sa race :

Elle s'envole comme une flèche sur son char ensoleillé, la Gloire (*Slava*), à travers la plus vaste partie du monde, l'étendue de tous les pays slaves.

L'éclat de son visage fait luire une brillante aurore depuis le pays de Raguse jusqu'au froid Océan glacial.

Cent royaumes où l'on entend célébrer aujourd'hui le nom slave sont divisés par l'immensité de l'espace, mais réunis par la communauté de la langue.

... Que partout où retentissent les paroles slaves,

Que de toute une moitié du monde une seule langue se mette à faire retentir ce chœur :

« Ferdinand, prince couronné par-dessus les plus grands princes, toi que le monde plein de ta gloire tient pour le soleil de la terre,

« Écoute comme tout le peuple slave dans sa reconnaissance

fait retentir ta gloire, ce peuple dont tu aimes la langue, ô noble prince... »

Quand Gundulić parle de la reconnaissance de tous les peuples slaves pour le prince qui daigne apprendre un de leurs dialectes, il abuse singulièrement du droit que les poètes ont d'exagérer. Jusqu'au xixe siècle les œuvres de l'école dalmate ne seront guère connues que des riverains de l'Adriatique. Les Serbes et les Bulgares asservis aux Turcs sont généralement illettrés ; les Tchèques, les Polonais et les Moscovites ignorent absolument l'idiome de la Dalmatie.

L'*Osmanide* est une épopée romanesque assez difficile à analyser : les négociations que le sultan a entamées avec la Pologne donnent lieu à des récits de voyages fantastiques ; le poète met en scène deux amazones, l'une slave, l'autre musulmane, qui se battent en duel comme les héroïnes du Tasse. Il transporte tour à tour le lecteur dans la Péninsule balkanique et à Varsovie ; il descend aussi dans les enfers et nous fait assister aux conseils du démon, qui, en sa qualité de personnage satanique, tient naturellement pour les païens contre les Polonais. Les chants XIV et XV du poème ont malheureusement disparu. Ils ont été suppléés au xixe siècles par deux poètes croates, Sorkočević et Mažuranić, qui les ont imaginés chacun au gré de leur fantaisie. Je citais tout à l'heure les fantaisies de Nodier sur la littérature illyrienne. Voici une autre erreur qui n'est pas moins plaisante. Un savant polonais qui ne manquerait pas d'un certain talent, Christian Otrowski, s'est occupé du Gundulić dans ses *Lettres slaves*[1].

Or, pour faire admirer de ses lecteurs le génie de Gundulić, il n'a rien trouvé de mieux que de traduire un des chants interpolés au xixe siècle par Sorkočević. Il n'y a que la foi qui sauve. Il faut aussi beaucoup de foi pour croire tout ce que chante Gundulić. Il chante le prince royal de Pologne Ladislas ; il en fait le héros de la bataille de

1. Christian Ostrowski, *Lettres slaves*, Paris, Amyot, 1857.

Chocim ; il le montre chevauchant au milieu de monceaux de cadavres, transperçant les cœurs de sa lance, moissonnant les vies avec son sabre. La réalité racontée par un témoin polonais, Jacques Sobieski, castellan de Cracovie, s'accorde mal avec ces fantaisies épiques. La vérité, c'est que le prince fut malade pendant l'expédition et qu'il resta couché dans le camp tandis que ses compatriotes se battaient. Gundulić est un humaniste assez éclairé ; mais il a parfois de singulières ignorances ; ainsi il met l'Attique au nord de la Thessalie, erreur plus excusable, à vrai dire, que celle de Shakespeare qui fait échouer des vaisseaux sur les côtes de la Bohême, de Calderon qui fait couler le Danube entre la Russie et la Suède. La géographie du lointain septentrion échappe encore plus complètement au poète ragusain. Il fait du roi de Pologne le souverain de la Nouvelle-Zemble et il peuple cette contrée de galants héros qui entreprennent des pèlerinages d'amour en l'honneur d'une beauté persane. En revanche, Gundulić connaît bien ses voisins les Turcs, mais pas leurs femmes, auxquelles il prête à tort des caractères et des aventures romanesques. Son poème a pour sujet un épisode contemporain, comme les *Lusiades* de Camoëns. Le poète portugais fait un abus effroyable de la mythologie classique. C'est un défaut que Gundulić a eu la sagesse d'éviter. Il n'y a dans l'*Osmanide* qu'un épisode surnaturel ; mais il se passe dans l'enfer chrétien.

On a reproché au poème de manquer d'unité, de disperser l'intérêt, tantôt sur Ladislas, tantôt sur Osman ; on a même supposé que nous avions affaire à deux poèmes différents réunis par quelque caprice inexplicable. Au fond le vrai héros de l'*Osmanide* est la nation slave luttant contre la domination musulmane, de même que chez le Tasse au-dessus des Armide et des Clorinde plane la grande idée des Croisades.

Malgré d'incontestables défauts de composition et de style, malgré des lacunes irréparables, l'*Osmanide* reste une œuvre très remarquable qui mériterait d'être connue en Occident.

Elle a déjà été traduite en latin et en italien ; mais ces traductions faites par des compatriotes de l'auteur ne sont guère sorties du milieu qui les a vues naître. Même dans un idiome aussi ingrat que le nôtre, — par rapport à l'harmonie de l'original, — une version bien faite aurait chance d'intéresser les lecteurs délicats. Je regrette de ne m'être attaqué jusqu'ici qu'à des fragments.

A côté de Gundulić, Junius Palmotić (1606-1657) tient une place fort remarquable dans la littérature ragusaine, mais ses œuvres manquent un peu d'originalité. La plus importante est une *Christiade* en vingt-quatre chants qui n'est qu'une paraphrase du fameux poème latin de Vida.

Le tremblement de terre de 1669 qui faillit détruire Raguse porta un coup mortel à la cité naguère si florissante. Cette catastrophe fut chantée par plusieurs poètes, notamment par Jacques Palmotić (mort en 1680), frère du précédent, qui célébra de même Raguse restaurée. Au fond, la cité ne devait plus se relever. Elle traîna une existence précaire jusqu'en 1806, époque où cette antique république, si justement nommée l'Athènes slave, fut supprimée par Napoléon. Raguse n'avait pas seulement subi les influences italiennes. La littérature française avait pénétré jusque sur le littoral de l'Adriatique. Dans les Mémoires de l'Académie d'Agram un savant distingué, M. Matić, a récemment publié un ingénieux travail sur Molière à Raguse[1]. Voici le relevé des pièces de Molière qui ont été traduites ou plutôt adaptées aux mœurs et à la société ragusaines et jouées par des sociétés d'amateurs : *Le Misanthrope, Tartufe, Don Juan, L'École des Maris, L'École des Femmes, Les Femmes savantes, Georges Dandin, Sganarelle, Le Mariage forcé, Le Malade imaginaire, Le Médecin malgré lui, Le Bourgeois gentilhomme, Monsieur de Pourceaugnac, La Comtesse d'Escarbagnas, Les Fâcheux* et *Psyché*, soit les deux tiers environ de l'œuvre du maître.

Raguse ne se contentait pas d'assimiler Molière. Le pres-

1. Voir plus loin *Molière à Raguse*.

tige de sa langue et de sa poésie était tel qu'il s'imposait même à des Français. En 1774 arriva à Raguse un jeune Français fils d'un consul qui s'appelait Bruère Desrivaux. Il apprit l'idiome local et l'apprit si bien qu'il devint en cet idiome un poète fort estimable ; il fut tour à tour consul de France à Saraïevo, à Scutari, à Tripoli, et mourut en 1823. Il écrivit en serbo-croate des noëls satiriques, des satires, voire même une comédie, qui ne furent publiées que longtemps après sa mort.

III

J'ai surtout insisté sur Raguse ; mais en dehors de cette république privilégiée la Dalmatie a eu aussi quelques poètes. L'un des plus originaux est assurément un religieux, le père André Kačić Miošić, qui vécut au xviie siècle. C'était un moine patriote qui voulut être le poète de son peuple. Les poètes dont nous avons parlé tout à l'heure avaient écrit surtout pour l'aristocratie, pour les intellectuels; ils s'étaient particulièrement inspirés de l'antiquité classique et de l'Italie. Kačić était professeur de théologie dans un monastère de Sibenico, mais toutes les fois que ses occupations lui en laissaient le loisir il parcourait à pied la région qui s'étend de Scutari à Zara, de Mostar à Cattaro. Il n'avait pas, comme on l'a eue plus tard, l'idée de recueillir les chants de la bouche même du peuple pour les imprimer tels quels sous leur forme fruste et naïve. Il se contenta de s'en inspirer; il s'inspira aussi de quelques chroniques plus ou moins exactes et il publia en 1746, à Venise, un recueil de chants historiques qui est devenu l'un des livres les plus populaires du monde sud-slave. Il remonte jusqu'aux époques les plus lointaines ; il s'imagine par exemple qu'Alexandre fut un roi slave et il le chante en cette qualité avec le même sérieux qu'il célèbre les héros sud-slaves qui luttèrent contre les Turcs. Le succès de son recueil retentit jusqu'en Allemagne. Herder, dans son célèbre ouvrage

Stimmen der Völker in Liedern, cite telle chanson de Kačić comme un vrai poème populaire. Et de fait quelques-unes des chansons de Kačić ont si bien pénétré dans la conscience nationale qu'on a oublié leur origine littéraire et qu'elles semblent sorties des entrailles mêmes du peuple.

IV

Les petits peuples slaves, ainsi que je l'ai déjà fait remarquer, sont trop volontiers tentés de confondre la littérature avec la bibliographie. Je suis obligé de passer sous silence une infinité de noms qui n'ont aucun intérêt pour cette étude et de transporter brusquement le lecteur de Raguse à Agram, de Dalmatie en Croatie. C'est Agram en effet qui, vers 1835, devient le grand foyer du mouvement intellectuel.

Le développement de la littérature nationale coïncida avec la renaissance de la littérature tchèque, avec les efforts des Magyares pour imposer leur langue aux différents peuples de la couronne de Hongrie. L'initiateur du mouvement ne fut ni un poète ni un lettré de génie, ce fut un simple publiciste, Louis Gaj; il trouva un appui intéressé auprès du gouvernement de Metternich, qui désirait tenir en échec les Hongrois. Après avoir d'abord publié un journal croate, il reprit aux voisins slovènes le nom de l'Illyrie et lui donna pour quelques années une consécration officielle. Sous l'épithète d'Illyriens il embrassait les Croates, les Serbes, les Slovènes; le mot devint à la mode et l'on désigna sous le nom d'illyrisme le mouvement intellectuel et politique qui devait aboutir à la régénération de ces petits peuples. Mais au bout de quelques années le gouvernement viennois s'effraya de l'illyrisme; le mot fut interdit, mais l'idée resta. Au terme illyrien on substitua celui de sud-slave (iougoslave) et la ville d'Agram resta le centre, le foyer intellectuel du sud-slavisme : pour faire rayonner plus aisément leur influence, les Croates renoncèrent à certaines particularités de leur idiome et adoptèrent en partie le parler plus harmonieux de leurs voisins serbes. La même langue littéraire avec deux alphabets différents s'imprime aujourd'hui à Agram et à Belgrade. En 1842 fut fondée la *Matiça* illyrienne, à l'instar de la société analogue créée en 1826 par les Serbes de Novi-Sad pour la publication de livres nationaux. On sait comment ce mouvement en apparence purement littéraire aboutit aux conséquences les plus graves en politique, comment en 1848 les Croates se prononcèrent nettement contre la révolution hongroise et prêtèrent un concours efficace à la dynastie, qui avait alors sensiblement besoin d'être secourue[1]. Gaj à Agram, Havliczek à Prague, Kossuth à Pesth furent les trois initiateurs des mouvements parallèles dont les conséquences se font encore sentir aujourd'hui. Après avoir si brillamment débuté, Gaj rentra tout à coup dans l'obscurité ; il se mit au service du gouvernement autrichien, fut oublié de sa nation et finit par mourir dans la misère. Lorsque j'assistai en 1867 aux fêtes de l'inauguration de l'Académie d'Agram, je le cherchai en vain dans la foule et fut tout surpris de constater qu'il ne jouait aucun rôle dans les cérémonies officielles. La graine qu'il avait semée leva drue et féconde. L'intensité de la vie littéraire à Agram fut telle qu'elle absorba jusqu'à des éléments voisins. Ainsi le poète Stanko Vraz (1810-1851), né chez les Slovènes et qui avait débuté par écrire dans leur langue, adopta l'idiome croate. La noblesse, qui jusque-là se modelait sur celle de Vienne, et parlait volontiers allemand dans ses salons, se reprit à aimer la langue des ancêtres. En 1838, un gentilhomme, le comte Drašković, écrivit — en allemand — une brochure : *Ein Wort an Illyriens hochherzige Töchter über die älteste Geschichte und Regeneration ihres Vaterlandes* (Un mot aux nobles filles de l'Illyrie sur l'histoire la plus ancienne et la régénération de leur patrie), qui réveilla chez ses belles compatriotes le patriotisme qui avait si longtemps sommeillé. Je n'insiste pas ici sur le rôle que les Croates jouèrent dans la période ré-

1. Voir mon *Histoire d'Autriche*, chap. XIX.

volutionnaire de 1848 comme patriotes slaves, soutiens de la dynastie et adversaires de la suprématie magyare. J'ai raconté cet épisode dans un livre auquel je renvoyais tout à l'heure. Gaj avait à propos des Magyares prononcé ce mot profond : « Les Magyares sont une île qui flotte sur le grand océan slave ; je n'ai pas fait cet océan ; je n'ai pas déchaîné ces vagues ; prenez garde qu'elles ne s'élèvent au-dessus de vos têtes et que votre île n'y sombre. »

« Gaj, a dit plus tard un grand patriote, a lancé notre esquif sur la mer du slavisme. Désormais l'esquif peut être assailli par toutes les tempêtes ; il ne peut pas périr. » Un autre a dit de lui dans un style moins solennel : « Il nous a mis du miel sur les lèvres. » A cette période de renaissance, à cette lune de miel du slavisme régénéré correspond un développement intensif de la poésie lyrique. La race slave apparaît aux poètes comme une grande famille dont tous les fils doivent se connaître, s'aimer et s'armer pour lutter ensemble contre leurs ennemis communs. Stanko Vraz fonde la revue *Kolo*[1], et écrit au poète tchèque Erben : « Notre vif désir est d'élever notre littérature, de la rapprocher du goût et de l'esprit des autres peuples slaves qui sont plus près que nous de la civilisation européenne, mais nous ne pouvons le faire par nos seules forces et nous nous réfugions sous vos ailes. »

Dans des vers adressés à Mickiewicz au mois de mars 1848 il s'écrie :

> Lève-toi, noble race, saisis les lances, les cuirasses, les drapeaux, rassemble tes héros sous l'étendard de la foi et de la liberté. Qui pourra résister à Dieu et te résister ? Le Turc à demi sauvage fuit vers la mer, dans les forêts le Teuton et le hideux Magyare disparaissent. C'est parmi tes fils que sera toujours l'antique liberté.

Ailleurs il flétrit l'ingratitude de l'Europe vis-à-vis de la race slave.

1. Le *Kolo* est proprement une danse nationale sud-slave, une sorte de sarabande d'un mouvement très lent. Le mot veut dire cercle, ronde.

Qui me dira pourquoi tu lèves tes mains maudites pour souiller l'image sainte de Slava?

Slava, c'est, comme je l'ai déjà expliqué, une personnification de la race, une déesse fantastique sortie de l'imagination du poète tchèque Kollar, qui fut le chantre des idées panslavistes.

Mais en vain, vous la frappez, mains maudites; il viendra, le jour de la revanche.

Alors le ciel s'ouvrira; le soleil rayonnera. On abattra les autels sanglants pour élever des temples éternels à Dieu et à Slava.

Dans les notes de ce poème l'auteur explique comment la race slave a sauvé trois fois le monde, d'abord des Tatares au XIIIe siècle, puis au XVIIe lorsque Sobieski délivra Vienne des Turcs, enfin au XIXe quand les Russes renversèrent Napoléon. Ce sont là les trois rédemptions de cette Europe ingrate qui méconnaît ses bienfaiteurs.

Des idées analogues se rencontrent dans les œuvres de Medo Pučić, le poète ragusain qui fut le gouverneur du futur roi Milan; dans celles de Kukulievič Sakcinski, lequel fut plus encore historien que poète. Ce fut lui qui lança le premier l'idée du Congrès slave de Prague qui avait donné de si belles espérances et qui échoua si misérablement.

Preradović (1818-1872) est probablement le plus grand poète de son peuple. Tout en servant avec distinction dans l'armée autrichienne, il écrivit des poésies lyriques qui allèrent au cœur de ses compatriotes et dont quelques-unes resteront éternellement populaires. Ses œuvres sont parfois pénétrées d'un mysticisme singulier, qui n'est pas sans analogie avec le messianisme de Mickiewicz.

Elles respirent un profond sentiment de la solidarité slave. Dans une pièce intitulé *Toast* il représente tous les Slaves réunis dans un festin. Ils se portent mutuellement des santés avec leur breuvage national, le Russe avec du thé, le Polonais avec de l'hydromel, le Tchèque avec de la bière, le Jougo-Slave avec le vin, et après chaque couplet tous les

Slaves reprennent en chœur : « Tant que nous vivrons, frères, aimons-nous d'un amour fraternel. »

Ivan Mažuranić (1814-1890), qui a su combler d'une main fort habile les lacunes de l'*Osmanide,* a donné une épopée nationale (*La mort de Smaïl aga*) qui a pour objet une épisode de la lutte des Slaves et des Turcs et que les Croates considèrent comme un chef-d'œuvre digne de rivaliser avec les plus beaux chants populaires.

A côté de la poésie se développent les autres genres littéraires : Senoa (1838-1881), Tomić et Sandor Gialski sont dans leurs récits et leurs œuvres dramatiques des conteurs délicats de la vie nationale.

Les sciences historiques et philologiques font des progrès remarquables grâce aux instruments de travail que leur fournissent l'Académie sud-slave fondée en 1767 et l'Université ouverte à Agram en 1874. Je ne puis insister ici sur les noms des savants ni sur le détail des travaux publiés. Je me contente de rappeler que c'est un Croate, M. Vatroslav Jagić, qui a longtemps occupé la chaire de philologie slave de l'Université de Vienne[1]. Parmi les œuvres éditées par l'Académie d'Agram, je mentionnerai seulement le grand Dictionnaire de la langue serbo-croate commencé depuis un quart de siècle.

La création de cette Académie a été le couronnement de l'œuvre entreprise par les précurseurs du mouvement illyrien. On sait que cette fondation, ainsi que celle de l'Université d'Agram, est due en grande partie à la libéralité d'un illustre prélat auquel j'ai eu plus d'une fois occasion de rendre hommage, le regretté évêque de Diakovo, Mgr Strossmayer.

1. M. Jagic a été élu en 1908 correspondant de l'Académie des Inscriptions et Belles-Lettres.

GEORGES D'ESCLAVONIE

CHANOINE PÉNITENCIER DE LA CATHÉDRALE DE TOURS

Il y a une trentaine d'années M. Dorange, bibliothécaire de la ville de Tours, auquel on doit un Catalogue des manuscrits de cette bibliothèque[1], appela mon attention sur les gloses slaves de certains de ces manuscrits. Ces manuscrits avaient pour auteur un personnage appelé Georges d'Esclavonie, auquel le *Grand Dictionnaire historique* de Moreri[2] consacre une notice ainsi conçue :

« Georges d'Esclavonie maître es arts, docteur en théologie, chanoine et pénitencier de l'Eglise de Tours, vivait dans le quinzième siècle et au commencement du seizième[3]. La Croix du Maine dans la Bibliothèque française dit qu'il a écrit en français un livre intitulé : *La vierge sacrée*, imprimé à Paris chez Simon Vostre. Cela n'est pas exact. Le titre de ce livre est : *Le Château de la Virginité*. Il est en prose, divisé en huit chapitres, suivis d'une exhortation. Le tout est adressé à Isabelle de Villeblanche, d'une noble famille, qui venait de faire profession dans l'abbaye de Beaumont près de Tours entre les mains de l'archevêque de Tours. Je n'ai vu qu'une édition de ce livre, in-4º gothique, à Paris, par Jean Tiepperel : le 10 Juin 1506. »

L'ouvrage auquel Moreri fait allusion est bien connu des bibliophiles. Il est signalé par Brunet, *Manuel du libraire* (à l'article *Esclavonie*). La Bibliothèque nationale en possède

1. Un vol. in-4º. Tours, 1875.
2. Ce Dictionnaire a eu plusieurs éditions. J'ai sous les yeux l'édition de Paris, 1759.
3. Ces dates sont erronées ainsi que je le montrerai tout à l'heure.

deux exemplaires, dont l'un est incomplet. Ce qui nous intéresse ici, ce n'est pas ce volume, ce sont les manuscrits accompagnés de gloses slaves conservés à la bibliothèque de Tours et que nous allons examiner d'après la description qu'en a donnée le biblothécaire actuel, M. Collon, dans le récent *Catalogue des manuscrits de la Bibliothèque de Tours*[1].

Ms. **39 :** Compendium literalis sensus totius divine scripture, signé en latin :

Scriptum Turonis anno D. 1404 per manum Georgii de Sclavonia, Canonici et penitentiarii ecclesie Turonensis.

La date de ce ms. nous permet de rectifier tout d'abord une erreur de Moreri. Le chanoine qui l'a écrit en 1404 n'a pu vivre au seizième siècle.

Le ms. **79** : Lectura magistrii Georgii de Sclavonia super Danielem, 1391, 18ª die julii, est un des volumes que Georges avait apportés avec lui en venant à Tours.

Le ms. **95** est un recueil de différents textes religieux. Un certain nombre de feuillets portent des notes qui ont pour le lecteur slave un intérêt tout particulier et qui méritaient peut-être d'être publiés à part en facsimile. Elles attestent l'érudition polyglotte de l'auteur, elles attestent aussi que malgré son long séjour dans cette France où il avait été naturalisé, et où il est mort, il n'avait point oublié la langue dans laquelle il avait fait ses premières prières. Elles nous montrent que dans cette langue il connaissait les deux alphabets sacrés, le cyrillique et le glagolitique. Ce détail mérite d'être relevé.

Le Folio 75 de ce ms. nous présente un alphabet hébreu, un alphabet cyrillique, un alphabet glagolitique précédé de cette mention : Istud alphabetum est chrawaticum. Au-dessous de chaque lettre le scribe a marqué en caractères latins, le nom du caractère glagolitique *az*, *bouki* etc. Vient ensuite l'oraison dominicale en langue slave en caractères latins :

Otse nas ise, etc.

On peut supposer qu'en écrivant le *pater* en caractères

1. 2 vol. in-8°. Paris, librairie Plon, 1900.

latins le chanoine slave a voulu satisfaire la curiosité de quelque confrère français désireux d'avoir une idée de cette langue slave alors si peu connue en Occident. Ce qui me paraît confirmer cette hypothèse ce sont les textes que nous allons trouver aux feuillets suivants.

Fol. 76. Salutation angélique et symbole des apôtres en caractères glagolitiques avec une transcription en caractères latins. Les caractères glagolitiques sont tracés avec beaucoup de soin et d'une main qui s'est évidemment appliquée. M. Dorange avait bien voulu autrefois prendre pour moi des facsimilés de ces deux feuillets. J'en ai conservé un et exposé l'autre au Congrès archéologique de Kiev en 1874. Il doit, s'il n'a pas été perdu, figurer aujourd'hui dans les collections de l'Université de Kiev. Il serait, je crois, intéressant de publier ce facsimile.

Fol. 77. Le passage qui suit semble avoir été écrit, soit comme aide-mémoire, soit, ainsi que je le supposais tout à l'heure, pour expliquer à quelque étranger les pays où se pratiquait alors la liturgie slave dite glagolitique. Je transcris en essayant d'interpréter.

Istria eadem patria Chrawat (Il veut dire je crois que l'Istrie est au point de vue de la langue un pays slave comme la Croatie). Primus episcopus Chrawacie qui scit utrumque ydioma, tam latinum quam Chrawaticum et celebrat missam in altero istorum ydiomatum quocumque sibi placet (il s'agit d'un diocèse où la liturgie se célèbre à volonté en latin ou en slavon glagolitique, mais je ne sais quel est cet évêché). On lit ensuite en caractères latins : Pavel dyak z Krbava. Nous reviendrons tout à l'heure sur ce Paul. Dlgouschanin plemeniti routsanin Krisanits drasecin sin Krbavski. La Krbava, en latin Gorbavia, est une région de la Croatie sur les frontières de la Dalmatie. Elle a eu de 1185 à 1460 un évêché dont le siège était à Udbina. Je ne suis pas assez documenté sur les généalogies et la toponomastique croates pour identifier les personnages dont il est question ici et sur lesquels leurs compatriotes n'ont peut-être eux-mêmes aucun document.

De ista diocesi est Coplice — Episcopus de Kerbavia — Episcopus Knynski — Episcopus Krxski[1] — Episcopus Split. Quasi archiepiscopus. Episcopus Troguier. — Episcopus Schibenik. — Archiepiscopus Zadrski (noter ici le mélange du latin et du croate). — Episcopus Nenski. Episcopus Rabski. Episcopus Osorski. Episcopus Senski.

Nous avons ici, si je ne me trompe, l'énumération complète de tous les évêchés où se pratiquait seule ou conjointement avec la liturgie latine, la liturgie glagolitique.

Au bas de ce feuillet se retrouve un alphabet slave glagolitique un peu plus cursif que celui du feuillet 75.

Le folio 78me verso porte des mots slaves qui donnent le nom des jours de la semaine et des mois en caractères latins : Nedila, prvedan (et non pas *day* comme ont lu les éditeurs antérieurs), etc.

Ici encore on peut supposer à bon droit que le scribe a voulu se remémorer des mots usuels de sa langue maternelle ou plutôt, comme je le disais tout à l'heure, donner à quelque collègue français une idée de cette langue.

Le manuscrit qui renferme ces textes slaves, fait remarquer M. Collon, est écrit sur un papier exactement semblable, de la même main que deux autres mss. de la bibliothèque de Tours (N° 79 et 522) que nous savons être de la main de Georges d'Esclavonie.

Plusieurs autres mss. de la bibliothèque de Tours, qui ne renferment pas de gloses slaves, nous donnent quelques indications sur la vie et les œuvres du chanoine pénitencier.

P. 277, on voit le ms. **357** donné en gage, datus pignori magistro Georgio de Rayn, canonico Turonensi, pro duobus scudis auri.

P. 280. Le ms. **362,** porte le suivant Ex libris: « Ista est summa Georgii de Rayn Aquilegiensis diocesis. » Ces deux mentions nous apprennent le lieu de naissance du chanoine Georges. Sa ville natale appartenait au diocèse

1. Je redresse ici les lectures antérieures.

d'Aquilée. Nous reviendrons tout à l'heure sur la ville de Rayn.

Dans le ms. **444** (Guillaume Peraud, Summa de viciis et virtutibus) au verso du folio 418 à la date : Die prima mensis julii anno M° CCCC^mo^ XVI^mo^, il est question de la vente dudit manuscrit qui avait été faite per magistrum Georgium de Rain magistro Petro de Castanea. On sait que Pierre Casteigne, originaire du diocèse de Rouen, enseigna la médecine à l'Université de Paris à la fin du XIVe siècle et au commencement du XVe siècle[1].

Un manuscrit renfermant des extraits de la seconde Somme de Saint Thomas d'Aquin porte cette note: Extracta finita in vigilia Sancti Mathei apostoli et evangeliste anno domini 1413, scripta per manum magistri Georgii de Sclavonia canonici et penitentiarii.

Au milieu du fol. 16vo du ms. **337** (recueil fact...) on lit la signature G. de Rayn et au bas du fol. 17 la date de 1387. Ce ms. date de l'époque où le scribe étudiait à Paris.

Georges d'Esclavonie ne représente pas seul, à la bibliothèque de Tours, les Slaves méridionaux. On y rencontre un de ses parents, son neveu Ulric.

Le ms. **469**, recueil de textes à l'usage des prédicateurs, porte cette mention : Istum librum scripsit Parisius Ulricus nepos magistri Georgii (de Rayn) anno domini 1398.

A côté de cet Ulric figure encore un autre Slave. C'est celui dont nous avons relevé le nom tout à l'heure, Paul de Krbava.

Dans le ms. **95**, j'ai relevé autrefois pendant un séjour à Tours une glose cyrillique que l'on peut traduire ainsi : « Illud scripsit Paulus Diaconus e Krbava sicut didicit. » Je n'ai rien découvert sur la personnalité de ce Paul de Krbava ; ce qui est intéressant, c'est de le voir donner ici un spécimen d'écriture en alphabet cyrillique, probablement pour satisfaire la curiosité de quelque camarade. Ce

1. Voir les textes qui le concernent (de 1394 à 1405) dans le tome IV de *Chartul. Univ. Paris.*

qui semble probable c'est que ce Paul vint visiter le chanoine Georges en France en compagnie de deux autres personnages dont il était question plus haut[1].

Tels sont les documents que nous fournissent les manuscrits actuels de la Bibliothèque de Tours. Mais tous les mss. tourangeaux ne sont pas restés dans leur pays d'origine. Il en est qui ont émigré à l'étranger. Un savant archéologue, bien connu par des travaux sur l'histoire de la Touraine, l'abbe Bourrassé, a découvert à Londres au British Museum (ms. add. N°. 11, 443) l'Obituaire de l'Eglise Métropolitaine de Tours.

Voici le passage qui concerne Georges d'Esclavonie :

V Maii (1416) obiit recolendæ memoriæ magister Georgius Henrici de Rahyn presbyter de Sclavonia Aquileiensis diœcesis, magister in artibus et in theologia, canonicus et pœnitentiarius hujus ecclesiæ, qui multos libros manu propria ad usum dictæ ecclesiæ scripsit et notavit in cantu ; et in ultima sua voluntate reliquit residuum bonorum suorum mobilium ecclesiæ prefatæ, executione sua completa, pro faciendo anniversarium suum solenne anno quolibet in crastino sancti Hieronymi : Cujus anima requiescat in gaudium.

A la date du 1er Octobre figure une mention qui confirme le texte précédent :

Anniversarium bonæ memoriæ venerabilis viri Georgii Henrici de Rayn, presbyteri de Sclavonia Aquileiensis diœcesis, magistri in artibus et in theologia, canonici et pœnitentiarii hujus ecclesiæ, qui residuum suorum mobilium reliquit... et cujus anima requiescat in pace.

Je relève dans les deux textes précédents un détail particulièrement intéressant. Bien que devenu très français de cœur et très dévoué à son église métropolitaine à laquelle il lègue ses biens mobiliers, Georges d'Esclavonie, qui se plaît toujours à associer à son nom celui de sa province et

1. Au IVe volume du *Chartularium* je vois encore mentionné un Croate, Paulus Nicolaus Zagrabiensis (anno 1421).

de sa cité natale, tient à évoquer à l'instant de sa mort les traditions ecclésiastiques qui ont bercé sa jeunesse. Il prescrit que son service anniversaire aura lieu le lendemain de la fête de Saint Jérome. Or Saint Jérome, né à Stridon, était considéré par les Slaves de Dalmatie comme leur compatriote et leur patron et une tradition très répandue chez les Slaves méridionaux lui attribuait l'invention de l'alphabet glagolitique. Il était pour le pieux chanoine un saint national, un compatriote, et il tenait à placer sous ses auspices les prières qu'il demandait pour son âme au clergé de la métropole de Tours.

C'est dans le diocèse d'Aquilée que se trouvait le pays natal du chanoine Georges, ce pays qu'il désigne sous le nom de Rayna. Il s'agit très probablement de bourg de Rain situé sur la Save, chef-lieu de cercle de la Styrie (1164 habitants, d'après la dernière édition du Brockhaus. C'est, dit le Brockhaus, la ville allemande la plus meridionale de la Styrie, mais le cercle de Rain est surtout habité par des Slovènes). Au quatorzième siècle on ne percevait guère de différence entre les Slovènes et leurs voisins les Croates. Il y a lieu de croire que notre chanoine vécut quelques années dans un diocèse croate où la liturgie glagolitique était en vigueur. Où fit-il ses études ? Etudia-t-il d'abord à l'université récemment fondée de Prague qui attirait certainement les Slaves méridionaux ? Nous ne savons actuellement rien de positif à ce sujet.

En tout cas pour arriver jusqu'à Tours il devait avoir passé par Paris.

J'ai eu la curiosité de rechercher sa trace dans la belle publication de Denifle et Chatelain : *Chartularium Universitatis Parisiensis*[1] accompagnée de l'*Auctarium Universitatis Parisiensis*[2] qui reproduit les plus vieux registres de la nation allemande à l'Université de Paris.

Dans ces deux publications revient à diverses reprises le

1. Paris, Delalain, 1887 et s.
2. Ibid. 1894 et s.

nom de Georges d'Esclavonie. Il figure sous les n°s 1355, 1408, 1569, 1570, 1763, 1793 du Cartulaire.

L'*Auctarium* nous apprend que Georgius de Sclavonia a été boursier ou hospes de la Sorbonne à l'époque où le proviseur était Johannes Diodona, évêque de Senlis, c'est-à-dire entre les années 1388 et 1409. Il porte déjà le titre de Sorbonien au mois d'avril 1392. D'ailleurs une mention relevée par M. Léopold Delisle[1] sur un manuscrit de la Sorbonne nous apprend que maître Georgius de Rayn de Sclavonia avait conservé pendant onze ans (de 1390 à 1401) un ouvrage sur les Sentences appartenant à cette bibliothèque.

Le 13 février 1389, déjà pourvu de titre de maître ès arts, il écrit de Paris à un maître de Vienne[2] à propos d'une querelle entre l'Université de Paris et les Prêcheurs. Il se recommande au souvenir de quelques amis, Henricus de Hassia, Henricus de Oytten, et Frédéric [de Nuremberg]. Il signe Georgius de Rain, magister in artibus, canonicus ecclesie Altissiodorensis. Il est donc à ce moment chanoine de l'église d'Auxerre, ce qui semble indiquer qu'il réside en France depuis assez longtemps. Je n'ai rien trouvé à son sujet dans le catalogue des manuscrits de la Bibliothèque d'Auxerre et j'ignore dans quelles circonstances il reçut ce canonicat.

Une autre lettre qui figure à Vienne sous la même cote est encore relative aux débats de l'Université et des Prêcheurs. Georges d'Esclavonie déclare que l'ordre des Prêcheurs lui paraît entièrement détruit en France et qu'il ne pourra jamais se réhabiliter.

Voici d'autres documents fournis par l'*Auctarium*.

Le 5 avril 1392 maître Georgius de Sorbona est désigné par la nation allemande (à laquelle se rattachaient aussi les Slaves) pour s'occuper de la location de trois maisons appartenant à cette nation et devenus sans objet parce que les

1. *Le Cabinet de mss. de la Bibliothèque nationale*, II, p. 186.
2. L'original est à la Bibliothèque impériale de Vienne, Lat. 4384, fol. 269.

étudiants étaient moins nombreux. Ce détail est en lui-même assez insignifiant, mais il nous prouve que Georges était dès cette époque bien au courant de la langue française et de la coutume de Paris. Le 1er avril 1393 le maître Georges est encore chargé par la nation allemande de constater les dégradations de la maison *à l'image de Notre-Dame* et de les faire réparer, si besoin est. Cette maison était située rue Bruneau, à deux pas de l'endroit où est aujourd'hui le Collège de France.

Plusieurs autres documents nous font voir le rôle considérable que jouait maître Georges parmi les membres de la nation allemande.

En 1399, le 3 avril, nous le voyons nommé membre d'une sorte de jury d'honneur chargé de régler un conflit qui s'était engagé entre deux sorbonnistes. La même année (le 5 mai) il est un des députés de la nation allemande dans une commission chargée de construire des écoles à l'usage de cette nation. Ensuite, le 18 novembre, il contribue par une somme de deux francs à la fête annuelle de la nation (qui avait lieu le 20 novembre jour de la Saint-Edmond). En 1401 la nation essaye d'obtenir une subvention de la reine Ysabeau de Bavière pour la construction d'une école des Sept Arts. Plusieurs démarches restent sans résultat. La nation adresse à la reine Georgius de Sorbona (licencié en théologie depuis le 2 mai 1400). Évidemment il était considéré comme l'un des plus éloquents et des plus habiles parmi les membres de la colonie germanique.

En 1403 il figure pour la dernière fois parmi les *magistri non legentes*, c'est-à-dire qui ne font pas de cours. L'Université de Paris demandait au pape de lui accorder, ainsi qu'à beaucoup d'autres, quelque bénéfice ecclésiastique. C'est probablement peu après cette démarche qu'il entra en possession du canonicat de l'Église de Tours. Il n'aurait donc séjourné à Tours qu'à la fin de sa vie, de 1404 à 1416.

Assurément ce Georges d'Esclavonie n'était pas le premier venu, ainsi que le prouve le rôle joué par lui dans le monde universitaire et la situation acquise dans le clergé tourangeau. Il ne faut donc pas nous étonner s'il fit dans notre pays une si belle carrière. Je serais heureux si ce petit travail pouvait susciter de nouvelles recherches et nous valoir une biographie complète de cet énigmatique personnage qui, après un très long séjour en France, resta toujours fidèle aux souvenirs de sa jeunesse et qui, sous le beau ciel de la Touraine, se plaisait à invoquer le nom de saint Jérôme et associait à son nom celui de sa province natale d'Esclavonie.

LA CULTURE INTELLECTUELLE EN BOSNIE-HERZÉGOVINE DU XIe AU XVIIIe SIÈCLE

Depuis environ un demi-siècle et surtout dans ces trente dernières années, on s'est beaucoup occupé de la Bosnie et de l'Herzégovine au point de vue politique, économique et commercial, beaucoup moins au point de vue historique et littéraire.

Parler de littérature à propos de ces deux pays récemment échappés à une longue période d'isolement et de barbarie, c'est exagérer. Malheureusement nous n'avons pas de terme pour traduire en français l'allemand *Schrifttum*. Il veut dire proprement ce qui est imprimé, ce qui est de la librairie et n'est pas de la littérature. *A priori* on serait tenté de croire que les provinces en question, où les illettrés constituaient et constituent encore une majorité formidable, ont vécu pendant des siècles étrangers aux bienfaits de la littérature et de l'imprimerie. Il n'en est pas ainsi et M. Prohazka, dans une œuvre de longue patience, a tenu à nous démontrer le contraire.

Au point de vue linguistique les deux provinces en question appartiennent au groupe serbo-croate; mais, comme ces régions n'ont jamais eu ni unité politique, ni unité religieuse, la langue qu'on y parle — et à laquelle aujourd'hui encore nous sommes obligés de donner un nom géminé (le *serbo-croate*) — a reçu tour à tour des dénominations très différentes : on écrivait en croate en Croatie, en slavon en Slavonie, en dalmate en Dalmatie, en bosniaque dans la Bosnie-Herzégovine ; à Raguse on n'avait pas inventé une langue ragusaine, mais on écrivait en *slovinski*. On trouve aussi parfois une dénomination encore plus vague, celle de la langue *illyrienne*. C'est, je crois, celle qui se rencontre le plus rarement.

Ce n'est pas notre affaire d'étudier ici la répartition des dialectes dans les régions qui nous occupent. Rappelons seulement que les catholiques ont employé de préférence l'alphabet latin avec des orthographes plus ou moins fantaisistes ou anarchiques et les Serbes l'alphabet cyrillique, autrement dit gréco-slave. Les catholiques qui ont aussi pratiqué cet alphabet lui ont imposé certaines déformations, qui ne sont plus en usage aujourd'hui, et que l'on trouvera reproduites à la page 12 de l'ouvrage de M. Prohazka.

Les deux religions catholique et orthodoxe se sont disputé les deux provinces jusqu'au jour où les musulmans sont venus en imposer une troisième à une certaine partie de la population. On devine aisément de quel côté sont aujourd'hui les préférences du gouvernement autrichien.

I

Le phénomène le plus intéressant de la vie intellectuelle — c'est-à-dire religieuse — au moyen âge, c'est l'apparition de la secte des Bogomiles, secte analogue à celle des Patarins, et qui ne nous est guère connue que par les écrits de ses adversaires. Vigoureusement combattue par les pontifes romains et par les rois de Bosnie, cette secte avait encore de nombreux partisans quand les Turcs pénétrèrent dans les régions orientales de la Péninsule balkanique. Les familles nobles qui professaient sa doctrine se refusèrent absolument à rentrer dans le sein de l'Église romaine, et préférèrent embrasser volontairement la religion des envahisseurs. Elles passèrent à l'Islam et constituèrent la seule aristocratie héréditaire du nouvel État ottoman. C'est parmi elles que se recrutèrent la plupart des janissaires. Le régime turc a disparu depuis plus d'un quart de siècle et leurs descendants sont toujours musulmans, mais ils sont fidèles à la langue de leurs aïeux. Nous avons fort peu de chose de la littérature des Bogomiles qui était, bien entendu, purement religieuse : un évangile entier et deux fragments d'évangile répartis entre les bibliothèques de Bologne, de Rome et de Saint-Pétersbourg.

L'évangile de Bologne, dont le copiste s'appelait Hval, est accompagné des psaumes, de quelques prières et de miniatures. Ce texte a probablement été écrit en Dalmatie. A ces manuscrits on peut joindre un certain nombre d'inscriptions funéraires, et c'est tout.

Le catholicisme, qui s'était introduit surtout en Bosnie par suite des rapports constants des deux provinces avec le littoral de l'Adriatique, se maintint sous la domination turque, grâce à l'activité des Franciscains. Comme il était défendu aux indigènes de franchir la frontière et d'entretenir des rapports avec l'étranger, le recrutement du clergé était particulièrement difficile. Il se recrutait surtout dans l'ordre des Franciscains ; or les chiffres officiels de la Curie romaine attestent à dater du XVIIe siècle une irrémédiable décadence. On compte encore, pour l'année 1623, 17 monastères franciscains ; il n'y en a plus que 12 en 1655, 8 en 1675, 3 seulement en 1758. A dater de l'époque du Concile de Trente, le manuel le plus populaire était le catéchisme du cardinal Bellarmin : *Dottrina Christiana breve per insegnar per interrogazion a modo de Dialogo* (publié pour la première fois en Rome en 1571). Il n'a pas été traduit moins de douze fois en langue illyrienne, notamment par les prêtres bosniaques, M. Divković (Venise, 1611) et Tomko Mrnavić (Rome, 1617).

C'est surtout à Venise que s'impriment les livres religieux. Parfois Rome envoie directement par l'intermédiaire de Raguse toute une bibliothèque. Ils sont imprimés en caractères latins ; mais Rome est toute disposée à en envoyer *in carattere serviano,* c'est-à-dire en caractères cyrilliques, si besoin est. Et en effet beaucoup de publications ont été éditées dans ce caractère.

Rome s'efforçait d'attirer les jeunes Bosniaques au collège illyrien de Loreto, où un certain nombre de leurs congénères de Slavonie, Croatie et Serbie recevaient l'éducation théologique. Sortis du peuple — la noblesse étant devenue musulmane, — les Franciscains furent essentiellement des prédicateurs et des écrivains populaires.

Le plus ancien livre catholique connu est un manuscrit intitulé *Hortus animæ*, traduit sous ce titre : le Paradis de l'âme. Il est consacré au culte de la Vierge et a été écrit à Belgrade en 1567. On ne sait s'il s'agit du Belgrade de Serbie ou du Belgrade d'Herzégovine.

Le véritable fondateur de la littérature catholique est le frère Mathias Divković (1563-1631). Sarajevo où il résidait possédait une colonie de négociants ragusains qui entretenait de perpétuelles relations avec Raguse, l'Athènes sud-slave, avec Venise, avec Ancône. Divković écrivait ses livres d'édification en caractères cyrilliques ; mais Venise ne possédant point de caractères de ce type, Divković les fondit lui-même et imprima dans cette ville un catéchisme qui eut douze éditions (première édition 1611, dernière 1716), un traité des miracles de la Vierge, et des Sermons sur les Évangiles de toute l'année qui ont eu une deuxième édition en 1704.

Dans ces ouvrages il ne s'attache pas seulement aux textes sacrés, il invoque au besoin le témoignage des écrivains profanes, par exemple d'Aristote, qui devait dépasser la portée intellectuelle de ses catéchumènes. On sait à quelles sources étrangères — notamment à quels prédicateurs allemands — Divković a emprunté les matériaux de ses ouvrages. A des considérations religieuses il mêle habilement des épisodes, des anecdotes qui l'ont rendu tellement populaire que le peuple savait ses œuvres par cœur.

L'abbé Fortis, dans ce célèbre *Voyage en Dalmatie* qui devait plus tard inspirer Mérimée, donne à ce sujet un curieux témoignage. Il raconte que le livre de Divkovic était la lecture habituelle des pasteurs morlaques.

« Or il arrivait parfois qu'un curé plus pieux que savant défigurait en le racontant quelque fait de l'Écriture, en modifiait les circonstances. Alors quelque paroissien élevait la voix pour dire. *Nije tako*, Ce n'est pas comme ça. On prétend, ajoute Fortis, que pour éviter ce scandale le clergé fit ramasser tous les exemplaires de Divković, de sorte qu'il s'en trouve fort peu dans les pays morlaques[1]. »

Divković rima même des cantiques et des poésies spirituelles inspirées de l'école ragusaine. La plupart de ses œuvres sont consacrées au culte de la Vierge, culte qui était très populaire en Bosnie, même parmi les musulmans. En 1640, un frère Paulus, originaire de Rovigno en Istrie, fut chargé par le général de visiter les Franciscains de Bosnie et il donne sur cette dévotion à la Vierge de curieux détails :

« Il y a, dit-il, dans le monastère d'Olovo une image de la mère de Dieu peinte sur bois par Saint-Luc[2]. Non seulement les chrétiens lui rendent un culte, mais aussi les musulmans, particulièrement les femmes. Celles-ci demandent souvent au gardien d'ouvrir la porte du couvent dès quatre ou cinq heures du matin, rampent jusqu'à l'image sur leurs genoux, lui donnent les noms les plus caressants. La dévotion des catholiques est indescripitible : la route d'Olovo à l'église, qui est pavée de pierres rondes, est souvent teinte du sang qui a jailli des genoux des fidèles. »

Les œuvres de Divković ont été populaires jusqu'au XVIIIe siècle. A cette époque l'influence romaine réussit de plus en plus à éliminer les œuvres imprimées en caractères cyrilliques.

A côté des Bosniaques qui, malgré le régime turc, restèrent dans le pays pour exercer le ministère ecclésiastique,

1. *Viaggio in Dalmazia*, Venise, MDCCLXXIV, p. 61.

2. Notez ce détail : une vierge peinte et non pas une statue. L'influence bizantine s'est exercée même sur les catholiques voisins des pays grecs slaves, par exemple en Pologne et chez les sud-Slaves catholiques.

M. Prohazka en énumère un certain nombre qui émigrèrent et vécurent à l'étranger. L'un des plus remarquables est ce Tomko Mrnavić, en latin Marnavitius, qui est l'une des figures les plus curieuses du XVIIe siècle.

Les aventuriers ne sont pas rares dans les émigrations. Mrnavić n'était pas, si l'on veut, un aventurier, mais il avait une imagination prestigieuse. Il se prétendait apparenté aux plus illustres familles bosniaques, aux rois eux-mêmes. Il allait même jusqu'à dire qu'il descendait de la gens Marcia et il a essayé de le prouver dans un écrit publié à Rome en 1632, sous ce titre peu modeste : *Indicia vetustatis et nobilitatis familiæ Marciæ vulgo Marnavitiæ*. Dans un de ses poèmes il cite sa famille comme ayant des droits au trône de Bosnie. Protonotaire apostolique, chanoine et archidiacre de la cathédrale de Zagreb (Agram), Mrnavić passa la plus grande partie de son existence dans cette ville. En 1631, le pape le nomma évêque de Bosnie, mais il n'eut jamais l'occasion ni même peut-être l'intention d'aller accomplir dans son diocèse une seule visite pastorale.

Il était tout ensemble théologien, historien et poète. A lui tout seul, dit M. Prohazka, il a autant écrit que tous les écrivains antérieurs de la Bosnie. On lui doit notamment de nombreuses publications latines. Une de ses œuvres originales est la biographie en vers d'une sainte locale, sainte Madeleine, une sœur du tiers-ordre de Saint-François. Ce poème a été publié à Rome en 1626. L'auteur y déplore la misérable condition des peuples slavo-balkaniques :

« La discorde seule perd le monde. Les Croates, les Bosniaques, les Bulgares, les Serbes, affaiblis par la discorde, sont devenus des serfs enchaînés. La nation croate pleure la Bosnie soumise aux Turcs avec l'Herzégovine; le pays des Tsernojević (le Monténégro) est anéanti, le royaume des despotes[1] est détruit... Le littoral croate est ravagé, incendié. »

1. Despotes doit s'entendre ici au sens officiel (souverains). Il s'agit de la Serbie.

Le poème n'est d'ailleurs pas sans quelque mérite littéraire. La langue se rapproche des écrivains dalmates qui sont les classiques du groupe serbo-croate. L'auteur s'inspire probablement de modèles italiens. On doit aussi à Mrnavić une adaptation du catéchisme de Bellarmin, plusieurs fois réimprimée. L'édition de 1768 offre pour les bibliophiles une curieuse particularité. Elle donne à la dernière page un tableau comparatif des trois alphabets slaves, le glagolitique, le cyrillique et le latin.

Tomko Mrnavić s'essaie aussi dans la poésie dramatique ; il s'inspire du théâtre des Jésuites. Il écrit un drame politique, *Osman,* où il raconte l'histoire du sultan Osman qui, après la défaite de Chotin (1621), fut détrôné par une révolution de palais. C'est précisément le sujet que le poète Gundulić a traité dans son épopée l'*Osmanide*. Mrnavić paraît avoir ignoré Gundulić et son drame ne vaut pas l'épopée classique de son rival. C'est une tragédie de collège. Mrnavić est un érudit ; ce n'est pas un poète. Sa physionomie, tout italienne, contraste singulièrement avec celle de ses confrères, les rudes et modestes franciscains de Bosnie.

Les Bosniaques, émigrés en Dalmatie et notamment à Raguse, rêvent naturellement de rentrer dans leur patrie et c'est de l'Autriche qu'ils attendent l'expulsion ou l'anéantissement des Ottomans. L'un d'entre eux, Georges Radoević, en un poème imprimé pour la première fois à Padoue en 1686, réimprimé à Venise en 1734, chante la délivrance de Bude par les Impériaux en 1686. Radoević ne rêve pas l'émancipation complète de son pays ; il voit dans l'Empereur le successeur futur du Sultan :

« Voyez l'aigle à deux têtes, il lui manque encore une couronne. Il a choisi l'Empereur pour son fils, il lui mettra sur la tête la couronne de Constantin.

« Il y a beaucoup de voïévodes au service du lion ailé (Venise), beaucoup au service de l'illustre César ; ils repousseront l'armée du Sultan et soumettront la Bosnie à César. »

La description du siège de Bude est d'un style vif et pittoresque qui rappelle par endroits les chants épiques.

Dans la seconde moité du XVIIe siècle, les écrivains bosniaques se font rares. Au début du XVIIIe, Stjepan (Etienne) Margetić publie à Venise (1704), en caractères cyrilliques, un traité de la Confession qui a eu six éditions (la dernière est de 1842), dont quatre en caractères cyrilliques et deux en caractères latins. Le livre, écrit d'un style simple et attachant est devenu tellement populaire qu'il a pris le nom de son auteur. Le peuple l'appelait Stiepanoucha (le Petit Étienne), de même que plus tard, chez les Bulgares, le *Kyriakodromon* ou livre du dimanche de l'évêque Sofroni est devenu le Sofronie[1]. L'ouvrage n'est pas d'une orthodoxie très pure; aussi a-t-il quelquefois excité les alarmes du haut clergé. L'auteur a une très haute idée de sa langue maternelle.

« La langue bosniaque, dit-il, que l'on appelle aussi illyrienne, ne peut être comparée a aucune autre, car aucune autre n'est répandue dans autant de pays; mais en maint endroit elle a été corrompue et mélangée à d'autres langues, ainsi en Bosnie au turc, sur le littoral, au latin. »

L'auteur fournit aussi des observations intéressantes sur les mœurs de son peuple à l'époque où il écrivait.

On lui doit encore un recueil de *Légendes des Saints*, publié à Venise en 1708 et réimprimé dans cette ville en 1770 et 1778. Il déclare avoir écrit ce livre pour le peuple. Dans la préface il recommande à ses confrères du clergé d'éviter les prédications que le peuple ne comprendrait pas.

Une figure particulièrement curieuse, c'est celle du franciscain Lovro Sitović. Son père était un musulman qui, lors d'une expédition contre les Autrichiens, fut fait prisonnier. Pour recouvrer sa liberté, il laissa son jeune fils en otage en attendant qu'il pût acquitter sa rançon. L'enfant se fit baptiser et entra comme novice dans l'ordre des Franciscains. Outre une grammaire latine qui manquait

1. Voir plus loin l'étude sur Sofroni.

encore chez les Croates, dont le latin était la langue politique (Venise, 1747), il écrivit un poème sur l'enfer : *Chant sur l'enfer, particulièrement le feu infernal, les ténèbres et l'éternité, d'après le Nouveau et l'Ancien Testament, les Pères et les Docteurs de l'Eglise* (Venise, 1727). C'était la première fois que le vers des épopées populaires, le décasyllabique, était appliqué à la poésie chrétienne. Ces épopées populaires l'auteur les connaissait et c'était pour en détourner ses compatriotes qu'il en avait emprunté la métrique :

« C'est, dit-il dans sa préface, une coutume blâmable de chanter un Marko Kralievitch, un Moussa l'Albanais, un Relia le Bosniaque, des expéditions, des rois, des guerriers, la beauté des femmes, le vin rouge. Ne serait-il pas bien mieux de chanter les choses sacrées ? »

Il s'adresse à tous les frères franciscains, à tous les pasteurs des âmes pour les prier de répandre son Enfer. Mais cet Enfer, qu'on nous passe l'expression, ne valait pas le diable ; c'était une énumération de tourments et de supplices décrits dans une langue prosaïque. Il n'eut aucun succès.

Je n'insiste pas sur quelques écrivains de moindre importance. Ce qui résulte très nettement du livre de M. Prohazka, c'est que la littérature catholique n'a pas cessé d'être cultivée chez les Bosniaques catholiques soit par des indigènes, soit par des émigrés. Aucune œuvre n'a pu être imprimée dans le pays : c'est à Venise, à Rome, à Padoue qu'étaient les typographies. En Bosnie, les principaux monastères se trouvaient à Saraïevo, Sutjeska, Fojnića et Kresevo.

II

L'Herzégovine était particulièrement le foyer de la littérature orthodoxe dont il nous faut dire maintenant quelques mots.

Les deux Églises n'étaient pas, vis-à-vis des Ottomans, dans la même situation. Le protecteur naturel du catholicisme, c'était la maison d'Autriche qui était allemande. Pour les Turcs, le catholicisme était une religion allemande, c'est-à-dire étrangère et hostile. Il n'en allait pas de même pour l'Église orthodoxe. Au moyen âge et au début des temps modernes, la Russie n'existait pas encore au point de vue international. L'Église grecque orthodoxe c'était l'Église indigène, celle qui n'avait rien à attendre de l'étranger. Le gouvernement de Constantinople lui montrait une bienveillance particulière. A la suite de l'écroulement définitif de l'État serbe (1463), l'Église serbe n'avait plus de patriarcat. Ce patriarcat fut restauré par les Turcs en 1557 dans des circonstances fort curieuses et peu connues. Un jeune novice du monastère de Milechevo avait été enlevé par les janissaires et emmené à Constantinople, où il se convertit à l'Islam et fit une belle carrière sous le nom de Sokolli[1]. Il devint Kapoudan pacha (amiral), beylerberg de Roumélie et en 1565 grand vizir. Il n'oublia ni son pays ni sa famille. Il reconstitua le patriarcat serbe d'Ipek (Peć) au profit de son frère qui était devenu évêque, et ce patriarcat dura jusqu'à l'année 1766, époque où il fut absorbé par le patriarcat grec de Constantinople.

Le clergé orthodoxe du patriarcat ne valait pas les Franciscains de Bosnie et son action morale était moins considérable que la leur. Les moines orthodoxes ne remplissaient pas de fonctions ecclésiastiques et menaient une existence plutôt scandaleuse. Beaucoup de régions étaient sans paroisse, et, faute de curé, de jeunes couples étaient obligés de se marier devant le cadi. La situation empira encore lorsque, vers les débuts du XVIIe siècle, le patriarcat de Constantinople réussit à imposer des évêques grecs. Au milieu de cette décadence générale, quelques anciens monastères, fondés par les princes serbes, conservèrent la tradition na-

1. Il s'appelait en réalité Sokolovic ; *Sokol*, dans toutes les langues slaves, veut dire faucon.

tionale, écrivirent des chroniques — assez sèches d'ailleurs — qui relataient les hauts faits ou les exploits ascétiques de Nemania, le premier roi couronné, de saint Sava, du tsar Douchan, du tsar Lazare et de son fils Étienne.

Dès la fin du xve siècle, l'imprimerie a pénétré, pour bientôt disparaître, dans les pays serbes. On connaît un Oktoik (Livre de Chants à huit voix), imprimé en 1494 à Tsettinie, et un psautier, édité en 1495 à la même typographie. A Venise, de 1520 à 1538, Božidar Vuković imprima des ouvrages analogues dont on retrouve encore aujourd'hui des exemplaires à Sarajevo, Zavala, Žitomisli[1]. On connaît encore d'autres éditions dues à Božidar Vuković et à un de ses compatriotes.

Belgrade en Herzégovine eut une imprimerie dont un évangile subsiste encore aujourd'hui. On cite des imprimeries éphémères à Kileševo, Gorazde, Vrutće, Graćanica. Mais leur production ne suffisait pas aux besoins de la consommation et ne supprima point l'industrie des copistes. Certains monastères tenaient registre des menus événements qui intéressaient leur histoire.

A dater du xviiie siècle, les relations avec la Russie se multiplient, les livres et les manuscrits russes pénètrent dans les pays serbes. On s'efforce d'en imiter le style, si bien qu'au début du xixe siècle les écrivains laïques, qui croient écrire dans leur langue nationale, écrivent un idiome composite où les russismes abondent.

LOUIS GAJ ET L'ILLYRISME

Dans l'étude que j'ai consacrée plus haut à la littérature sud-slave, j'ai eu l'occasion de mentionner le nom de Louis Gaj, qui fut le créature de la presse périodique en Croatie et l'initiateur du mouvement illyrien dont les conséquences se font encore sentir aujourd'hui dans la vie politique et littéraire des Slaves méridionaux. L'action de Gaj ne s'exerça pas seulement sur ses compatriotes immédiats, mais sur tout l'ensemble des pays slaves. Il entretint une correspondance très active avec la plupart des hommes qui dans les divers centres slaves travaillaient à la résurrection ou au perfectionnement de la langue, de la littérature, de la nationalité. Cette correspondance, achetée par l'État, est conservée aujourd'hui à la Bibliothèque de l'Université d'Agram.

A l'occasion du centenaire de la naissance de Gaj, l'Académie sud-slave a eu l'heureuse idée de la publier. L'éditeur, M. Dezčlić, l'a fait précéder d'une introduction qui fournit tout un ensemble de renseignements sur la vie, en somme assez peu connue — ou déjà oubliée — du grand réformateur littéraire des Slaves méridionaux. J'ai déjà expliqué à diverses reprises dans quelles circonstances la réforme s'était produite[1]. Mais je n'ai pas eu l'occasion d'étudier la personnalité et l'action internationale du réformateur.

1. *Histoire d'Autriche-Hongrie*, chapitre XXVI, p. 485. — *Le Monde Slave*, 1 vol. in-12, Paris, 1873, p. 20.

I

Ludevit Gaj[1] naquit en 1809 à Krapina non loin d'Agram, l'année même où Napoléon prenait possession des provinces illyriennes. Le nom de Krapina est célèbre dans les pays slaves ; c'est d'elle, suivant une légende, d'ailleurs parfaitement apocryphe, que seraient issus les trois frères Czech, Lech et Mech, ancêtres des trois nationalités tchèque, polonaise et russe. Sa mère, femme distinguée, était d'origine allemande ; le dialecte kajkave[2] qu'on parlait autour de lui était considéré comme un idiome inférieur, bon tout au plus pour les gens du peuple. L'éducation secondaire se donnait en latin et en allemand. Louis Gaj fit la sienne au gymnase de Varaždin ; il s'intéressa particulièrement aux antiquités de la région : après avoir achevé ses études à Karlovac (Karlstadt), il débuta dans la littérature par un petit volume écrit en allemand : *Die Schlösser bei Krapina.* Quelques livres serbo-croates lui étaient tombés sous la main, notamment le volume de Kačic : le *Razgovor ugodni*, le *Noble discours sur la nation slave,* où ce Franciscain patriote chantait les exploits des anciens Sud-Slaves et, par un anachronisme alors fort à la mode, les faisait remonter jusqu'au temps d'Alexandre le Grand. Il s'exerçait à écrire des vers en allemand et dans son dialecte kaïkavski.

En 1826, à l'âge de dix-sept ans, il alla étudier à Vienne, puis à Gratz, dont l'Université était alors très fréquentée par les Slaves méridionaux, Croates, Serbes, Slovènes : ils y avaient fondé un club illyrien et s'excitaient mutuellement à cultiver l'histoire et la littérature de leurs nationalités respectives. Parmi ces étudiants un certain nombre allaient jouer un rôle plus ou moins considérable dans la vie littéraire ou scientifique de leurs patries. Dans ses moments de

1. Prononcez *Gaï.*
2. Ainsi nommé de la façon dont se dit le pronom *qui* (*kaj*).

loisir, Gaj recueillait des proverbes et des chansons populaires croates.

Il insérait de temps en temps des vers croates dans une Revue allemande d'Agram, qui les publiait d'assez mauvaise grâce, et cette circonstance lui inspira probablement l'idée d'avoir un jour une Revue bien à lui où il pourrait faire paraître ses œuvres comme il l'entendrait. Il rêvait d'écrire une histoire des provinces illyriennes et, à l'âge de vingt et un ans, il se transporta à Budapest; il pensait trouver dans cette ville des materiaux qui faisaient défaut en Croatie.

Il y rencontra de nombreux Slaves et notamment le poète Jean Kollar, ce fougueux apôtre du Slavisme dont j'ai retracé ailleurs la curieuse et sympathique physionomie [1]. Il s'échauffa au feu de son enthousiasme et il apprit beaucoup — de vrai et de faux — à son école. Kollar le mit au courant des travaux de Schaffarik, qu'il devait rencontrer plus tard à Prague en 1833 et auquel il a fourni de nombreux matériaux pour son histoire de la littérature sud-slave [2]. Ce fut probablement à l'instigation de Kollar qu'il écrivait en 1830 un petit traité d'orthographe croate où il proposait à ses compatriotes de mettre fin à l'anarchie qui divisait les écrivains et d'adopter un système rationnel et uniforme, analogue à celui de leurs congénères tchèques, au lieu de se mettre à la remorque des étrangers, des Magyars ou des Italiens.

Les réformes que Gaj proposait n'étaient pas encore définitives. Mais son petit livre appela sur lui l'attention de ses compatriotes, notamment de ceux qui résidaient à Agram. Quelques-uns d'entre eux entrèrent en correspondance avec lui, mais ils étaient si peu sûrs de leur langue et de leur orthographe que certains lui écrivaient en allemand.

L'année suivante Gaj vint s'établir à Agram. Ses compatriotes se groupèrent volontiers autour de lui. Ce qui les intéressait particulièrement, c'était le récit de ses entre-

1. *Russes et Slaves*, 1re série, 1 vol. in-12, Paris, 1889.
2. Sur Schaffarik, voir *la Renaissance tchèque* (Paris, Alcan, p. 104-139).

tiens avec Kollar, l'auteur de la *Fille de Slava*, ce poème mystique qui chantait la gloire passée des Slaves et prédisait leur triomphe dans l'avenir. Gaj était, paraît-il, un merveilleux causeur. Il exerçait une action irrésistible sur ceux qui l'entouraient. Le charme de ses yeux et de sa voix était prestigieux. Comme écrivain il était en somme assez médiocre, mais il a été un puissant agitateur. Parmi ses premiers compagnons il faut signaler le futur professeur Babukić, le comte Janko Drašković, qui avait servi en qualité de colonel dans les guerres contre Napoléon, et qui ne cessait de revendiquer, contre les prétentions des Magyars, les franchises et les frontières de la patrie croate. Encouragé par les sympathies de ses compatriotes, Gaj entreprit de fonder un journal dans la langue nationale. Les autres peuples slaves de l'État autrichien, les Serbes, les Polonais, les Tchèques, avaient déjà, dans des proportions assez modestes, une presse indigène. Les Croates n'avaient rien ; mais c'était, dans ce temps-là, toute une affaire de créer un journal. Il fallait l'autorisation de l'empereur-roi. On a conservé le texte de la supplique adressée par le futur publiciste au Conseil royal ; elle est rédigée en latin. C'était alors la langue officielle de la Croatie. Toute la procédure relative à la requête de Gaj est rédigée dans cette langue. Naturellement ses démarches rencontraient peu de sympathie chez les Hongrois ou les Croates qui leur étaient dévoués et qu'on appelait les Magyaroni. Pour lever tous les obstacles, il eut recours à l'empereur lui-même ; il obtint une audience et fut reçu par le souverain le 29 mai 1833. L'empereur Ferdinand était à ce moment-là en assez mauvais termes avec les Hongrois, qui avaient été fort émus des événements de Varsovie et qui commençaient à manifester eux aussi des dispositions révolutionnaires. Il se montra favorable à la requête du jeune publiciste : « Les Hongrois font beaucoup d'histoires, dit l'empereur ; ils écrivent beaucoup et ils voudraient empêcher les Croates d'écrire. »

L'autorisation fut donc accordée. Le publiciste eut la permission d'éditer deux recueils : le premier, intitulé *La*

Gazette croate, devait paraître deux fois par semaine ; l'autre, sous ce titre un peu long : *L'Aube*[1] *croate, slavonne et dalmate*, devait être hebdomadaire. Pour recruter des abonnés, Gaj adressa des circulaires, notamment au clergé et à l'armée. Pour les officiers, ces circulaires étaient — notons le détail — rédigées en allemand.

Gaj eut encore à surmonter plus d'une difficulté, d'abord avec la poste, ensuite avec la censure ; mais il réussit à triompher de tous les obstacles.

Le premier numéro de la *Danica* parut le 16 janvier 1835. Il avait pour épigraphe ces paroles : « Une nation sans nationalité est un corps sans squelette. » Dans le cinquième numéro, Gaj publia un petit poème imité d'un chant lyrique polonais qui est devenu l'hymne national croate : « La Croatie n'est pas encore morte. » Mais pour détourner l'attention des Magyars et de la censure, il le présenta comme un chant de guerre dirigé contre les Français à l'occasion de la campagne de 1813. Peu à peu il groupa autour de lui les publicistes et les poètes les plus remarquables de sa nation, les deux Mažuranić, les poètes Vraz et Trnski, le grammairien Babukić, etc.

Il avait imprimé les neuf premiers numéros avec l'orthographe traditionnelle dont j'ai dit les inconvénients et avec toutes les nuances dialectiques, sans rechercher l'unité de la langue littéraire. A dater du dixième numéro il imposa l'orthographe réformée avec les signes diacritiques de la langue tchèque et adopta définitivement le dialecte dit štokavski[2], lequel est devenu, avec de légères nuances lexicographiques, l'idiome littéraire des Serbes et des Croates, d'Agram à Belgrade et de Raguse à Saraevo.

L'année suivante il changea le titre de ses deux recueils. L'un devint *Le Journal illyrien*, l'autre *L'Aube illyrienne*. Ce nom, remis à la mode par Napoléon[3], — embrassait tous les Slaves méridionaux. D'ailleurs Gaj et beaucoup de ses con-

1. Proprement, *L'Étoile du Matin*.
2. *Sto* veut dire *qui*; il est opposé à *kaj*. Voir la note de la page 70.
3. Voir mon *Histoire d'Autriche-Hongrie*, chapitre XXIV.

temporains étaient convaincus — bien à tort — que les anciens Illyriens étaient des Slaves. Un certain nombre de Slovènes, abandonnant leur dialecte, se groupèrent autour de Gaj, notamment le poète Stanko Vraz, qui vint en 1838 s'établir à Agram et fut l'un des meilleurs poètes croates. Cette même année Gaj réussit à obtenir un privilège pour la fondation d'une imprimerie qui devint le foyer de l'*Illyrisme*.

Il ne se contentait pas d'agir par l'organe de ses deux journaux. Il rêvait d'organiser une société littéraire et scientifique qui n'existait pas encore dans son pays. Le souverain encourageait ses efforts et lui envoyait en signe de satisfaction une bague de grand prix. En 1841, Kollar visitait Agram, se réjouissait des progrès de l'Illyrisme et écrivait dans ses notes de voyage : « Si nous autres Slaves nous avions un Panthéon national, comme les Romains et les Grecs, j'y placerais le buste de Gaj et je poserais une couronne sur sa tête. »

Cependant les Magyars s'alarmaient des progrès de l'Illyrisme et affectaient de voir chez ses propagateurs des agents soudoyés par la Russie. Gaj, sans avoir recherché cet honneur, devenait en quelque sorte le chef, l'homme représentatif de la nation, — ce que fut Deak par exemple pour la Hongrie. C'est alors qu'il écrivit ces paroles mémorables qui semblent constituer tout un programme politique :

« Les Magyars ne sont qu'une île qui flotte sur le grand océan slave ; je n'ai créé ni cet océan ni ses flots ; mais que les Magyars fassent bien attention de ne pas déchaîner cet océan, de peur que les flots ne passent par-dessus leur tête et que l'île ne s'engloutisse. »

Par cette attitude Gaj s'était fait naturellement des ennemis, non seulement parmi les Magyars, mais aussi parmi les partisans qu'ils avaient chez ses compatriotes. On racontait qu'il voulait se faire nommer roi d'Illyrie. En 1843, le nouveau ban interdit l'emploi du nom d'Illyrie et des armoiries illyriennes. Le journal redevint *La Gazette nationale* et *L'Aube* reprit son ancien nom : *L'Aube croate, slavonne, dalmate*. Gaj fut abandonné par un certain nombre de ses partisans, qui craignirent de se compromettre avec lui et qui créèrent une Revue littéraire nouvelle : *Le Kolo*[1].

Ce nom d'Illyrien resta cependant attaché à la Matiça[2], société pour la publication de livres populaires et scientifiques établie en 1842, et qui subsiste encore aujourd'hui (sous le nom de Matiça croate depuis 1872).

Ce fut à la Diète de 1843 que la langue nationale se fit entendre pour la première fois. Jusque-là les débats avaient lieu en latin. Les Croates réclamèrent successivement l'introduction de leur idiome dans les écoles, la création d'une université, l'érection de l'évêché d'Agram en archevêché.

Toutes ces revendications exaspéraient les Magyars et un conflit aigu semblait devoir se produire entre les deux nations. La révolution parisienne de Février 1848 précipita la crise. On aurait pu croire que Gaj allait alors jouer chez ses compatriotes, à Agram, le même rôle que Kossuth en Hongrie. Mais il ne songea point à se mettre au premier plan. Les Croates allaient avoir à lutter les armes à la main. Gaj fit proclamer ban son compatriote le colonel Jelačich et alla à Vienne porter au roi les vœux des Croates. Il fut accueilli avec une grande bienveillance et le souverain lui décerna le titre de conseiller aulique. A son retour il fut reçu triomphalement par ses compatriotes. Nous n'avons pas à raconter ici comment les espérances des Croates furent déçues et comment, après l'échec de la révolution hongroise, un joug également lourd s'abattit sur ceux qui l'avaient provoquée et sur ceux qui l'avaient combattue.

A dater de cette période de réaction, l'étoile de Gaj pâlit. Il disparaît du premier plan ; il se retire à la campagne. En 1853, la réaction triomphante le menace d'un procès de haute trahison. Il brûle à cette époque la plupart de ses papiers, notamment la correspondance qu'il avait entretenue avec les savants russes. Il meurt presque oublié au mois d'avril 1872. Vingt ans plus tard ses compatriotes lui élevè-

1. Nom d'une danse nationale.
2. Voir l'article « Matiça » dans la *Grande Encyclopédie*.

rent un monument dans sa ville natale, à Krapina. Il avait vécu assez pour voir s'ouvrir l'Académie sud-slave, pas assez pour assister à l'inauguration de l'Université d'Agram Ses compatriotes ont oublié ses défauts ou ses faiblesses de caractère, son manque absolu de critique historique. Ils n'ont voulu se souvenir que des grands services qu'il avait rendus à leur nation.

II

L'époque à laquelle se rattache la période la plus active de la vie de Louis Gaj est essentiellement une époque d'agitation, de fermentation internationale. Tout événement un peu intéressant qui se passe chez un peuple slave retentit chez les peuples congénères et excite chez eux un intérêt passionné. Entre Agram, Prague, Belgrade, Varsovie, Pétersbourg et même la lointaine Moscou, il y a un échange perpétuel d'idées et d'impressions. La Russie envoie chez les Slaves d'Occident ces missionnaires scientifiques, dont une légende malencontreuse a voulu faire des agents panslavistes.

Entre Prague et Agram c'est un échange perpétuel de correspondances et de visites. Les Slaves méridionaux — sauf les Bulgares, encore au début de leur émancipation morale — tournent leurs yeux vers Agram, le grand foyer de l'idée illyrienne, et dans cet Agram, c'est Gaj qui est le chef de chœur du slavisme ressuscité. C'est à lui que s'adressent tous ses compatriotes ou tous ses congénères. Parmi ses correspondants serbo-croates, je relève au hasard de l'ordre alphabétique les noms de Babukić dont nous avons déjà parlé, de Matia Ban, le poète publiciste ragusain, dont presque toute la carrière devait s'écouler en Serbie, du comte Drašković, l'un des plus ardents apôtres de l'Illyrisme, de Iovan Gavrilović, un Serbe de Vukovar (Slavonie) qui passa au service de la principauté voisine, y devint ministre des finances et fut, avec Blaznavats et Ristitch, l'un des trois régents pendant la minorité du prince Milan, de

Miloch Obrenovitch, prince de Serbie, du poète ragusain Medo Pucić, qui fut plus tard le gouverneur du jeune Milan, du futur évêque Strossmayer, du Dalmate Nicolas Tommaseo[1], qui écrivait d'abord en croate, avant de passer en Italie et de se consacrer entièrement à la cause et à la littérature italiennes, enfin du poète slovène Stanko Vraz, dont nous avons déjà cité plus haut le nom. Quelques-unes de ces lettres renferment des détails d'un haut intérêt. Telle est par exemple celle du prince Miloch Obrenovitch de Serbie. Exilé à Vienne, par une de ces révolutions périodiques qui sont le trait caractéristique de l'histoire serbe au XIXe siècle, ce demi-barbare illettré suivait attentivement le mouvement des idées chez les Slaves méridionaux et il faisait écrire à Gaj pour le remercier des services rendus à la cause slave ; en sa qualité de membre de la nation slave, il lui envoyait une subvention de vingt-cinq ducats pour l'aider dans ses entreprises. Un autre prince slave s'intéressait également à l'œuvre de Gaj : c'était le vladika-poète du Monténégro, Pierre Niegoch. Je trouve dans la correspondance à la date du 16 février 1847, une lettre d'un certain Étienne Péjakovitch, lettre qui confirme complètement ce que je dis plus loin des sympathies du vladika pour la nation croate, à propos de Jelačich : « Le vladika vous salue bien cordialement. Il vous envoie un exemplaire de son drame et huit florins, pour que vous lui adressiez votre journal à Tsettinié. Il parle de vous avec enthousiasme et j'ai souvent entendu ce faucon de notre nation proclamer que l'on vous doit une louange éternelle, que la cause de notre nation est sainte, etc... Vous ne pouvez vous imaginer comme cet homme est passionné pour le progrès et la civilisation. Il déclare que les appels des Croates ont trouvé de l'écho chez les Monténégrins... Il m'a promis de vous faire envoyer des nouvelles pour votre journal. » A côté de ces lettres des deux souverains sud-slaves, on peut encore citer

1. Tommaseo (en slave Tomasic) a publié en serbo-croate un petit volume intitulé *Iskrice* (Les Étincelles).

celles du personnage qui étoit le chef spirituel des Serbes orthodoxes de Hongrie, du patriarche Rajačić. Elles sont datées de l'année 1849 et respirent l'enthousiasme de cette époque héroïque : « Persévérez, chevalier national, philosophe national, dans la voie que vous avez glorieusement ouverte ; écartez tous les préjugés du fanatisme (c'est un prélat orthodoxe qui parle à un publiciste catholique). Dans l'esprit de la vraie doctrine du Christ, sur la base de la vraie humanité, réunissez nos frères du Sud, afin que nous puissions atteindre le plus tôt possible et le plus heureusement notre vrai but. » J'ai entendu plus tard le même langage dans la bouche d'un illustre prélat catholique, l'évêque Strossmayer.

Parmi les Tchèques ou les Tchécoslovaques avec lesquels Gaj fut en rapport, je relève les noms de Hanka, de Jean Kollar, de Palacky, de Schaffarik. Hanka, en 1838, lui demande ses journaux pour le Musée de Prague, qui reçoit déjà des périodiques russes et polonais : « La lecture silencieuse des journaux nous paraît plus sûre et plus utile que des manifestations tumultueuses. » Palacky (septembre 1853) déclare qu'il lit assidûment les journaux de Gaj et qu'il éprouve un grand étonnement à constater avec quelle patience le publiciste croate enregistre dans son journal toutes les injures des Magyaromanes sans y répondre : « Si c'est du stoïcisme, vous êtes un plus grand philosophe que je ne saurais l'être ; si c'est pour obéir à la censure, je ne sais vraiment ce que je dois penser de la Constitution hongroise. »

Les lettres de Schaffarik sont fort nombreuses. Les premières sont en allemand, les dernières en tchèque. Au moment où la correspondance débute, Schaffarik est professeur au gymnase de Novi Sad, sur les frontières mêmes des pays croates ; mais les communications sont à ce moment-là fort difficiles et dans sa première lettre il se plaint du particularisme égoïste des Slaves méridionaux. Non seulement ils s'ignorent, mais même ils se méprisent entre eux. C'est le devoir des savants et des littérateurs de combattre et de dissiper cette ignorance. Schaffarik revient sur ses idées dans une lettre datée de Prague en 1835. Il loue Gaj de sa tolérance : « Notre fractionnement, notre anarchie est la cause de tous nos malheurs. » A dater de 1836, il écrit ses lettres en tchèque : il s'efforce de trouver dans les pays illyriens quelques souscripteurs pour les *Antiquités slaves,* dont j'ai raconté ailleurs le pénible enfantement. La correspondance se prolonge jusqu'en 1848 : Schaffarik invite Gaj à ce Congrès de Prague qui devait échouer si lamentablement. « Les yeux de l'Europe, dit-il, sont tournés vers ce Congrès. »

Les Polonais eux-mêmes, malgré leurs préoccupations nationales, suivent avec intérêt le mouvement de l'Illyrisme et l'œuvre de Gaj. Parmi ses correspondants, je relève les noms de Bonkowski, de Michel Czajkowski, de Georges Lubomirski, du célèbre jurisconsulte Maciejowski.

Hiéronyme Bonkowski était probablement un de ces émigrés polonais qui étaient alors fort nombreux à Paris. Au moment même où le Gouvernement de Louis-Philippe songeait à fonder au Collège de France une chaire de littérature slave[1] pour le poète Mickiewicz, il s'imagina que le public français pourrait s'intéresser à une Revue slave rédigée en notre langue. Il réclama le concours des Slaves les plus compétents, il s'adressa notamment à Gaj : « Les Français, lui écrivait-il, n'ont aucune idée de ce qui se passe au delà du Rhin ; ils croient que tous les pays situés au delà de ce fleuve appartiennent à la race germanique ; par conséquent, ils vous regardent, vous autres Illyriens, ou comme Allemands ou comme Italiens, parce que plusieurs noms propres de vos villes portent des noms italiens qui les induisent en erreur. »

J'ignore ce que répondit Gaj à cette invite. Ce que je sais, c'est que la Revue en question a paru et qu'elle n'a eu qu'une existence éphémère. D'ailleurs aucun des périodiques analogues qui lui ont succédé n'a pu s'imposer à l'attention du public français.

1. J'ai raconté l'histoire de cette fondation au troisième volume de *Russes et Slaves* (Paris, Hachette, 1896.)

Une lettre particulièrement curieuse est celle que Michel Czajkowski adressait à Gaj le 12 juin 1848. Cette lettre, rédigée en français, est datée de Constantinople. Czajkowski tout ensemble fut un homme de lettres fort distingué et un homme d'action. Plus connu dans l'histoire sous le nom de Sadyk Pacha[1], il avait été envoyé à Constantinople par Adam Czartoryski, lequel espérait pouvoir profiter des événements pour refaire une Pologne. Il écrivait à Gaj pour accréditer auprès de lui un agent, un certain Louis Lenoir qui avait déjà séjourné à Belgrade : « Le Prince désire que, sous vos auspices et avec votre assistance, la Pologne puisse prouver à ses frères slaves qu'elle est et sera toujours avec eux là où il s'agit et s'agira d'un Slavisme libre et indépendant de toute influence étrangère. M. Lenoir vous dira tout ce que nous désirons et tout ce que nous sommes décidés à faire pour notre cause commune ; je me hasarde à écrire une lettre à Son Excellence le Ban Jelačich, que je soumets à votre approbation et qui ne sera remise que lorsque vous le jugerez ainsi (*sic*). »

Cette lettre constitue à coup sûr un document curieux. Le prince Czartoryski proposait aux Croates une sorte d'alliance. Elle est datée du 12 juin 1848. Or, quatre mois après, le 11 octobre, Jelačich déclarait la guerre aux Magyars, et comme les Magyars représentaient alors la révolution, c'est dans leurs rangs que combattaient un grand nombre de Polonais. D'autre part, le signataire de la lettre, Czajkowski, se faisait peu de temps après musulman et organisait des Cosaques turcs, pour lutter contre la Russie et maintenir dans la sujétion du sultan les chrétiens serbes et croates de la Bosnie. Je l'ai rencontré dans sa vieillesse à Kiev ; il avait renié les illusions de ses jeunes années et il ne voyait plus le salut de ses compatriotes que dans une réconciliation sincère avec la Russie.

Esprit plus pratique et plus modéré que Czajkowski, le

1. Voir sur Czajkowski la notice que je lui ai consacrée dans la *Grande Encyclopédie*.

prince Georges Lubomirski annonce à Gaj qu'il voudrait fonder en Galicie une institution analogue à la Matiça illyrienne pour la publication de livres populaires et lui demande des renseignements d'ordre technique. Maciejowski, l'historien des législations slaves, prie le publiciste croate de vouloir bien l'aider à la vente de ses livres chez les Slaves de Hongrie.

Ces petits détails nous indiquent quelle situation considérable Louis Gaj avait prise dans le monde slave, où il jouait tour à tour le rôle d'agent politique et de consul commercial. Nous serions encore mieux éclairés sur ce rôle si nous avions la correspondance que Gaj entretint avec la Russie. J'ai dit plus haut dans quelles circonstances elle avait été anéantie. Il ne nous en est resté qu'une seule lettre ; elle est due à l'historien publiciste Nicolas Ivanovitch Pavlistchev, beau-frère de Pouchkine, qui mourut en 1879. Elle n'est point datée, mais elle se rattache évidemment à la première période de l'Illyrisme. Elle respire un chaleureux enthousiasme : « Vos efforts pour restaurer et transformer votre langue vont de pair avec ceux de Schaffarik, de Palacky, de Hanka ; il y a toutefois cette différence à votre avantage, c'est que dans les pays tchèques le germe avait été déjà déposé par d'autres, tandis que dans votre pays vous aviez dû d'abord défricher la terre à la sueur de votre front... Votre Danica (*L'Aube*) atteste l'éternelle, l'indissoluble unité des Slaves de l'Ilmen et du Danube. »

C'est évidemment un langage analogue que devaient tenir les autres correspondants russes de Gaj. La perte de leurs lettres est à coup sûr regrettable. Mais au fond nous pouvons très bien les reconstituer par la pensée. Les documents que nous avons rapidement étudiés suffisent largement à nous faire comprendre quel rôle considérable le mouvement illyrien, dirigé par Gaj, a joué dans la renaissance slave durant la première moitié du XIXe siècle.

LA RENAISSANCE INTELLECTUELLE DE LA NATION SERBE. JEAN RAITCH ET DOSITHÉE OBRADOVITCH.

Nous avons étudié plus haut, l'évolution générale de la nation serbe depuis son origine jusqu'à la renaissance politique. Cette renaissance politique coïncide avec une renaissance intellectuelle. Les deux principaux personnages de cette restauration ont été l'archimandrite historien Raïtch et le moine polygraphe Dosithée Obradovitch dont la Serbie a fêté récemment le centenaire. Je voudrais, en me fondant sur les intéressantes recherches de M. Jovan Skerlitch[1], mettre en lumière les figures absolument inconnues chez nous de ces deux précurseurs.

Jean Raïtch.

Jovan (autrement dit Jean) Raïtch était né en 1726 dans la ville de Karlovtsi[2] qui a joué un certain rôle dans l'histoire des Slaves méridionaux. Elle est encore aujourd'hui le séjour du patriarche orthodoxe des Serbes d'Autriche. Sous son nom allemand de Karlowitz elle est connue de nos historiens par un traité de paix conclu en 1699 entre l'Empe-

1. *Srpska Knijevnost u XVIII veku. (La littérature serbe au dix-huitième siècle*, Belgrade, Imprimerie royale, 1909.)

2. Karlovtsi aujourd'hui située dans la Syrmie, ne doit pas être confondue avec la ville croate de Karlovac (Karlstadt) qui appartient à la Croatie.

reur et la Porte. Elle a été en 1848 le foyer le plus actif de la résistance de la nation serbe contre les Magyars.

Le père du futur historien était un simple marchand de bestiaux. Il envoya son fils fort jeune à l'école. L'enfant fit de si rapide progrès que lorsqu'il fut arrivé à sa onzième année son maître le pris comme adjoint. Tout en aidant à instruire ses jeunes camarades Jovan fréquentait l'école latine slave, où l'enseignement se donnait soit en latin, soit d'après des manuels russes dont la langue, très voisine du slavon d'église[1], était aisément comprise des jeunes Serbes. A l'âge de dix-huit ans Raïtch quitta Karlovtsi pour aller se perfectionner d'abord chez les Jésuites de Komorn, où il passa quatre années, ensuite à l'école protestante de Soprony (Pressbourg). Mais la Russie l'attirait. Faute de ressources pour payer les frais d'un long voyage, il fit le trajet à pied. En 1753 il arriva à Kiev, il y resta trois ans occupé à étudier la théologie orthodoxe, poussa jusqu'à Moscou et à Smolensk. Rentré dans sa ville natale, où il rapportait une foule de manuscrits, il sollicita une place au séminaire. Mais sa candidature fut écartée par des moines jaloux de son savoir. Il retourna à Kiev d'où il gagna la Moldavie, Constantinople et la péninsule du Mont-Athos, où il résida deux mois au monastère serbe de Kilandar. En voyageant ainsi ce *clericus vagans* n'a pas seulement pour objet de voir du pays, il se propose surtout de réunir des documents historiques pour ses travaux futurs. A Khilandar il trouva des coffres pleins de vieux manuscrits. Mais les moines, aussi bornés qu'ignorants, ne lui permirent pas de les examiner et il ne put que copier en cachette quelques documents. Dans ce monastère célèbre il se rencontra avec Paisii[2], qui devait être le père de l'historiographie bulgare de même que Raïtch est le père de l'historiographie serbe.

1. Le slavon d'église russe a subi une forte influence de la langue russe *vulgaire qui diffère beaucoup du serbe proprement dit.*

2. Sur Paisii, voir plus loin l'étude qui lui est consacrée.

Il quitta le mont Athos en octobre 1758 traversa la péninsule Balkanique, par Seres, Nich, Belgrade, revint à Karlovtsi ; son voyage avait duré dix-sept mois. En 1759 il fut nommé directeur de l'école de l'Intercession (nom du monastère auquel elle appartenait) et chargé d'enseigner la géographie et la rhétorique. Tout en professant il mettait en ordre les matériaux qu'il avait recueillis pour son histoire des Slaves méridionaux.

En 1762 il quitta Karlovtsi pour aller vivre à Temesvar, puis à Novi-Sad[1], le centre des Serbes de Hongrie, où il professa la théologie. En 1772 il se fit moine au monastère de Kovil et devint en très peu de temps hégoumène et archimandrite.

Désormais sa carrière errante est finie. Il peut se livrer tout entier à ses travaux historiques. Le synode de l'église orthodoxe lui confie le soin de rédiger un nouveau catéchisme, qui est resté en usage jusqu'en 1870, pour remplacer celui qui avait été envoyé de Vienne et qui était suspect de tendances catholiques. Il traduit un recueil de sermons russes. On lui offre à diverses reprises un évêché qu'il refuse ; les honneurs viennent à lui de tous les côtés. Lors du concile de Temesvar, l'empereur lui envoie une croix précieuse, et quelque temps après Catherine II un médaillon d'or avec son portrait.

Il mourut le 11 décembre 1801 et sa mort fut pleurée comme celle d'un génie national.

Au cours de sa vie agitée il avait beaucoup écrit ; mais, comme il n'y avait pas d'imprimerie dans les pays serbes, il avait dû éditer ses volumes à Venise, à Vienne, à Pressbourg, à Bude. Outre les seize ouvrages qui ont été imprimés de son vivant, il en a laissé de nombreux en manuscrit. Nous n'avons pas à nous occuper ici de ses œuvres théologiques, elles sont écrites dans cette langue slavonne-russe que les Serbes avaient adoptée comme langue littéraire et

1. *Novi Sad, en allemand Neu Satz, en magyar Ujvidek. Le mot veut dire* « la nouvelle résidence ».

qui au fond était pour les Slaves orthodoxes ce que le latin était pour les peuples catholiques.

Raïtch n'est pas seulement théologien et historien, il se fait poète à l'occasion. Sous ce titre : *Lutte du dragon contre les aigles* il chante les guerres des Autrichiens et des Russes contre les Turcs ; il les chante dans la langue populaire avec un fâcheux abus d'allusions mythologiques. Evidemment son poème ne s'adressait pas au même public que les chants des gouslars[1].

Malgré l'inexpérience de l'écrivain et la lourdeur du style, ce poème publié pour la première fois en 1791 à Vienne, a été réimprimé deux fois dans notre siècle, en 1839 à Belgrade et en 1883 à Pantchevo. On peut citer parmi les œuvres poétiques de Raïtch un drame sur la mort du tsar serbe Ouroch V. C'est une tragédie de collège sur laquelle il n'y a pas lieu d'insister.

Ce qu'il y a de plus intéressant parmi les écrits de Raïtch ce sont ses travaux historiques, et le plus important c'est l'ouvrage intitulé : *Histoire des divers peuples slaves, notamment des Bulgares, des Croates et des Serbes*. La première édition en quatre volumes parut à Vienne en 1794. L'année suivante le premier volume fut réimprimé à Saint-Pétersbourg. Mais la censure impériale, très facile à effaroucher, interdit la publication des suivants. Une seconde édition de l'ouvrage a été donnée à Bude en 1823. La langue de l'ouvrage est un mélange, qui nous paraît aujourd'hui fort désagréable, de slavon, de russe et de serbe. Ce macaronisme lui assurait des lecteurs tout ensemble chez les Slaves riverains du Danube et de la Néva.

Dès l'année 1768 Raïtch avait achevé cet ouvrage à Karlovtsi, et le manuscrit primitif portait sur le titre que l'auteur avait arraché à l'oubli l'histoire de ces nations et qu'il l'avait rédigé en sa langue maternelle (singulière illusion !).

1. Rhapsodes populaires qui chantent en s'accompagnant de la gousla ou guzla.

La publication de 1793 fut bien accueillie du public. Le premier volume eut 612 souscripteurs, ce qui était pour l'époque un chiffre considérable. L'auteur met à profit des textes jusqu'alors fort peu connus. C'est d'abord la Chronique de Georges Brankovitch [1]. Raïtch reproduit littéralement de nombreux extraits de cette chronique qu'il avait trouvée dans la bibliothèque du patriarche de Karlovtsi. Il se sert aussi des textes qu'il a recueillis avec tant de peine durant son séjour au mont Athos. Il connaît les vies des rois serbes rédigées au quatorzième siècle par l'archevêque Daniel, mais il ignore la plupart des textes qui sont aujourd'hui classiques, les vies d'Étienne dit le Premier Couronné, de saint Sava, de Domentian, de Constantin le Philosophe, de Tsamblak, et l'ouvrage du moine bulgare Paisii dont je parlais tout à l'heure.

Il ne connaît qu'une rédaction incomplète du code de Douchan. Il cite un certain nombre de chroniques byzantines et d'érudits étrangers, notamment le Ragusain Banduri l'auteur de l'*Imperium orientale* [2], Mavro Orbini, Charles Dufresne, des historiens hongrois et russes. Mais il a des distractions et des ignorances singulières. Il dédouble Mavro Orbini en deux personnages, Orbini et Mavro Orbini [3]; il ne le connaît évidemment que par la traduction russe et ne sait en quelle langue est écrit l'original.

Il cite Du Cange sous le nom de Dufresne et le prend pour un historien dalmate. Évidemment dans sa vie errante il n'avait pas eu le temps de prendre des notes avec beaucoup de soin et la bibliothèque qu'il avait sous la main à Karlovtsi n'offrait pas toutes les ressources désirables ; d'autre part il écrivait dans un pays et à une époque où la censure était fort ombrageuse. On rencontre plus d'une fois sous sa plume des formules telles que celle-ci : « Ce n'est

1. Sur ce personnage voyez plus haut.

2. Banduri vécut longtemps à Paris, fut bibliothécaire du duc d'Orléans et membre de l'Académie des Inscriptions.

3. Orbini (Mavro ou Mauro), écrivain dalmate du XVIIIe siècle, auteur d'un livre intitulé : *Il regno degli Slavi* (Pesaro, 1600).

pas notre affaire d'approfondir la question et il n'est pas à propos de faire trop de recherches à ce sujet et de vouloir pénétrer des secrets d'État. »

Raïtch est un moine très croyant, il raconte gravement comment saint Sava ressuscita le tsar de Serbie Étienne dit le Premier Couronné; il donne sérieusement le nombre de Serbes qui émigrèrent en Hongrie sous la conduite du patriarche Arsène IV conformément au chiffre que le patriarche avait vu en rêve.

En revanche il a une haute idée de son rôle d'historien. Le grand malheur de ses compatriotes, c'est que leur histoire a été jusqu'ici écrite par leurs ennemis qui n'ont eu qu'une idée, celle de décrier et d'humilier la nation serbe. Il veut relever cette nation à ses propres yeux, l'aider à reprendre la place qu'elle occupait naguère dans l'Orient de l'Europe. Il atteignit ce résultat. En dehors de la seconde édition (de 1823) à laquelle j'ai fait tout à l'heure allusion, l'ouvrage servit de base à un certain nombre de manuels publiés en 1801 à Bude, en 1845 à Bucarest, en 1835 et en 1847 à Belgrade. Jusque vers 1860 il resta la lecture préférée de tous ceux qui voulaient connaître les anciennes annales de la nation serbe. A dater de cette époque une école plus critique est apparue et nous avons formulé ici même les résultats de ses recherches.

Dosithée Obradovitch.

En donnant une histoire au peuple serbe, Raïtch avait en quelque sorte renoué la tradition nationale. Mais cette histoire était encore écrite dans une langue exotique, artificielle, qui n'était pas l'idiome serbe. Ce fut Dosithée Obradovitch qui éleva le serbe à la dignité d'idiome littéraire.

Lui aussi il était moine, lui aussi il fut un *clericus vagans* et il mena une vie des plus aventureuses. Il était né en 1742 ou 1743 à Tchakovo, une bourgade moitié roumaine du Banat de Temesvar, dans le royaume de Hongrie.

Orphelin à l'âge de dix ans, il se trouva absolument isolé dans sa ville natale, et, comme il nous le dit lui-même dans ses *Mémoires,* il eut le sentiment qu'il était étranger dans son propre pays.

Il avait de bonne heure fréquenté l'école et, comme il montrait de remarquables dispositions, on décida qu'il embrasserait la carrière ecclésiastique. Il dévorait les vies des saints, rêvait, comme jadis notre Bernardin de Saint-Pierre, de devenir ermite dans quelque solitude. Vers l'âge de treize ou quatorze ans il fit la rencontre d'un moine mendiant et imagina de s'attacher à lui pour s'en aller en Turquie. Ces fantaisies n'étaient pas du goût d'un sévère tuteur qui, pour changer les idées de son neveu et l'arracher à ses lectures, s'empressa de l'envoyer à Temesvar en qualité d'apprenti tapissier. Mais la vocation persistait. Un jour le jeune tapissier reçut la visite d'un compagnon qui lui raconta les merveilles et les beautés des monastères de la Frouchka Gora. Dosithée ne put se contenir ; il s'enfuit de chez son patron, et un beau jour, le 31 juillet 1757, il alla frapper à la porte du monastère de Khopovo dans la Sainte Montagne.

Nous devons dire ici quelques mots de cette Frouchka Gora qui joue un rôle si considérale dans la vie intellectuelle et religieuse de la nation serbe. Son nom est fait pour nous intéresser particulièrement. Il veut dire *la Montagne des Francs.* C'est le Φραγγοχώριον des historiens byzantins. Cette région fut en effet occupée au neuvième siècle par des tribus franques.

La Montagne des Francs s'allonge de l'ouest à l'est au sud de la Drave, en Slavonie, sur une longueur de plus de cent kilomètres entre les villes de Vukovar et de Slan Kamen. Le sommet le plus élevé atteint la hauteur de 537 mètres. C'est sur les flancs de cette montagne que mûrissent les vignes de Syrmie, orgueil du vignoble croate. A dater du quinzième siècle elle a vu s'ériger à l'ombre de ses forêts treize monastères serbes qui ont servi de refuge aux religieux du rite orthodoxe fuyant la patrie serbe envahie par les Musulmans ; les bibliothèques et les sacristies de ces couvents abritent de riches trésors de livres, de manuscrits et d'objets d'art religieux. Celui de Vrdnik conserve les restes du tsar Lazare supplicié par les Turcs après le désastre de Kosovo en 1389.

Le jeune Dosithée fut bien accueilli au monastère de Khopovo. L'hégoumène mit à sa disposition la bibliothèque. Il tomba sur les Vies des saints du mois de mai. « Lire des Vies des saints ! De si grands livres tels qu'il n'y en a nulle part dans le monde ! Avec quelle ardeur je lisais tout cela[1] ! »

L'hégoumène fut si content de son pupille qu'il le chargea de faire la lecture au réfectoire. Le jeune néophyte remplissait auprès de lui le rôle de *famulus* et, comme le ménage de la cellule était bientôt fait, il pouvait se donner tout entier à sa passion pour les livres.

A force de méditer les vies des saints, il résolut de les imiter, et à l'âge de seize ans il reçut la tonsure. Il prit le nom de Dosithée en l'honneur d'un saint de la primitive Église, qui avait fui sa famille et avait embrassé la vie monastique. Cette vie le jeune moine la menait avec une ferveur d'ascétisme qui épouvantait le sage hégoumène. Il jeûnait des trois jours de suite et il rêvait d'entreprendre un jeûne de quarante jours à l'exemple de Moïse, d'Élie et de Notre-Seigneur. Son hégoumène le rappela à des sentiments de sagesse et d'humilité en lui faisant remarquer qu'il n'était capable ni de marcher sur l'eau, ni de ressusciter les morts, et le menaça de le renvoyer. Peu de temps après, l'hégoumène mena son jeune néophyte à Karlovtsi, où il reçut le diaconat des mains de l'évêque Nenadovitch : « Souviens-toi de ma prédiction, dit l'évêque au prélat. Ce jeune homme aime trop la lecture : il ne restera pas longtemps à Khopovo. »

Rentré au monastère, le nouveau diacre se plongea de nouveau dans la lecture et dans les exercices ascétiques. Il

1. Dosithée, *Mémoires*.

passait pour un saint; des malades venaient implorer de lui leur guérison : « Je croyais tout ce que je lisais, dit-il dans ses *Mémoires*, comme les Turcs croient les derviches. » L'hégoumène l'observait avec une sollicitude qui n'était pas exempte de quelque scepticisme : « Je crains bien, disait-il, que cette sainteté ne dure pas longtemps. »

Il disait vrai. Un beau jour le diacre s'aperçut qu'il existait des livres laïques, des livres d'histoire en langue russe. Un jeune prêtre lui parla de la langue latine. Ce fut toute une révélation. *Quis ? quid ? quomodo ? ubi ? ubivis ? ubicumque ?* Ces mots magiques résonnaient sans cesse dans l'oreille de Dosithée et hantaient son cerveau. C'était pour lui « la musique des sirènes. »

Mais personne ne savait le latin à Khopovo. Du jour où le néophyte eut fait cette lamentable découverte, le monastère perdit tout son charme. Pouvait-on vivre dans un endroit où il n'y avait point de latin ? Son hégoumène rêvait de l'envoyer au fameux monastère de Kiev, mais les ressources lui manquaient.

Cet excellent homme mourut au printemps de l'année 1760. Sa mort rompit le dernier lien qui attachait le jeune homme au monastère de Khopovo. Les moines, jaloux de la supériorité de leur jeune confrère, lui rendaient la vie intolérable. Le 2 novembre 1760, Dosithée quitta cette maison qui lui avait été si chère, et en compagnie d'un diacre de ses amis il se rendit à Agram.

D'un milieu serbe et orthodoxe il était brusquement transporté dans un milieu croate et catholique. La langue populaire était presque la même, mais l'alphabet latin, combiné avec une orthographe très compliquée, se substituait à l'alphabet cyrillique ou gréco-slave. D'autre part les Serbes que Dosithée eut l'occasion de rencontrer n'étaient plus orthodoxes mais uniates, et s'efforcèrent — inutilement d'ailleurs — d'attirer le pèlerin dans leur Église.

A ce moment-là l'Autriche était en guerre avec la Prusse et Dosithée songea à s'engager comme aumônier militaire. Mais il ne réalisa pas cette idée ; il apprit un peu de latin à

Agram et se rendit dans un monastère serbe de la Dalmatie auquel était annexée une école. Il y enseigna pendant trois ans, rétribué le plus souvent en nature (froment, huile, fromage). Il apprit un peu d'italien, réalisa quelques économies qui lui permirent d'entreprendre de nouveaux voyages. Il était en route pour le Mont-Athos quand il fut retenu par la maladie dans un monastère du Monténégro, non loin de Cattaro. Il y fut ordonné prêtre le 11 avril 1764. Au cours de l'année suivante nous le trouvons à Kosovo, non loin de Knin. C'est là qu'il commença à écrire dans sa langue maternelle, le serbe vulgaire. Il traduisit pour la fille d'un de ses confrères quelques sermons de saint Jean Chrysostome.

C'était la première fois qu'on avait l'occasion de lire les textes sacrés dans la langue populaire. L'innovation eut un grand succès et de nombreuses copies du manuscrit circulèrent dans les régions environnantes. Étonné et charmé de ce résultat qu'il n'avait pas prévu, Dosithée se résolut à écrire dans cette langue populaire jusqu'alors si négligée. Il passa trois année fort heureuses en Dalmatie. Plus tard, lorsqu'il lut *Télémaque* et qu'il y trouva la description des félicités de la vie rustique, il se plaisait à l'appliquer au souvenir de son séjour dans cette province.

Il poussa aussi en Bosnie, où il eut occasion d'exercer parmi les Serbes orthodoxes les fonctions de son ministère et de recevoir notamment les fidèles en confession. Il fait un éloge enthousiaste de ses pénitents :

On ne peut voir nulle part des gens aussi bons. Ils n'avaient aucun péché à me raconter, sauf qu'ils avaient parfois, le mercredi et le vendredi, — jours de maigre, — mangé une écrevisse ou des haricots à l'huile, ou qu'ils avaient juré après des chèvres égarées. Parmi ces saints pécheurs, je passai le carême et célébrai la Pâque. Ensuite je gagnai Trogir (Trau), puis Spalato et je m'embarquai pour Corfou.

Sur la tartane qui l'emporte, le voyageur n'a pour compagnons de route que des Grecs, et il ne peut communiquer avec eux que grâce au peu d'italien qu'il a appris en Dalmatie. Il s'étonne de la rapidité avec laquelle ils parlent entre eux : « Jamais je ne pourrai apprendre une pareille langue ; c'est menu, menu au delà de tout ce qu'on peut imaginer... Je me demandais comment ils se comprenaient entre eux. »

Il devait pourtant l'apprendre, cette langue mystérieuse, ainsi que nous le verrons plus loin. Il prit ses premières leçons dès son arrivée à Corfou.

Il gagne Nauplie et de Nauplie le Mont-Athos, où il passe l'automne et l'hiver de l'année 1765. Il ne rencontre point dans ce sanctuaire la vie idéale qu'il avait rêvée. Les moines serbes et bulgares passent leur temps à se disputer le monastère. Du Mont-Athos il se rend à Smyrne où il trouve une généreuse hospitalité dans un couvent hellénique et en une année il fait de tel progrès en langue grecque qu'il est en état de lire les classiques. Il se loue en termes enthousiastes de l'hospitalité smyrniote et porte aux nues la science de son maître, le prêtre Hiérothée, « un homme divin, un nouveau Socrate ».

Il résida trois ans à Smyrne et en conserva un excellent souvenir. Il l'appelle « sa chère ville dorée, une ville où il a cueilli des fleurs qui ont parfumé sa vie et son cœur, où il a sucé le lait de l'éloquence attique et savouré le miel de la poésie homérique ». Dans ce temps-là Slaves et Grecs n'étaient pas encore arrivés à la vie politique, à la création d'États, à la constitution de nationalités indépendantes et il n'existait pas entre eux ces conflits qui les ont fréquemment divisés dans ces dernières années. A propos de ce séjour à Smyrne, Dosithée a écrit dans ses *Mémoires* des pages qui mériteraient d'être connues de tous ceux qu'intéresse la renaissance hellénique au dix-huitième siècle.

Dosithée était possédé par la passion de l'étude. Il profita d'un séjour de quelques mois en Epire pour apprendre l'albanais. Au commencement de l'année 1769 il s'embarqua à Corfou et se rendit à Venise, d'où il passa en Dalmatie. Il vécut dans cette province en donnant des leçons et en remplissant pour les orthodoxes ses fonctions ecclésiastiques : il eut l'occasion d'étudier les mœurs et la langue de ses compatriotes dalmates et commença à composer de petits livres pour la jeunesse. Sa véritable vocation littéraire date de ce séjour en Dalmatie.

Il resta à Zara jusqu'en 1771. Son séjour dans cette province exerça une très heureuse influence sur le reste de sa carrière. Il entra en contact intime avec le peuple serbo-croate et se fit également estimer par les orthodoxes et par les catholiques. Il rapporte lui-même avec une joie naïve combien ses auditeurs serbes étaient fiers d'entendre louer ses sermons par les prêtres catholiques.

Ainsi, dans ses voyages, Dosithée avait appris le grec et l'albanais. L'albanais ne devait pas lui servir à grand'chose, mais la connaissance du grec lui fut d'un grand secours. De Zara il se rendit à Vienne pour apprendre l'allemand. Il y passa six années qui, dit-il, lui parurent six journées. Grâce à sa connaissance parfaite du grec, il obtint une situation de précepteur dans la famille d'un riche marchand et organisa des cours privés qui comptèrent jusqu'à douze élèves. L'argent que lui rapportaient ses leçons, il l'employait à payer des maîtres qui lui enseignaient le latin et le français. Le professeur de latin lui apprenait en outre, dans cette langue, la logique et la métaphysique.

Obradovitch nous fait de la vie viennoise une peinture idyllique. L'Augarten, le Prater, Schœnbrünn l'enchantent tour à tour et il exalte le charme de la promenade à pied avec un enthousiasme qui ravirait nos modernes amateurs de *footing*. Sobre et réservé dans ses plaisirs, il ne se croit pas tenu par son caractère ecclésiastique de renoncer à la vie mondaine, aux redoutes, à l'opéra italien, à l'académie, aux concerts. Il se mêle si bien à la vie viennoise, il apprend si bien l'allemand qu'il devient capable de donner des leçons en cette langue.

Pendant la septième année de son séjour à Vienne il reçoit la visite d'un prélat serbe qui l'emmène à Modra (c'est un bourg slovaque du comitat de Presbourg) pour faire l'éducation de ses deux neveux. Tout en leur enseignant l'allemand, le français et l'italien, il étudie la philosophie de Baumeister, qui était alors fort à la mode. Il profite de son séjour en Hongrie pour aller saluer son pays natal qu'il n'avait pas revu depuis vingt années, « saluer la tombe de ses parents et baiser cette terre sacrée où reposent leurs restes ».

Ce *clericus vagans* de mœurs très chastes est d'ailleurs le tempérament le moins ecclésiastique qu'on puisse imaginer. Dans la langue serbe qu'il bégaye le premier, il introduit la terminologie philosophique du dix-huitième siècle. Il abuse, comme tous ces contemporains, des mots *sensible, sensibilité*, et, comme la langue serbe ne les lui fournissait pas, il les emprunte sans hésiter à la langue russe. Il rencontre dans son pays natal une compatriote victime d'une banale mésaventure. Elle s'est mariée, elle a eu deux enfants, puis un beau jour son mari a disparu et l'a abandonnée. Elle ne peut se remarier, l'Église ne le permet pas. Et Obradovitch s'indigne et il s'écrie dans un style que Voltaire ou Rousseau n'eût point désavoué :

O hommes, que faites-vous dans ce monde? Jusques à quand des ermites et des moines feront-ils la loi pour l'Église? J'ai vu à Constantinople et à Smyrne, j'ai vu de mes yeux comment l'Église et le patriarche, pour un prétexte beaucoup moins grave, permettent aux femmes d'épouser un second mari. N'est-ce pas agir contre la volonté de Dieu, par conséquent contre toute loi censée, que d'empêcher des êtres de se reproduire en louant Dieu? Mais, dira-t-on, si le premier mari revient? S'il revient, il y a un remède bien simple : qu'il prenne une autre femme et qu'il la garde mieux que la première. Mais s'il ne revient pas, quel remède pouvez-vous trouver?

L'Église orthodoxe n'admet pas les quatrièmes noces; l'esprit philosophique d'Obradovitch s'emporte contre cette interdiction tyrannique :

Voilà une femme de trente ans, jeune et belle à merveille; son troisième mari est mort et elle ne peut plus se remarier. Est-ce sa faute si elle a perdu trois maris? Et ce mari! est-ce sa faute si ces trois femmes ne sont plus en vie? Sont-ils les maîtres de la vie et de la mort? Mais, dira-t-on, les Saints Pères ont établi cette loi. Les Saints Pères qui l'ont établie étaient des moines, des ermites, ennemis jurés du mariage et de la procréation; s'ils ne s'étaient pas mêlés des affaires qui ne les regardent pas, ils auraient beaucoup mieux fait. Le mariage, c'est l'affaire des laïques, des chefs civils qui, eux, sont non seulement en paroles, mais, en réalité, les Saints Pères. Qui est pour moi le père le plus saint, sinon celui qui m'a engendré et nourri? S'il ne s'était point marié, s'il ne m'avait point procréé avec ma chère mère, je ne serais pas de ce monde, et des millions de Saints Pères ne me serviraient de rien. Ce ne sont ni les jeûnes ni les prières qui font naître les enfants, mais le saint mariage, voulu de Dieu...

J'ai entretenu de cette question notre défunt métropolitain Vincent. Voici ce qu'il m'a répondu : « Je sais bien ce qui en est. Mais la responsabilité remonte à ceux qui ont fait ces lois. Nous devons les suivre aveuglément. » Mais à quoi bon suivre une loi quand on sent qu'elle est absurde? Malheur à une société qui n'est capable d'aucune amélioration.

Voilà un langage qui sent quelque peu le fagot.

Le moine philosophe s'était imaginé que l'archevêque l'enverrait en Allemagne avec ses élèves; mais ses espérances ne se réalisèrent pas. A l'automne de l'année 1779, il se rendit à Trieste, où il rencontra de riches négociants serbes qui lui confièrent l'éducation de leurs enfants. Dans cette ville, il rencontra aussi un archimandrite russe qui l'emmena avec lui en Italie. Puis il gagna Chios et Constanstinople, et ensuite Galatz et Iassy. Partout il trouva le moyen de vivre comme maître de langues. En trois ans, il avait économisé trois cents ducats. Il s'adjoignit à des marchands qui allaient en Allemagne, traversa la Galicie, une partie de la Silésie et, par Leipzig, arriva à Halle. « Là, dit-il, je dépouillai l'habit ecclésiastique et je revêtis les habits pécheurs des laïques. » Et il se mit à étudier la philosophie, l'esthétique et la théologie naturelle chez le plus illustre philosophe de l'Allemagne, Eberhard. Il s'enthousiasme au souvenir du temps passé « dans ce sanctuaire de la science et des Muses ». Il reporte sa pensée « vers cette barbare Albanie », vers ces régions qui lui sont si chères : la Serbie, la Bosnie et l'Herzégovine :

Je soupirais et je versais souvent des larmes en me disant : Quand, dans ces beaux pays, aurons-nous autant d'écoles? Quand notre jeunesse pourra-t-elle s'enivrer de pareilles sciences? Nous sommes des millions! Les Turcs ne sont instruits que par des derviches et les chrétiens par des moines. Qu'est-ce qu'ils peuvent apprendre? Ils ne savent que cette formule : « Fais l'aumône! Donne tout ce que tu as! Et meurs de faim! Déteste et maudis tous les hommes qui ne sont pas de ta religion. » En voyant tous les livres que chaque jour on publie dans ce pays, j'étais pénétré de chagrin quand je pensais comme chez nous on crie : Apporte-nous des livres de Russie. Et alors, je me rappelais qu'en Dalmatie j'avais eu l'idée d'écrire des livres pour mon peuple.

Sous l'influence de ces idées, il se rend à Leipzig, où il y avait une Université comme à Halle et, ce qui était le plus important, une imprimerie pourvue de caractères slaves. Tout en suivant des cours de physique, il imprime un petit volume intitulé : *Vie et aventures de Dmitri Obradovitch, appelé dans la vie monastique Dosithée,* écrit et publié par lui-même (Leipzig, 1783).

En publiant ce livre, dit-il, je poursuivais un double but. Je voulais d'abord faire voir l'inutilité des monastères dans la société; en second lieu démontrer la grande utilité de la science, qui est le seul moyen d'arracher les hommes à la superstition et de les amener à la véritable religion, à la vertu consciente.

L'année suivante, il fit paraître un petit ouvrage de morale pratique intitulé : *Conseils de la saine raison,* ouvrage qui fut réimprimé à Pest en 1866, et une traduction d'un sermon allemand du prédicateur Zollikofer.

Après trois années passées dans les deux villes universitaires, il se résolut à visiter la France et l'Angleterre. Il n'avait, pour entreprendre ce voyage, qu'une réserve de quatre-vingt-cinq ducats; « mais, dit-il, je n'avais été ni le premier ni le dernier à parcourir ces pays à pied ». Il gagne

Paris par Strasbourg et Nancy, et avoue ingénuement qu'en traversant la Champagne, il n'a bu que le vin du pays. Il reste trois semaines à Paris, qui l'enchante. Pour le décrire, il lui faudrait, dit-il, au moins dix feuilles d'impression. Il y renonce et recommande simplement à son lecteur d'apprendre le français et d'acheter un livre intitulé : *Description de Paris et de Versailles*, où il trouvera la relation de tout ce que ses yeux ont vu. Ce qu'il a surtout admiré, c'est la merveilleuse beauté de Marie-Antoinette, c'est le Louvre, qui peut passer pour une des sept merveilles du monde.

La moitié de ce palais est assignée à une bibliothèque et à l'Académie. Quel pays que celui où les rois livrent leurs palais aux livres, à la sagesse, aux sciences, et considèrent comme un grand honneur d'habiter avec les Muses !

De Paris il se rend à Calais, en passant par Cambrai où il va saluer le tombeau de Fénelon. Le 1er décembre 1784, il débarque à Douvres. L'Angleterre l'enthousiasme. Ce qu'il admire particulièrement, c'est la beauté des femmes ; mais il est très offusqué de ne pas comprendre un seul mot d'anglais et il s'indigne contre les malencontreux constructeurs de la Tour de Babel. Grâce à la souplesse de son tempérament, à la sympathie qu'il inspire, il réussit bientôt à se faire des amis parmi les Anglais et parmi les représentants de la colonie grecque, où il rencontre une Chypriote appartenant à la famille historique des Lusignan. Il trouve à donner des leçons et à vivoter. Il quitte Londres le 27 mai, après avoir lié de cordiales relations avec un certain nombre de familles anglaises, et se rend à Hambourg, d'où il regagne Vienne ; il vit de nouveau dans cette capitale en donnant des leçons d'italien et de français.

Pendant un séjour à Leipzig, il reçoit un message inattendu de son compatriote le Serbe Zoritch, l'un des amants de Catherine II[1], qu'elle avait élevé au titre de comte et au

1. Voir sur Zoritch le volume de M. Waliszewski, *Autour d'un trône : Catherine II, ses collaborateurs, ses amis, ses favoris* (Librairie Plon).

rang de général. Après le premier partage de la Pologne, elle lui avait donné un domaine considérable, celui de Schklov, dans le gouvernement actuel de Mogilev (ou Mohilev). Dans ce domaine, Zoritch menait une vie princière, entouré d'une cour nombreuse. Il entretenait un théâtre où l'on jouait l'opéra français et le ballet italien. Il avait fondé une école militaire, où deux cents jeunes gens étaient élevés à ses frais. Il avait déjà appelé auprès de lui un autre Serbe, Emmanuel Iankovitch.

Pour fixer auprès de lui Obradovitch, le général lui promettait de fonder à Schklov une imprimerie serbe, où il pourrait imprimer ses ouvrages. A la fin de l'année 1787, le moine errant se rendit à l'appel de son compatriote. Mais Zoritch — auquel l'argent faisait souvent défaut — ne tint pas sa promesse, et il le quitta pour se rendre en Allemagne, par Kœnigsberg et Berlin. Au courant de l'année 1788, nous le retrouvons à Leipzig, où il fait imprimer un recueil de fables, traduites de diverses langues, et une ode sur la prise de Belgrade, enlevée par Loudon aux Turcs (1789)[1].

Le dernier chapitre des *Mémoires* d'Obradovitch est daté de Leipzig, 1er janvier 1789. Mais il devait survivre encore de longues années et nous pouvons restituer aisément le reste de sa carrière. Nous savons qu'il vécut à Vienne, comme professeur libre, de 1789 à 1802. L'argent qu'il gagnait à donner des leçons, il le gaspillait à imprimer des livres qui ne se vendaient guère : *Recueil de choses édifiantes* (Vienne, 1793), *Interprétation des Évangiles des Dimanches* (Venise, 1803).

En 1802, il se transporta à Trieste. Dans cette ville existait une colonie de riches négociants serbes qui s'offraient à lui constituer une pension à condition d'écrire des livres pour l'éducation du peuple serbe.

En 1804 éclata, chez les Serbes de Turquie, l'insurrection dont Karageorges était le chef. Obradovitch n'y prit pas une part directe. Sa robe et son âge ne lui permettaient

1. Belgrade devait être reprise par les Turcs deux ans après.

pas de porter les armes. Mais il se mit tout entier au service de ses compatriotes, rassembla des souscriptions en leur faveur et fit imprimer à Venise une *Ode sur l'insurrection des Serbiens* (Serbianom), *dédiée à leur chef, Georges Petrovitch* : « Lève-toi, Serbie, notre mère chérie ; redeviens ce que tu étais naguère ; tu as longtemps dormi... Réveille-toi. »

Ses vœux s'adressaient à tout l'ensemble des pays serbes, à la Bosnie, sœur de la Serbie, dit le poète, à l'Herzégovine, au Monténégro, aux îles de l'Adriatique.

Dosithée Obradovitch était né sujet autrichien et, en plusieurs endroits de ses *Mémoires*, il fait preuve d'un loyalisme incontestable ; mais il se sent encore plus Serbe qu'Autrichien. — « Le sang n'est pas de l'eau », dit un proverbe de sa nation. — Il rêve de mettre au service de la nouvelle patrie serbe tout ce qu'il se sent encore d'énergie. Au commencement de l'année 1805, il entre en relation avec le vladika ou prince-évêque du Monténégro, et il lui propose d'aller s'établir dans la principauté pour respirer l'air salubre de la liberté. Il rêve aussi de fonder une école et une petite imprimerie. Le vladika ne répondit point à ses avances.

Dans le courant de juin 1806, il quitte définitivement Trieste pour aller vivre en Serbie. Il descend la Save, le Danube, et gagne Smederevo (Semendria) où, pour la première fois de sa vie, il met le pied sur le sol de la Serbie délivrée ; il entre au service du gouvernement de Karageorges, qui le charge de missions à Bucarest et à Semlin. A dater de la fin de l'année 1807, il s'établit définitivement à Belgrade. Il fonde dans cette ville la Haute Ecole, d'où est sortie l'Université de Belgrade, et il compte parmi ses premiers élèves Vouk Karadjitch et un fils de Karageorges. Il organisa également un séminaire pour les théologiens. Au début de l'année 1811, Karageorges le nomme membre du Conseil d'État et directeur de l'Instruction publique. Il rêvait de fonder une imprimerie dont la première publication eût été un volume de ses œuvres. Quelques jours avant sa mort il écrivait : « Mon corps s'affaiblit, mais mon âme voudrait toujours du nouveau. » Mais ses jours étaient comptés. Il s'éteignit le 28 mai 1811. Sur sa modeste fortune il laissait une somme de deux cents ducats à son bourg natal de Tchakovo, pour l'entretien d'une école. Sa bibliothèque a formé le premier noyau de la Bibliothèque de Belgrade.

Dosithée Obradovitch ne fut assurément pas un homme de génie ; mais la postérité lui doit le respect et la reconnaissance qui sont dus aux initiateurs. Ses *Mémoires* présentent la partie la plus curieuse de ses œuvres ; ils se lisent encore aujourd'hui avec un vif intérêt ; la langue en est quelquefois embarrassée de russismes, mais elle est, en somme, vive, pittoresque et naturelle. Il ne prétendait pas écrire des œuvres originales ; dans son imitation des fables d'Ésope, dans ses œuvres morales ou théologiques, traduites ou imitées de modèles étrangers, il voulut avant tout être utile à son peuple et il y a réussi. Il voulut être, et fut vraiment, le premier éducateur de la nation serbe, et la postérité ne séparera pas son nom de celui de ce Karageorges, qui en fut le premier libérateur.

MOLIÈRE A RAGUSE

M. Tome Matic a publié récemment dans les *Mémoires de l'Académie d'Agram* (166e volume) une étude fort intéressante sur ce sujet. Raguse a été depuis la Renaissance une des villes les plus lettrées du monde slave. Mais elle a surtout subi l'influence de l'Italie. Elle n'est pas cependant restée inaccessible à notre littérature. De 1879 à 1884 une revue qui s'appelait *Slovinac* (le Slave) a publié treize comédies de Molière, traduites ou adaptées plus ou moins librement. Les manuscrits de ces traductions faites généralement au XVIIIe siècle sont assez nombreux ; les œuvres dont on n'a pas découvert de traductions sont les suivantes : *Les Précieuses ridicules, L'Avare, La Jalousie du barbouillé, Le Médecin volant, L'Étourdi, Le Dépit amoureux, L'Impromptu de Versailles, L'Amour médecin, Mélicerte, La Pastorale comique, Le Sicilien, Amphytrion, Les Amants magnifiques, Les Fourberies de Scapin.*

Les traductions de Molière en langue serbo-croate sont en général anonymes. Une seule, celle de *Psyché*, est signée d'un nom illustre, dans l'histoire Ragusaine, celui de Pierko Sorkocevic (en italien Sorgo). Un certain nombre de documents permettent de conjecturer les noms des traducteurs et il n'est pas sans intérêt pour nous de connaître ces amis ignorés de notre littérature.

Sérafin Cerva, dans son ouvrage intitulé *Bibliotheca Ragusina*, II, 205-266, dit, en parlant d'Ivan Brunic, mort en

1. Les humanistes sudslaves appellent volontiers leur langue l'illyrien. Cette langue est en réalité le serbocroate ou croato-serbe, comme on voudra.

l'année 1713 : *Plurimas ex gallico idiomate Comedias in illyricum convertit, rebus nominibusque ad hanc regionem accommodatis.* — Notons en passant qu'un Ragusain, Pierre Boskovic, avait entrepris de traduire *le Cid* ; la mort l'empêcha d'achever cette traduction. Ses compatriotes estimaient qu'elle était supérieure à l'original. Au témoignage de Dolci, un autre interprète de Molière fut Martin Tudisevic, — *qui gallicas J. B. de Molière Comœdias non solum illyrice vertit, sed etiam illyricis refertas salibus mori ragusino venuste accommodavit.*

Appendini, dans ses *Notizie istoricocritiche* (Raguse, 1803), nous apprend, à propos de Bunic, qu'il avait laissé *varie commedie francesi tradotte in illirico.* Il s'agit très probablement des pièces de Molière. Il attribue à Sorkocevic (1766-1771) quelques comédies de Molière traduites en prose. Il en attribue également à Giuseppe Nettondi, Gianfranco di Sorgo, Marino Tudisi (Tudisevic). « Tudisi, dit-il, les représenta à la grande joie des spectateurs ; mais il y en eut qui regrettèrent de voir des bouffonneries grossières substituées aux traits d'esprit délicats du grand poète français. » On a découvert, il y a un peu plus d'un quart de siècle, l'épitaphe de Tudisi Tudisevic ; j'en détache seulement les lignes suivantes.

Memoriæ
Marini Francisa Tudisi

. . . .

qui
Molieri Conmœdias
Jucunde per ludum referens
Ad veteres domesticos et urbanas consuetudines
Vernacula festivitate illyrice eleganter vertit

Malheureusement les manuscrits qui nous sont parvenus jusqu'ici sont — sauf la *Psyché* de Sorkocevic — absolument anonymes. Les traducteurs étaient évidemment des gens sans prétentions et qui travaillaient vite. Deux pièces seulement ont été traduites en vers, *Psyché* et *Don Garcie,* deux œuvres d'allure noble, héroïque, où le comique vulgaire n'a pas grand'chose à voir.

Il n'y a qu'une seule traduction dont on puisse déterminer la date par une série de déductions qu'il serait trop long de reproduire ici. C'est celle du *Mariage forcé,* qui remonte à l'année 1744. Tudisevic, dans sa jeunesse, était probablement le grand metteur en scène de nos comédies. Nous avons sur la vie sociale à Raguse dans la seconde moitié du XVIIIe siècle un document fort curieux, c'est le rapport du consul de France La Maire, rapport qui a été publié par l'Académie d'Agram au tome XIII de son recueil d'anciens textes (Starine). Arrivé à Raguse en mars 1758, La Maire fut rappelé le 29 janvier 1764, mais il y résidait encore au mois d'août de cette année. Il nous apprend que les Ragusains font plus de cas de la littérature française que de toute autre. Quelques-uns apprennent la langue pour pouvoir lire les livres français, mais ils lisent sans choix, sans goût et sans fruit. On se rappelle les vers de Sganarelle dans *le Cocu imaginaire* :

> Voilà, voilà, le fruit de ces empressements
> Qu'on vous voit nuit et jour à lire vos romans.

Le traducteur adapte ainsi :

« Voilà ce que c'est que de savoir l'italien et le français ; tout cela ne sert qu'à donner la migraine aux jeunes personnes. »

La Maire se plaint du manque de société, de spectacles et de plaisirs publics. Évidemment, si l'on avait encore joué des comédies de Molière, il n'aurait pas manqué d'en faire mention.

Au commencement du XVIIIe siècle existait à Raguse une société d'acteurs amateurs qui s'appelait la société des Bons Vivants (Druzina Zamrsnijeh, évidemment de ceux qui mangent de la viande en carême). Dans *la Critique de l'École des femmes,* après une assez longue discussion sur la valeur de cette comédie, Uranie conclut : « Il se passe des choses assez plaisantes dans notre dispute, je trouve qu'on en pourrait bien faire une petite comédie et que cela ne serait pas trop mal à la queue de *l'École des femmes*.

« Chevalier, faites un mémoire de tout et le donnez à Molière pour mettre en comédie. » Le traducteur adapte ainsi ce passage : « Monsieur Frano, notez tout cela et, puisque Molière est mort, donnez votre manuscrit à la société des Bons Vivants, qui ont déjà joué *l'École des femmes*, pour qu'ils en fassent une comédie, car ils s'y entendent fort bien. »

Et, un peu plus loin, Uranie : « Je connais son humeur (l'humeur de Molière) ; il ne se soucie pas qu'on fronde ses pièces, pourvu qu'il y vienne du monde ».

Anica (qui correspond dans la traduction à Uranie) : « Je ne connais Molière que par les louanges que je lui entends donner de tous côtés ; mais en ce qui concerne cette société, je vous garantis qu'ils se soucient fort peu de ce qu'on leur dit et qu'ils ne songent qu'à faire preuve de leurs talents ».

C'étaient de jeunes nobles qui constituaient la troupe. Dans la *Critique de l'École des femmes* Dorante demande au poète Lysidas ce qu'il pense de cette comédie et Lysidas lui répond :

« Je n'ai rien à dire là-dessus ; et vous savez qu'entre nous autres auteurs nous devons parler des ouvrages les uns des autres avec beaucoup de circonspection. »

Dans la traduction le poète Pero Versic[1] répond.

« Je n'ai rien à dire : vous savez que nous n'avons point à nous mêler de ce que font les nobles ; ils ont accepté cette pièce ; ils l'ont jouée ; notre devoir est de nous taire ou de ne parler qu'avec une grande circonspection. »

Raguse n'avait pas de théâtre permanent. Au début de la Renaissance on avait joué la comédie dans le palais ou hôtel du grand conseil, autrement dit du gouvernement ; mais cet abus fut interdit par un arrêt du 4 avril 1554. Les représentations eurent lieu dans le local de l'arsenal que les Ragusains appelaient Orsano. Ce mot d'Orsano, dans nos tra-

1. Évidemment le versificateur.

ductions, rend habituellement le mot théâtre ou le mot Palais Royal.

Les traductions sont en général fort libres. J'ai déjà remarqué que, sauf celle de *Psyché*, elles sont toujours en prose. Le traducteur passe des tirades ou des scènes entières ; il se permet parfois des modifications qui touchent à l'essence même de la pièce.

Sauf dans *Don Garcie de Navarre* et dans *Psyché* les noms des personnages sont partout remplacés par des noms familiers au public indigène. C'est un procédé qu'on rencontre dès le XVIe siècle dans les traductions. Le jeune premier s'appelle Giono (Jean), la jeune première Anica, le père Reno ; Ilia (Elie) est toujours le nom du personnage comique. Alceste devient Giono et Célimène devient Marguerite. Le français *vous* est remplacé par le tutoiement : toutes les fois que, dans Molière, il est question du roi, le traducteur lui substitue, tantôt le prince (Knez), c'est-à-dire le chef supérieur de la république, tantôt la seigneurie, tantôt le petit conseil.

Tous nos lecteurs savent par cœur la chanson

Si le roi m'avait donné
Paris sa grand'ville

qu'Alceste oppose au sonnet d'Oronte. A cette chanson le Giono ragusain substitue une chanson bosniaque dont voici la traduction :

Si le sultan Osman me disait :
« Tu seras Seigneur de tout Constantinople,
Mais n'aime pas la jeune et belle femme d'Osman
Et ne va pas chez elle la baiser. »
Je dirais au grand sultan :
« Règne dans ta Constantinople
Je veux aimer la jeune femme d'Osman
Et je donnerais tout mon bien
Pour baiser ses chères lèvres. »

Sur quoi Maro, qui correspond à notre Oronte, réplique :

« Et moi je prétends que les vers de mon madrigal sont aussi bons que ceux de l'*Osmanide.* »

L'*Osmanide,* c'est le grand poème national ragusain, le chef-d'œuvre du poète Ivan Gundulic (1588-1638)[1].

Nous retrouvons cette allusion à l'*Osmanide* et à d'autres ouvrages de littérature indigène dans l'adaptation de *la Critique de l'École des femmes.* Dans la comédie de Molière le poète Lysidas, appelé à donner son avis, ne veut pas se compromettre et s'exprime en termes généraux, je dirais presque académiques : «... On m'avouera que ces sortes de comédies ne sont pas proprement des comédies et qu'il y a une grande différence de toutes ces bagatelles à la beauté des pièces sérieuses. »

Le Pero Versic, qui répond à Lysidas dans le texte slave, éprouve le besoin de citer des ouvrages nationaux encore qu'étrangers au théâtre. « Cette espèce de comédies, dit-il, ne peut pas réellement se nommer comédie, et il y a une grande différence entre ces badinages et les œuvres fortes et solides. Maintenant tout le monde donne dans ce genre et il n'y a plus d'*Osmanide,* plus de *Trompette slave,* plus d'*Enfant prodigue,* plus de *Christiade*[2], on a même oublié le nom de l'*Académie*[2].

L'adaptateur ragusain a réduit *les Femmes savantes* de cinq actes à trois. On connaît le sonnet à la princesse Uranie sur la fièvre. L'adaptateur le remplace par le madrigal suivant :

Chanson à madame Sunczaniça[3] qui mange des fleurs et s'en nourit.

Lorsque Sunczaniça a faim
Elle méprise tous les aliments.
L'amaranthe et la rose
Sont les mets qu'elle choisit.

1. Voir sur Gundulic (ou Gundulitch), l'article que j'ai consacré à ce poète dans la *Grande Encyclopédie.*

2. Œuvres célèbres de la littérature ragusaine au XVIIe siècle.

3. Sunczaniça, de *Sunce* : soleil, correspond à notre Éliante.

Mais, dis-moi, Sunczaniça,
Quand il n'y aura pas de fleurs en hiver
Et quand seul ton visage
Fleurira parmi les frimas,
Dans cette crise si pénible
Alors que feras-tu?
En vérité, ma bien-aimée,
Tu te mangeras toi-même.

Monsieur de Pourceaugnac s'appelle Jovadin; il est originaire non plus du Limousin mais de l'Herzégovine et il abuse de l'emploi des vocables turcs.

Dans *les Fâcheux* apparaît un pédant nommé Caritides, français de nation, grec de profession, qui veut présenter un placet au roi pour faire modifier la langue des inscriptions et des enseignes. Ce personnage est remplacé par un certain Luka, qui veut présenter au petit conseil une supplique en faveur des pauves diables : il demande que la République vote une somme de six cent mille ducats pour acheter de la laine qu'elle donnerait à filer aux pauvres femmes. Cette pétition, notons-le, est rédigée en italien.

Un autre fâcheux de Molière, Ormin, veut mettre toutes les côtes de la France en « fameux ports de mer ». L'Ormin ragusain, qui s'appelle Andria, propose d'établir un péage aux portes de la ville sur ceux qui entrent ou sortent, et il propose aussi de faire boire du vin aux soldats pour obvier à la misère des vignerons de la République. C'est précisément ce remède que l'on nous a proposé l'autre jour pour remédier aux misères des vignerons du Midi. *Nil sub sole novi.* Si Molière revenait en ce monde il aurait, je crois, un amer plaisir à le constater.

LES USKOKS

Parmi les œuvres les plus oubliées de George Sand, figure un roman intitulé *L'Uscoque*. A l'époque où j'ignorais encore la langue et l'histoire des Slaves méridionaux, j'avoue que ce titre m'intriguait fort. George Sand avait évidemment entendu parler des Uscoques durant son séjour à Venise. Le récit qu'elle a donné sous ce titre est effroyablement romanesque et mélodramatique. On ne peut pourtant dire qu'il ait dépassé les limites de la vraisemblance, si l'on considère d'un côté les éléments mystérieux et tragiques de l'histoire de Venise, de l'autre l'esprit aventureux de ces Slaves tour à tour croisés, brigands, héros, corsaires, qui ont joué un si grand rôle dans l'histoire du littoral adriatique du XVIe au XVIIIe siècle. Si George Sand avait pu lire dans une traduction le petit volume de chants populaires publiés par M. Tihomir Ostojić elle en eût été enchantée et Mérimée aurait reconnu qu'il fait pâlir les pages les plus fantastiques de sa *Guzla*.

I

Expliquons d'abord ce que veut dire ce mot uscoque, que nous avons pris de l'italien *uscocco* et qu'il serait plus exact d'écrire en français *uskok*, ou si l'on tient compte de la prononciation, *ouskok*. Ce mot vient d'un verbe serbe *uskočiti* qui veut dire proprement sauter par-dessus la frontière, se sauver. La traduction littérale serait : les fuyards. Disons pour employer un mot plus noble : les émigrés.

Lorsque les pays serbes furent définitivement soumis par les Turcs, un grand nombre d'indigènes orthodoxes ou catholiques ne purent se résoudre à supporter la domination des Musulmans. Ils *sautèrent* par-dessus la frontière, pénétrèrent dans la Dalmatie alors occupée par les Vénitiens et ils se groupèrent autour de la forteresse de Klis (italien Clissa), située à 12 kilomètres de Spalato. En 1537 cette ville tomba aux mains des Turcs ; elle ne devait leur être reprise qu'en 1648. Les Uskoks se réfugièrent sur le littoral croate et se transportèrent autour de la ville de Senj (Zengg). Le gouvernement autrichien les accueillit avec bienveillance. Il trouvait en eux de précieux auxiliaires pour la lutte incessante contre les Turcs. On finit par donner leur nom à tous ceux qui, sur le littoral dalmate-vénitien, défendaient la chrétienté contre le Turc, de même que chez nous on a appelé zouaves ou turcos les Européens qui en Afrique se sont groupés autour d'un noyau primitif de troupes indigènes. Leur vie fut une lutte continuelle pour la défense du sol chrétien contre les musulmans. Leurs exploits devaient nécessairement inspirer les poèmes populaires. Chez les Serbo-Croates, tout est matière épique et les héros les plus obscurs donnent lieu à des poèmes où l'historien a bien de la peine à démêler la part de la fiction et celle de la réalité.

Les Uskoks constituèrent pendant près d'un siècle la garde de la frontière autrichienne contre les Turcs. Ils étaient répartis en quatre compagnies commandées chacune par un chef nommé voiévode[1]. Nous avons des recensements officiels. En 1559 leur effectif était de 253 hommes, de 352 en 1573 et de 500 à 600 en 1602. Il s'éleva un peu plus tard jusqu'à 1 200. Comme nos zouaves ou nos turcos, ils constituèrent une troupe d'élite. Ils étaient d'admirables tireurs. Ils allaient au combat avec le fusil, la hache ou parfois le handjar (poignard ou courte épée). Ils supportaient

1. Voiévode veut dire proprement chef d'armée, par suite tout simplement chef. C'est la traduction littérale de l'allemand *Herzog (dux)*.

sans murmurer toutes les privations, toutes les souffrances.

Ils recevaient parfois une solde, mais fort irrégulière. Ils étaient souvent réduits à vivre de pillage et à chercher leur vie assez loin. La région de Senj est pauvre et désolée ; ils vivaient aux dépens des Turcs ; par terre ils pénétraient en Bosnie, par mer ils allaient ravager le littoral de cette province et celui de l'Herzégovine. L'Autriche tolérait, si elle ne l'encourageait, cette existence aventureuse. Les Vénitiens lorsqu'ils étaient en guerre avec le Turc, n'étaient pas fâchés d'avoir à leur service quelques bandes d'Uskoks. Parfois le Pape leur envoyait des subsides. N'étaient-ils pas contre les infidèles l'avant-garde de la chrétienté ?

En revanche, lorsque Venise était en paix avec la Porte, elle devait s'engager à ne pas laisser les Uskoks passer sur le territoire ottoman. Alors ils s'en prenaient aux navires de la République, exerçaient le métier de corsaire à ses dépens et pillaient les maisons de commerce. Leurs légères barques se dissimulaient aisément derrière les nombreux îlots, les écueils du littoral dalmate et défiaient les galères de Saint Marc. Un contemporain compare cette lutte de Venise contre les Uskoks à celle du lion, contre les moustiques. Ils avaient parmi leurs congénères les Schiavoni, autrement dit les Serbo-Croates au service de la marine vénitienne, des agents et des espions qui les tenaient au courant des mouvements de la flotte. *Prenez garde aux gens de Senj*, disait un proverbe de ce temps-là (*Čuvaj se Senjske ruke*).

Chez nous au moyen âge les mercenaires licenciés en temps de paix avaient formé les Grandes Compagnies. Les Uskoks réduits à vivre d'expédients devinrent des corsaires et retournèrent contre Venise l'esprit d'aventure qu'ils avaient exercé d'abord contre les mécréants. Le gouvernement de Vienne dut intervenir pour ramener à la discipline et à l'obéissance des alliés trop compromettants. En 1601 un commissaire impérial fut envoyé pour rétablir l'ordre. Il fut assassiné. Cependant la République de Venise insistait pour qu'on la débarrassât de ces voisins turbulents. En 1617 les Uskoks furent internés dans l'intérieur du pays croate, aux environs des villes d'Otočac et de Žumberak[1], où ils se fondirent avec la population indigène composée en partie d'autres Uskoks déjà établis dans ces régions, qui, vivant loin de la mer n'inspiraient aucune appréhension aux Vénitiens. Ils eurent l'occasion plus d'une fois de lutter parmi les armées impériales contre leur ennemi traditionnel le Turc, qui d'autre part avait sur son propre territoire fort à faire avec les partisans indigènes, les heïdouks.

Quelques-uns des chefs des Uskoks, ne nous sont pas seulement connus par les chants qui les célèbrent, mais par des documents historiques. Tel est cet Ivo Senianin (Jean de Senj ou Zengg) que ces poèmes appellent Ivo Senković. Ils sappelait de son vrai nom Ivan Vlasković et avait joué un rôle glorieux, ainsi que son frère Michel, dans la campagne contre les Turcs. Malheureusement il se livrait au brigandage sur terre et sur mer et osa même s'attaquer aux magasins de la ville de Senj. En 1611 il fut arrêté, jeté en prison et l'année suivante condamné à mort par un conseil de guerre. Nous connaissons encore Ianko Mitvic que les chants appellent Ianko de Cattaro, qui en 1647 défendit Šibenik (Sibenico) contre les Turcs et son fils Stojan qui commanda les Uskoks de Cattaro et qui mourut en combattant (1688), Ilia Smiljanić auquel la République de Venise avait assigné une pension de 600 ducats et dont la famille existait encore en Dalmatie en 1832, Alija Bojičić qui fut surpris par les Turcs dans une grotte et tué par eux en 1663. La plupart de ces héros sont aussi chantés par le moine Kačić Miošić dans les chansons épiques, qui constituent le célèbre recueil intitulé *Noble Discours de la nation slave,* lequel est encore aujourd'hui populaire.

II

Les chants dont nous nous occupons n'apportent qu'une

1. Anciennement Sichelburg, sur les frontières de la Croatie et de la Carniole

faible contribution à l'histoire ou sont même en contradiction avec elle. Ils offrent d'ailleurs une singulière lacune. Les exploits des Uskoks ont été le plus souvent accomplis sur mer ; ils étaient avant tout des corsaires ou des pirates. Or ces exploits maritimes sont passés sous silence par les *pesme*. Évidemment ceux qui les improvisaient étaient des terriens qui n'accompagnaient pas les expéditions des corsaires et qui les ignoraient. Le texte de certains poèmes a été recueilli fort loin de la région où s'étaient accomplies les aventures qu'ils célèbrent. Il n'est donc pas étonnant que l'on rencontre parfois des oublis et des contradictions.

Les chants relatifs aux Uskoks nous offrent le même style et les mêmes procédés que ceux qui sont relatifs aux luttes antérieures, au cycle de Kosovo à celui de Marko Kralieviċ ; mais il renferme un nouvel élément, l'élément romanesque et chevaleresque. Il est dû évidemment aux influences italiennes que les Uskoks sujets ou adversaires de Venise ont eu à subir par suite de leur contact avec les Italiens. Tel fragment semble un chant de la *Jérusalem délivrée*. Si Byron avait connu ces poèmes, j'imagine qu'il en eût été ravi. Les Serbes ou Croates combattent sous les drapeaux de Venise ou de la maison d'Autriche ; mais ils n'ont qu'une idée bien vague de l'État ou du souverain qu'ils sont censés servir. Ce qui inspire leurs exploits c'est la foi chrétienne, c'est la haine du musulman. Même avec ce musulman on observe dans certain cas les formes courtoises de la Chevalerie. Étudions par exemple la *pesma* qui raconte le duel entre Ivo Senkoviċ[1] et l'aga de Ribnik.

L'aga de Ribnik a entendu célébrer la valeur de Senkoviċ. Il lui envoie un défi :

Si tu es vraiment un héros de combat et de sabre tranchant, viens me trouver dans la ville blanche de Ribnik, viens que nous fassions connaissance en combat singulier. Si tu ne veux pas ve-

1. Autrement dit Ivo de Senj (Zengg). C'est, comme on l'a fait remarquer plus haut, un personnage historique.

nir, alors tisse-moi une culotte et une chemise en signe de soumission.

Senković s'indigne et pleure, il est vieux et ne peut relever le défi. Il expose à son fils la cause de ses larmes :

Je suis très vieux ; je ne peux pas me tenir à cheval, à plus forte raison, lutter contre un Turc et je n'ai pas appris à tisser ; je ne peux pas tisser des chemises aux Turcs.

C'est, baissée d'un ton la scène de Don Diègue et de Rodrigue. Ivo le fils du vieillard lui offre d'aller combattre pour lui. Le père hésite et ne tient pas tout d'abord le langage de Don Diègue :

Va ! Tu fais ton devoir et le fils dégénère
Qui survit un moment à l'honneur de son père.

Il lui dit :

Tu iras, mais tu ne reviendras pas. Tu n'as pas seize ans. Le Turc est un héros sans pareil... il a des armes terribles. Tu perdras la vie et que deviendra après toi ton pauvre père ? Qui le nourrira ? Qui l'ensevelira après sa mort ?

Le fils répond dans un langage viril :

Donne-moi avec ta bénédiction la permission d'aller au combat. Tant que ton fils Ivo sera de ce monde tu ne tisseras point de chemise au Turc.

Le père consent, selle le cheval de son fils et lui apprend les qualités de ce merveilleux animal qui sait seconder son maître dans les combats.

Le fils se rend dans la tente de l'aga et le trouve buvant du Malvoisie. Voilà, soit dit au passant, un bien mauvais musulman. L'aga méprise ce jeune rival indigne de lui, ce « jeune présomptueux ». Il ne lui fera pas l'honneur de le tuer en combat singulier : « Je le ferai prisonnier ; son père a, dit-on, beaucoup d'argent ; il le rachètera pour six sous d'or ».

Avant d'entamer les hostilités le Turc a fait à son jeune

adversaire un accueil chevaleresque. Il l'invite à boire le vin avec lui et à racheter sa tête sans combattre. Ivo refuse : « En garde, si tu n'es pas une femme, car je n'ai pas de temps à perdre ».

L'aga rugit comme un dragon furieux, bondit sur ses pieds, s'élance sur son cheval noir et le combat s'engage. Ivo est merveilleusement secondé par l'intelligence de son cheval.

Mais son adversaire réussit à le démonter et l'oblige à continuer le combat à pied. Il lui offre généreusement la vie, s'il veut s'avouer vaincu. Ivo répond dans un langage qui eût été au cœur de notre Corneille et que le poète de la *Chanson de Roland* n'eût pas désavoué :

Si tu m'as séparé de mon cheval, tu ne m'as point séparé de mon épée. C'est l'épée de mon père qui a été souvent sur les champs de bataille, qui a coupé assez de têtes de Turcs. Avec l'aide de Dieu elle coupera aussi la tienne.

Le combat continue donc et le jeune héros abat la tête du cheval de son adversaire. Cette fois, c'est le Turc qui s'avoue vaincu supplie le jeune Ivo de devenir son *pobratim*, son frère d'adoption[1], et s'offre à racheter sa vie au prix qui lui sera demandé :

Ivo Senković lui répond brutalement : « J'aime mieux ta tête morte que tout le trésor de l'empereur ».

Il lui coupe la tête, la met dans le sac qu'il porte à sa ceinture. Le poème pourrait finir ici, mais, comme nous l'avons fait remarquer tout à l'heure, les auteurs de ces poèmes se plaisent à introduire dans leurs récits toute espèce d'éléments romanesques.

Le jeune vainqueur dépouille l'aga de son costume, l'endosse à la place du sien. Les Turcs qui ont vu la défaite de leur aga veulent en tirer vengeance. Deux d'entre eux montent à cheval et se mettent à la poursuite du vainqueur.

1. La fraternité d'adoption se rencontre fréquemment chez les Serbo-Croates. Elle se pratique même entre les deux sexes.

Ivo s'enfuit dans une forêt épaisse où leurs chevaux ne peuvent pénétrer. Ils attachent leurs chevaux à la lisière et entrent dans les taillis. Le jeune Uskok réussit à leur faire perdre sa trace, sort de la forêt, trouve les deux chevaux, enfourche l'un des deux et emmène l'autre.

En cet équipage il arrive devant la maison paternelle. Sa mère ne le reconnaît pas sous le costume de sa victime et ne reconnaît pas non plus son cheval. Elle croit son fils mort :

« Voici venir l'aga de Ribnik ; il va s'emparer de notre maison et nous faire esclaves. »

Le vieux père saisit un sabre, saute sur le premier cheval venu et s'élance pour venger son fils. Il interpelle celui qu'il croit être le meurtrier d'Ivo.

Arrête, aga de Ribnik. Il t'a été facile de faire périr un enfant de moins de seize ans. Eh ! bien maintenant fais périr un vieillard !

Ivo lui répond pour lui dire qu'il est son fils. Mais le vieillard égaré par la douleur ne l'entend pas et veut lui couper la tête. Le jeune homme s'enfuit. Son père le poursuit avec fureur. Mais tout à coup Ivo jeta devant lui la tête de l'aga qu'il portait dans le sac suspendu à sa ceinture. Le vieillard reconnaît son fils, l'embrasse avec enthousiasme et lui demande pourquoi il a pris ce dangereux déguisement.

Le fils lui répond :

Quand j'entrerai au conseil comment aurait-on pu connaître que j'ai livré ce combat ? Les seigneurs ne m'auraient pas cru si je n'avais pas rapporté une preuve visible.

Un autre poème nous raconte le mariage non moins romanesque d'Ivo de Senj avec une musulmane.

Ivo boit du vin avec trente de ses compagnons. Ils lui demandent pourquoi il ne se marie pas. Si c'est la faute d'argent ils lui offrent leur bourse, si c'est faute de fiancée ils lui offrent, les uns leur sœur, les autres leur fille.

« Ce n'est point faute d'argent répond Ivo ; j'ai de quoi bâtir dix monastères. Si je ne me marie pas, c'est que je suis amoureux d'une Turque, de la ville d'Udbina[1], Hajka la sœur de Frtsa Ibrahim. A celui qui me la ferait avoir je donnerai les présents les plus magnifiques. » Komnen le porte-drapeau prend au mot l'amoureux Ivo et les trente compagnons l'engagent à entreprendre avec lui un expédition pour enlever la belle Hajka. Mais en route les compagnons se découragent à la pensée des épreuves qu'ils auront à subir ; ils abandonnent peu à peu Komnen qui pénètre seul dans Ubdina. Il se cache dans la cave d'une auberge ; la femme de l'aubergiste lui enseigne par quelle ruse et sous quel déguisement il pourra pénétrer près de la belle musulmane. Il y réussit et enlève la jeune fille sur son cheval, tue successivement tous les Turcs qui se sont élancés à sa poursuite, s'enfonce dans une forêt, mais la soif l'oblige à s'arrêter. Il découvre une source. Pour se désaltérer il dépose son fardeau, attache son cheval à un arbre, Hajka à un autre, repousse des Musulmans qui viennent l'attaquer, délivre trente chrétiennes captives qu'il ramène avec lui et revient dans la nuit au château de Senj. Le château est illuminé. Mais ce n'est pas pour une fête. Ivo a réuni ses compagnons pour célébrer un service funèbre à la mémoire de Komnen qu'il croit déjà perdu. Le héros arrive avec la musulmane qu'il a enlevée et les captives qu'il a délivrées. Le poème se termine par un embrassement général. Il semble vraiment qu'on retrouve dans ces récits tout pénétrés de fantaisie orientale comme un écho des Mille et une Nuits.

1. Cette ville, naguère occupée par les Turcs, appartient aujourd'hui à la Croatie.

LE POÈME NATIONAL DU MONTÉNÉGRO

Le Monténégro est aujourd'hui le plus petit des États slaves indépendants. Il n'est peut-être pas celui dont les ambitions sont les plus restreintes, et, s'il a revendiqué un titre qui semble hors de proportion avec ses dimensions actuelles, c'est évidemment qu'il se croit appelé à jouer un rôle considérable dans les destinées de la race serbe et de la Péninsule balkanique.

Son histoire primitive est assez obscure. Elle n'a d'intérêt pour nous qu'à dater du moment où la région des Montagnes Noires est occupée par les Serbes. Sous la dynastie nationale des Nemanias, vers le douzième siècle, cette région constitue une sorte d'apanage, appelé la Zeta, qui est alloué aux princesses douairières et aux héritiers présomptifs. La Zeta confine d'une part aux Albanais, de l'autre aux peuples romans de la Dalmatie.

Après la mort du tsar Douchan (1355), l'empire serbe qu'il avait constitué se décompose et de 1360 à 1421 on voit apparaître une dynastie locale, celle des Balchides.

On a prétendu qu'elle était apparentée à la maison provençale des Baux, mais cette hypothèse, qui sourirait à notre imagination, n'est appuyée par aucun texte positif. Il est curieux de noter cependant que ces princes appartenaient à la religion catholique : la religion sur laquelle ils régnaient comprenaient les districts de Bar (Antivari), Budva, Skadar (Scutari), Ulcinio. Nous les voyons sans cesse en lutte contre leurs voisins de Serbie, d'Albanie, de Bosnie et contre les Vénitiens, qui auraient mieux fait de s'allier avec eux contre les Turcs. Mais on connait la devise de la République : « Siam Veneziani, poi Cristiani. »

Ce fut le despote serbe Georges Brankovitch qui hérita d'une partie de l'État incohérent et mal délimité des Balchides. Dans la Haute Zeta, du côté du lac Scutari, la famille des Tsernoievitch régna quelque temps sous la suzeraineté vénitienne, et fonda à Obod une imprimerie éphémère, la première des pays balkaniques, où un livre liturgique fut imprimé en 1494. C'est l'un des premiers et des plus célèbres incunables slaves.

Au début du seizième siècle, de 1514 à 1528, le Monténégro est occupé par l'Albanais Skanderbeg Tsernoievitch, qui est tout ensemble un prince serbe et un pacha turc ; puis, sans avoir été formellement conquis et annexé, il est gouverné par une série de dynastes, les uns chrétiens, les autres Turcs ; mais toutes les fois que la guerre éclate entre la Porte et Venise, les indigènes s'efforcent de recouvrer leur indépendance. Nous avons au début du xviie siècle un document très curieux sur la situation de la région monténégrine : c'est, en italien, une Relation et description du Sandjak ou duché (ducato) de Scutari par un certain Mariano Bolizza, noble de Cattaro. Le document est daté de mai 1614[1]. Il nous apprend que le sandjak de Scutari était alors commandé par un certain Mehmed bey Ballichienovich, qu'il qualifie de Turc albanais. Il divise le duché ou sandjak en six districts : Monténégro, Antivari, Dolcigno, Scutari, Podgorizza, Plava ; les noms des chefs de district ou de commune sont généralement des noms slaves. Le Monténégro proprement dit comprend quatre-vingt-dix villages, qui comptent 3 524 feux, mettent sur pied 8 027 hommes dont 1 000 arquebusiers.

Le métropolitain de Tsetinie exerce l'autorité spirituelle ; un *spahia* chrétien, l'autorité administrative. Un certain nombre de points stratégiques sont occupés par les Turcs ; mais une bonne partie de la population ne leur obéit point.

1. Ce document, dont l'original est à la Bibliothèque Saint-Marc, à Venise, a été publié par M. Sime Ljubic dans les *Starine* (Anciens textes) éditées par l'Académie Sud-Slave d'Agram (livre XII, Agram ; 1880).

Dans les guerres qui éclatent entre Venise et la Porte, les indigènes prennent généralement parti pour la République, et même dans certains actes officiels ils se déclarent ses vassaux. Sauf un certain nombre qui ont embrassé l'islam à dater de la fin du dix-septième siècle, ils reconnaissent comme chef réel de la nation le métropolitain. De 1697 à 1851 les quatre prélats qui se succèdent à Tsettinie appartiennent à la famille des Niegoch et constituent de fait, sinon de droit, une sorte de dynastie nationale. Le premier, Daniel Pétrovitch, règne — on peut employer le mot — de 1697 à 1735; le second, Sava Petrovich, neveu du précédent, de 1735 à 1781 : le troisième, Pierre Pétrovich, de 1781 à 1830; le quatrième, — toujours un neveu, — de 1830 à 1851. C'est le poète dont le nom figure en tête de cette étude. A dater de 1851, le Monténégro est gouverné par un prince laïque.

Pierre le Grand, préoccupé d'assurer la domination de la Russie sur la mer Noire, avait compris tout l'intérêt qu'il pouvait y avoir à créer une diversion contre les Turcs du côté de l'Adriatique. Informé de l'existence du Monténégro par des Serbes réfugiés dans son empire, il envoya l'un d'entre eux, le colonel Miloradovitch[1], pour offrir son amitié aux Monténégrins et les appeler aux armes contre l'ennemi commun. Nous n'avons pas ici à retracer l'histoire du Monténégro sous les quatre chefs spirituels dont nous avons tout à l'heure énuméré les noms. C'est sous le règne du premier d'entre eux que se passe l'épisode chanté par le dernier dans le poème qui donne lieu à cette étude, et c'est le poète qu'il convient de présenter à nos lecteurs.

I

Pierre Petrovitch Niegoch était né en 1811 ou 1813, —

1. C'était un ancêtre du célèbre général Michel Andreevitch Miloradovitch, qui se distingua dans les campagnes contre Napoléon.

on ne sait exactement, — au village de Niegouchi, non loin de Tsettinie, au cœur même du Monténégro. Il avait reçu au baptême le nom essentiellement slave de Radivoï (celui qui aime les combats) et ne prit le nom de Pierre que lorsqu'il embrassa la carrière monastique. Lorsqu'il fut arrivé à l'âge de dix ans, son oncle le vladika, autrement dit l'évêque souverain, le fit venir à Tsettinie et lui fit commencer ses études dans un couvent. La petite principauté n'avait pas d'écoles laïques. Puis il l'envoya se perfectionner en Dalmatie. Pierre, d'après les coutumes établies, n'était pas l'héritier du trône. Ce privilège revenait à son cousin, le jeune Georges Niegoch, qui à ce moment-là était élevé en Russie. Mais cet héritier présomptif avait des goûts militaires ; il se refusait à embrasser la carrière ecclésiastique et préféra rester dans l'armée russe. Ce fut Radivoï qui fut désigné pour le remplacer. Vers 1825, le poète serbe Simon Miloutinovitch avait eu l'idée de venir visiter le Monténégro, dont il fut un des premiers historiens. Quelque temps secrétaire du vladika et chargé d'instruire son successeur, il lui inspira un patriotisme ardent, un dévouement enthousiaste, non seulement pour la petite patrie monténégrine, mais aussi pour la grande patrie slave. Ces leçons, le futur prince les compléta par des voyages en Russie. Il resta toujours reconnaissant à son maître, lui dédia un de ses poèmes, et le célébra après sa mort dans une ode.

Pierre Ier mourut le 1er octobre 1830 et, conformément à son testament, les chefs réunis à Tsettinie reconnurent Radivoï pour son successeur. Une lourde responsabilité allait peser sur la tête de ce jeune homme de dix-neuf ans, peut-être même de dix-sept ; car, nous l'avons dit plus haut, on ignore la date précise de sa naissance.

Le Monténégro vivait alors dans un état absolument patriarcal ou plutôt franchement anarchique. Les diverses tribus se regardaient comme tout à fait indépendantes les unes vis-à-vis des autres. Le pays se divisait en deux groupes principaux : la Montagne Noire proprement dite, qui représentait à peu près la partie occidentale de l'état actuel, et les Brda[1]. Il n'y avait ni administration commune, ni divisions officielles. L'autorité du vladika était mal établie et peu respectée. Du côté de la Dalmatie, où le gouvernement autrichien avait succédé à Venise, la frontière était insuffisamment délimitée. La Russie s'efforçait de maintenir une suzeraineté diplomatique sur un territoire que, de son côté, la Porte prétendait considérer comme *pars annexa*.

Suivant la tradition qui subsistait depuis la fin du XVIIe siècle, le nouveau souverain devait être un prélat. En 1831, un évêque étranger fut appelé dans le pays et fit du jeune homme un moine, puis un archimandrite. C'est à cette occasion que le néophyte abandonna son nom de Radivoï et prit celui de Pierre II. Il aurait bien voulu aller chercher en Russie la consécration épiscopale qui, suivant la tradition, était indispensable à son prestige. Mais la Russie était alors uniquement préoccupée des affaires de Pologne. D'autre part, la Turquie, par suite des réformes du sultan Mahmoud II, était dans un état de fermentation qui demandait à être surveillé de près. Le Monténégro devait essayer de profiter de ces circonstances pour élargir son petit domaine, et se donner un peu d'air.

Ne pouvant agrandir son pays, le nouveau souverain s'efforça du moins de l'organiser. Il établit un sénat faisant fonction de tribunal suprême, une gendarmerie et un système provisoire d'impôts pour subvenir aux besoins les plus urgents du petit État.

En 1833, il put enfin se rendre à Pétersbourg pour recevoir la consécration épiscopale qui lui fut donnée en présence de l'empereur Nicolas. A son retour il fonda à Tsettinie la première école du Monténégro, et ouvrit une imprimerie qui publia son premier volume, *L'Ermite de Tsettinie*. Cet établissement subsista jusqu'en 1852. Cette année-là, les caractères furent fondus et transformés en balles de fusil ; *primo vivere, deinde philosophari*.

Ce qui était surtout difficile, c'était d'établir un système

1. Ce mot veut dire : les sommets, les pics.

financier régulier chez un peuple essentiellement anarchique. A diverses reprises l'évêque dut parcourir en personne les *nahias* ou districts pour recueillir les impôts qu'on refusait à ses agents.

Les difficultés qu'il rencontra dans son œuvre d'organisation l'engagèrent à retourner en Russie pour solliciter de l'empereur un appui moral et une aide matérielle. Mais, pour aller en Russie, il fallait passer par Vienne et demander un passeport à l'ambassade. Ce passeport, on le fit longtemps attendre à Pierre II. Il songeait déjà à renoncer à la Russie et à se tourner du côté de la France, lorsqu'il reçut enfin le bienheureux parchemin. Il fut bien accueilli à Pétersbourg; la subvention de mille ducats que recevait le Monténégro fut élevée à neuf mille. Cette somme ne fut pas perdue. De retour dans son pays, le vladika fit tracer des routes, construire des magasins pour les années de famine, une poudrière et, pour se loger lui-même ainsi que le sénat, une maison un peu plus vaste que les autres, qui fut appelée par le peuple le Bigliardo (le Billard). On y avait en effet établi un billard, et ce meuble nouveau, absolument inconnu jusqu'alors, avait vivement frappé l'imagination des rudes Monténégrins.

La situation de la petite principauté entre l'Autriche et la Turquie était fort délicate. Pierre II réussit à traiter, avec la cour de Vienne, des questions de rectification de frontière sans l'intervention de son prétendu suzerain, le sultan. C'était une façon indirecte de faire reconnaître l'indépendance de la Montagne Noire. L'évêque régla également des questions de frontière avec les pachas voisins, sans que la Sublime Porte crût devoir intervenir. Il y avait si loin en ce temps-là de Constantinople à Tsettinie !

Le saint synode russe avait accordé à Pierre II le titre de métropolitain du Monténégro et son prestige s'en était trouvé accru. Mais il n'avait à l'étranger aucune espèce de représentation. A diverses reprises il dut aller à Vienne pour des questions de frontière, et c'est durant un de ses voyages, en 1843, qu'il fit imprimer dans la capitale la première édition du poème que nous étudierons tout à l'heure.

Survint l'année tragique de 1848. Elle eut son contre-coup sur les destinées du Monténégro. D'un côté, les Vénitiens, qui avaient proclamé leur indépendance, avaient annoncé l'intention de reconquérir la Dalmatie et les Bouches de Cattaro; d'autre part, les Croates, sous le commandement de Jellacich, se soulevaient contre les Magyars. Le 20 mai 1848 le vladika fit imprimer une proclamation par laquelle il invitait les Bocchesi[1] et les Ragusains à se ranger sous les drapeaux de Jellacich. Cette intervention dans les affaires d'un pays étranger était en somme tout à fait contraire aux usages et aux droits des gens. Mais le Monténégro, n'existant que de fait, avait peut-être le droit d'ignorer les traditions diplomatiques. L'époque, d'ailleurs, était de celles auxquelles on peut appliquer le mot du poète, *fas versum atque nefas*. Le vladika déclarait à ses voisins que, s'ils ne résistaient pas aux Italiens et se laissaient de nouveau dominer par eux, ils trouveraient chez les Monténégrins une hostilité irréconciliable. Si au contraire ils restaient fidèles à la cause slave, représentée par Jellacich, les Monténégrins leur viendraient en aide. Et il offrait dès maintenant son concours à Jellacich. La lettre qu'il lui écrivait le 20 novembre 1848 mérite d'être traduite en entier. C'est un document fort intéressant pour l'histoire des idées de solidarité slave ou, comme auraient dit nos pères, du panslavisme :

Glorieux Ban,

Nous nous réjouissons de chacun de tes succès comme de notre propre succès; car c'est le triomphe de notre nation et aussi le mien, à moi qui suis ton frère. Glorieux Ban! Ta mission est difficile, mais grandiose et admirable. Un destin mystérieux t'a mis à la tête des Slaves méridionaux. La fortune t'a couronné d'admirables vertus. Mais tout se dresse contre toi.

Tu as sauvé le trône, la dynastie et tous ses partisans; tu leur as rendu un service que personne ne leur avait jamais rendu, et

1. Habitants des Bouches de Cattaro.

pour te remercier, au bout de quelques jours on a imposé à la Dalmatie l'ancien joug de fer.

Et la Dalmatie fait partie de ton banat[1]. Il est vrai qu'elle ne tient pas à ses frères; mais est-ce sa faute, la pauvre, si elle ne voit pas plus loin que le bout de son nez? Mais maintenant, bon gré, mal gré, il lui faudra compter avec l'Italianisme. Tous les patriotes ont les yeux fixés sur toi, et tendent les mains vers toi, comme vers un Messie envoyé du ciel. Ta mission est grande. Elle va donner une nouvelle face à l'Europe. Elle efface une tache honteuse du visage des glorieux Slaves, qui jusqu'à ce jour n'étaient rien que des serfs lamentables, esclaves des autres nations.

Cher Ban! La terre gémit déjà de cette hideuse injustice; les âmes des Slaves qui ont des pensées généreuses sont affligées d'un tourment éternel. Elles ont honte devant le monde et les hommes à cause de cet état inférieur auquel nous sommes réduits vis-à-vis de nos frères européens. Nous sommes habitués à servir. Nous ne connaissons pas nos forces. Nous nous jetons de nous-mêmes dans les chaînes d'autrui.

A la vérité moi et mon petit peuple nous sommes libres en dépit de la tyrannie et de l'espionnage; mais qu'est-ce que cette liberté quand je vois autour de moi des millions de mes frères qui gémissent dans les chaînes de l'esclavage?

Puisse la Dalmatie tomber dans tes mains pour que nous devenions voisins!

J'aurais voulu pouvoir t'envoyer comme auxiliaires quelques Monténégrins.

Nous serons toujours prêts à accourir à ta voix. Rien au monde ne m'a jusqu'ici plus intéressé que ton entreprise et tu m'obligerais infiniment si tu m'honorais plus souvent de tes inappréciables lettres!

Jellacich dut refuser le concours que lui offrait le vladika. On sait comment les espérances des Croates furent déçues après la répression de l'insurrection hongroise et le rétablissement de l'ordre dans la monarchie.

1. La Dalmatie en principe fait partie du royaume triunitaire (Croatie, Slavonie, Dalmatie), mais le gouvernement autrichien ne l'y a point rattachée après l'avoir reprise sur les Français. Elle fait encore aujourd'hui partie de la Cisleithanie et envoie ses députés à Vienne.

Le vladika rêvait l'émancipation des Croates, l'union du Monténégro avec la Serbie, l'affranchissement de la Bosnie et de l'Herzégovine. Aucun de ces rêves ne s'est encore réalisé.

Ses dernières années furent tristes. Une maladie de poitrine l'obligea à chercher à deux reprises différentes quelque repos sous le ciel de l'Italie, plus clément que celui du Monténégro. Il mourut le 19 octobre 1851. Au sommet du mont Lovtchen, d'où l'œil embrasse tout le Monténégro, il avait fait élever une chapelle. C'est là que repose celui qui fut pour cette petite nation un chef vigilant et un poète national.

II

Dans son enfance, Pierre II n'avait reçu de ses maîtres, y compris Miloutinovitch, qu'une éducation fort élémentaire. Le maître lui avait surtout donné des leçons de choses, inspiré l'amour de la race slave et de la poésie. La langue littéraire qu'il lui avait enseignée n'était pas précisément le serbe pur. Elle constituait un mélange hybride de serbe, de slavon et de russe.

Le vladika eut l'occasion d'achever son éducation pendant ses différents séjours à l'étranger, notamment en Russie. Il étudia le français et l'italien. Il se plaisait surtout à la lecture de Lamartine, de Dante, de Pétrarque et de Byron, qu'il lisait dans une traduction ; il connaissait les chants populaires dont la langue est si belle, le souffle épique si élevé, et il s'en est inspiré à diverses reprises.

En dehors des œuvres de son maître Miloutinovitch, il avait lu les œuvres des poètes qui représentaient alors la nouvelle école encore hésitante entre la pratique de l'idiome populaire et celle du jargon artificiel auquel nous avons fait allusion. Il avait médité la *Serbianka* de Simov, une sorte de Henriade serbe qui racontait les luttes nationales sous Karageorges, et une autre œuvre du même rimeur, intitulée *La Gloire du Monténégro*.

Il avait appris à écrire des odes d'un style pseudo-classique sur le modèle de celles de Mouchitski, lequel fabriquait des épithètes truculentes à la façon de notre Ronsard. Il n'ignorait pas les publications de Vouk Karadjitch. Toutefois les relations littéraires, même entre voisins slaves, étaient encore très difficiles, et il était difficile de suivre à Tsettinie le mouvement illyrien dont Zagreb (Agram) était alors le théâtre.

Il s'est inspiré bien rarement des modèles étrangers, sauf des poètes russes qu'il connaissait. On retrouve parfois dans ses œuvres des réminiscences de Lamartine, de Dante et de Milton.

Les circonstances politiques l'avaient obligé à embrasser la carrière ecclésiastique. Mais il était aussi peu évêque que possible, et, sous la soutane noire, il gardait une âme essentiellement guerrière et laïque. Il procédait, sans s'en douter, de nos prélats philosophes du XVIIIe siècle, des Bernis et des Talleyrand. Il mettait la communauté de race bien au-dessus de la communauté religieuse. « Il ne faut pas demander, dit-il dans un de ses poèmes, comment un homme fait le signe de la croix[1], mais quel sang coule dans ses veines et quel lait l'a nourri. »

Son œuvre littéraire est assez considérable. Dès la vingtième année il avait débuté dans les lettres par deux recueils de poésie : *L'Ermite de Tsettinie* et *Le Remède de la cruauté turque,* publiés à Tsettinie, en 1834. Le second de ces poèmes célèbre un épisode des luttes incessantes entre Turcs et Monténégrins. En 1838, le poète, qui devait chanter plus tard le ban Jellacich, eut la singulière idée de célébrer, par une ode, l'avènement de son puissant voisin, l'empereur d'Autriche Ferdinand, dont il voulait évidemment se concilier les bonnes grâces. A diverses reprises il fit paraître, dans les revues serbes, des poésies philosophiques, qui n'ont qu'un médiocre intérêt, et des chants patriotiques, qui sont en général mieux réussis.

1. Les orthodoxes font le signe de la croix autrement que les catholiques.

Je n'ai pas sous les yeux un grand poème intitulé *Slobodiada* (La Libertiade), où l'auteur chante les guerres des Monténégrins contre les Turcs. Je sais seulement que c'est une œuvre écrite en style pseudo-classique où abondent des détails mythologiques peu intelligibles aux compatriotes de l'auteur. Il avait offert la dédicace du poème à l'empereur Nicolas, qui ne voulut point accepter avant d'avoir fait examiner le manuscrit, que l'auteur dut envoyer à Pétersbourg. Il y resta longtemps, si longtemps qu'il ne put être édité qu'après la mort de l'auteur. Il parut à Belgrade en 1856. Il est peu probable qu'il soit réimprimé. Il représente un genre absolument démodé.

Je n'insisterai pas davantage sur un poème d'allure philosophique, *Le Rayon du Microcosme,* ni sur un drame historique, *Étienne le Petit,* qui met en scène un épisode de l'histoire du Monténégro. J'ai hâte d'arriver à l'œuvre principale, qui, depuis 1847, n'a pas été réimprimée moins de seize fois.

III

Le titre au premier abord est assez singulier : *Gorski Vienats,* cela veut dire exactement *La Couronne de la Montagne.* Quelle montagne ? Évidemment celle qu'habitent les héros chantés par le poète, c'est-à-dire le Monténégro. Il s'agit de célébrer un exploit qui les a illustrés. *Gorski Vienats* peut donc être traduit par ce titre beaucoup plus clair : La Gloire du Monténégro.

Sous ce titre, le poète a réuni un certain nombre d'épisodes ou de récits épiques qui mettent en scène la destruction des Turcs ou plutôt des Monténégrins turcisés (poturice), autrement dit renégats, au début du XVIIIe siècle, sous le règne du premier vladika Daniel. Beaucoup de Monténégrins depuis la conquête ottomane s'étaient convertis à l'islam pour s'assurer la faveur des dominateurs étrangers et l'on sait qu'il y a encore aujourd'hui en Bosnie environ cinq cent mille Serbes musulmans. Le vladika Daniel entreprit de détruire ou d'expulser ces renégats, et il y réussit.

Pierre Petrovitch Niegoch considérait cet épisode comme le prologue de la délivrance de la race slave asservie par les Turcs, délivrance poursuivie depuis par Karageorges et Miloch. Il avait d'abord intitulé son poème *La première étincelle,* et ce titre était peut-être préférable à celui qui a prévalu.

Dans ce poème qui compte près de trois mille vers, l'auteur ne se contente pas de mettre en scène l'épisode historique auquel nous venons de faire allusion. Il chante aussi la vie monténégrine. Un grand nombre de morceaux pourraient être détachés de l'œuvre, sans que cette suppression en compromît l'harmonie ou l'unité. Mais ce sont parfois ces hors-d'œuvre qui constituent les principales beautés du poème.

Il se divise en trois épisodes principaux : la réunion des chrétiens sur le mont Lovtchen, où ils décident de convertir ou d'exterminer les renégats ; la rencontre avec les renégats, qui refusent de revenir à la foi chrétienne, et enfin leur destruction. Ces trois épisodes sont entremêlés de hors-d'œuvre épiques ou lyriques qui n'ont aucun rapport avec l'action. Ainsi le poète se complaît à mettre en scène des jeux ou des rites populaires. On sent très bien qu'après avoir écrit certains morceaux pour son plaisir, il les a enchâssés dans le poème au petit bonheur. Le drame manque absolument de proportions et d'unité. L'intérêt s'éparpille sur une foule de personnages et il n'est aucun d'eux qui soit vraiment le héros du poème. Ce héros, c'est le peuple monténégrin.

Comme ces peintres qui aiment à faire figurer leur portrait dans des tableaux historiques, le vladika s'est mis en scène dans la personne de l'évêque Danilo et de l'hégoumène Stéfane, qui sont les raisonneurs du drame et qui abusent parfois des tirades philosophiques.

Le poème ne nous présente que des types de prêtres ou de guerriers ; parmi les trente personnages, deux femmes apparaissent seulement : une sœur qui vient pleurer son frère mort en combattant et une sorcière d'origine étrangère. Aucun épisode d'amour ne se mêle à ces tableaux austères.

Le rideau se lève sur une scène assez grandiose et qui ferait un début d'opéra. Par une belle nuit d'été, au sommet du mont Lovtchen, les guerriers monténégrins se sont réunis pour délibérer sur les intérêts de la nation, puis ils se sont endormis. Tandis qu'ils sont encore plongés dans le sommeil, le vladika Daniel veille, et, n'ayant aucun interlocuteur à qui confier ses idées, il nous les révèle dans un monologue. Il évoque le souvenir des premières conquêtes musulmanes et même le nom de Charles Martel. C'est faire preuve de beaucoup d'érudition. Mais peut-être *non erat hic locus*. Le poète manque souvent de goût et de mesure et montre parfois un fâcheux pédantisme.

Donc le vladika se raconte à lui-même comment les pays serbes sont tombés aux mains des Osmanlis et déplore les misères de sa race. Il se sent comme un fétu de paille emporté par la tempête. Le ciel est fermé et n'entend plus ses prières. Le Monténégro résiste encore à l'invasion, mais la foi musulmane y gagne du terrain et le nombre des renégats se multiplie.

Peu à peu les guerriers s'éveillent : l'un d'entre eux essaye de relever le courage du vladika. N'a-t-il pas autour de lui cinq cents braves compagnons ? Avant que les Turcs aient réussi à les dompter, beaucoup de sang aura coulé. Ces héros, le poète se plaît à nous les présenter. Ils aiment à faire parler la poudre et à écouter dans la montagne l'écho de leurs détonations.

La scène change, et nous voici à Tsettinie au milieu d'une assemblée qui s'est réunie pour régler des différends entre certains chefs de tribus. Le poète, qui a lu les tragiques grecs, probablement dans quelque traduction russe, a introduit sur la scène le chœur antique, mais il n'a pas osé lui donner ce nom ; il l'appelle le kolo. Le kolo, c'est une danse grave, une sorte de ronde (kolo veut dire cercle) dansée très lentement et accompagnée de chants. Les danseurs de kolo évoquent les épreuves et les misères de la nation serbe, la journée de Kosovo où succomba son indépendance. Malheureusement le poète ne se dissimule pas assez derrière ses interprètes. A côté des souvenirs nationaux il mentionne les noms de Léonidas et de Sparte, dont les Monténégrins illettrés n'avaient certainement jamais entendu parler. Ce pédantisme malencontreux vient fort mal à propos gâter des strophes qu'anime un souffle patriotique :

Partout le nom des Serbes a péri ; les lions sont devenus des laboureurs, les faibles et les avares se sont faits Turcs.

Tout ce qui a échappé au sabre turc, ce qui ne blasphème pas la vraie foi, ce qui ne veut pas porter de chaînes s'est réfugié dans ces montagnes pour y périr ou verser son sang, pour y garder la gloire des héros, un nom fameux et la sainte liberté. Tous ces héros brillants comme les étoiles qu'ont engendrés jusqu'ici les montagnes, tous sont tombés dans les combats sanglants, tombés pour l'honneur, la gloire et la liberté, et ce sont les merveilleuses guzlas qui ont essuyé nos larmes.

Pourquoi, continue le chœur, dont je résume les lamentations, pourquoi la lutte n'a-t-elle pas continué ? C'est qu'une partie des Serbes sont devenus des Musulmans. Les loups et les brebis vivent maintenant ensemble. Le Turc est l'ami du Monténégrin ; la foi chrétienne est menacée de disparaître.

Les voiévodes se reprochent mutuellement leur indolence et décident qu'il est temps d'agir pour débarrasser la patrie des renégats. Leur ardeur est encore surexcitée par le récit des violences récemment exercées sur une de leurs compatriotes par un ravisseur musulman. Le vladika leur prêche la guerre sainte dans un style qui, nous devons l'avouer, manque parfois de naturel :

L'obscurité plane sur la mer ; le Croissant m'a caché le soleil... Jeune froment, épanouis tes épis. La moisson est venue pour toi avant le temps. Je vois des monceaux de victimes tomber sur l'autel de l'Église et de la race. J'entends des hurlements qui renversent les montagnes. Le moment est venu de servir l'honneur et le nom serbe. La lutte doit être sans trêve. Que cela arrive qui ne peut pas ne pas arriver. Que l'enfer dévore! Que Satan moissonne; sur les tombeaux naîtront des fleurs pour de prochaines générations. Qu'il frappe pour la croix, pour l'honneur des héros, quiconque est ceint d'un sabre étincelant, quiconque se sent un cœur dans la poitrine... Les blasphémateurs du nom du Christ, baptisons-les par l'eau ou par le sang. Extirpons la lèpre de notre troupeau. Faisons retentir un chant de terreur! Dressons sur une pierre sanglante l'autel de la vérité.

Voilà, il faut l'avouer un langage qui, pour un évêque, n'est pas très évangélique. Mais au début du XVIIIe siècle le Monténégro est encore dans le moyen âge et son évêque prêche la croisade contre les infidèles.

Avant d'entreprendre ce que l'on pourrait appeler les vêpres monténégrines, les guerriers décident de mander auprès d'eux les frères renégats pour les engager à renoncer volontairement à l'islam. Ils viennent en effet; mais la discussion traîne en longueur. On n'arrive point à s'entendre, et le serdar Ivan Petrovitch résume la situation par une formule brutale : « L'écurie est trop étroite pour les deux chevaux. »

Justement arrive un messager avec une lettre du vizir qui invite le vladika et ses sujets à faire acte de soumission envers le sultan. Le vladika lui remet une lettre accompagnée d'une balle de fusil. Décidément, il est bien peu probable que la réconciliation s'opère entre les chrétiens et les musulmans.

La nuit est venue; les guerriers s'endorment. Quelques-uns d'entre eux parlent en songe. A leur réveil, ils se racontent leurs rêves; l'action n'avance guère; elle importe peu au poète, qui n'a songé qu'à écrire une suite de tableaux plus ou moins pittoresques. Ainsi, un Monténégrin, retour de Venise, donne à ses compatriotes toute espèce de détails sur la vie de la République. Il leur explique même ce que c'est que le fameux Carnaval. Ses auditeurs font rôtir un mouton et le dépècent, tandis que l'un d'eux chante le récit d'un combat où beaucoup de Turcs ont péri.

Puis le poète nous fait assister, — de loin, il est vrai, — à une noce où les renégats fraternisent avec les chrétiens. Il exhale sa haine contre les Turcs :

Qu'est-ce que ce peut être qu'un mariage chez les Turcs, demande l'un des Monténégrins ? Ces gens-là vivent comme des brutes.

— Ils n'ont aucune espèce de mariage, répond le serdar Janko ; mais ils font un accord comme lorsqu'on vend une vache pour en partager le bénéfice ; ils ne considèrent pas les femmes comme les membres de la famille, mais comme des esclaves achetées.

La loi, dit un autre, est pour le Turc ce qu'il désire. Ce qu'il ne désire pas, il ne l'écrit pas dans le Koran.

Les *svats,* ou garçons d'honneur, chantent tour à tour des couplets où ils exaltent leurs héros nationaux. Le svat chrétien évoque le souvenir de ce Marko Kralievitch dont j'ai raconté autrefois la légende. « Bien que tu sois un courtisan des Turcs, tu es cependant notre honneur. » Puis il célèbre Miloch Obilitch qui, sur le champ de bataille de Kosovo, poignarda le sultan victorieux, et il conclut : « Le Serbe et le Turc ne seront jamais d'accord. La mer aurait plutôt fait de se dessaler. »

A cet épisode de noces qui présage des intentions peu pacifiques succède une scène élégiaque. Des pleureuses apparaissent sur la scène ; elles reviennent des funérailles du guerrier Bratitch, tué par les Turcs. A leur tête est la sœur du défunt ; elle exhale sa douleur dans un vocero farouche, saisit un sabre et se tue. Les habitants chantent l'éloge du défunt. C'était un héros incomparable. Il avait coupé à lui seul dix-huit têtes de Turcs !

Voici maintenant une réunion de chefs et de guerriers. Ils viennent de recevoir une lettre écrite par un pope d'une tribu voisine ; aucun d'eux ne sait lire. Ils donnent la missive à déchiffrer à un pope qui n'en sait pas plus qu'eux. Pour exercer son ministère, il n'a besoin que de connaître par cœur les textes liturgiques. Les guerriers se décident alors à consulter une sorcière ; mais ils découvrent qu'elle a été envoyée par les Turcs pour troubler leur esprit et la misérable échappe à grand'peine à leur vengeance.

Au-dessus d'un feu de bivouac la lune se lève sanglante et l'on entend les sourds grondements d'un tremblement de terre. Survient un vieil hégoumène aveugle qui débite son chapelet. Les guerriers l'interrogent sur ces signes mystérieux. L'octogénaire leur répond par des considérations philosophiques qui n'ont rien de commun avec le drame. Mais le vladika, qui a lu, au moins en russe, des tragédies à la Voltaire, ne néglige aucune occasion de placer des lieux communs parfaitement inutiles.

A ces tirades déclamatoires l'hégoumène fait heureusement succéder des conseils patriotiques qui sont mieux dans la note du poème :

Vous aurez des luttes terribles à subir. Toute une tribu a renié sa race et sert l'immonde Mahomet. Que sont devenues la Bosnie et la moitié de l'Albanie ? Que sont devenus vos frères ? Ah ! si vous agissiez tous ensemble, que ne feriez-vous pas ! Vous êtes destinés à porter la croix, à subir des luttes terribles avec les vôtres et avec l'étranger. Lourde est la couronne ; mais les fruits seront doux. Il n'est point de résurrection sans trépas. Je vous vois déjà sous un glorieux linceul. Mais l'honneur et la nation sont ressuscités et sur l'autel fume un pur encens. Mourez glorieusement, puisqu'il vous faut mourir.

Les guerriers s'endorment sur cette fin de sermon et le vieil hégoumène continue à débiter son chapelet auprès du feu nocturne. Aux premières lueurs de l'aurore, les Monténégrins se lèvent et se rendent à l'église pour prêter serment de délivrer leur pays des renégats. Le serdar Voukotitch prononce la formule de consécration ou plutôt d'exécration contre les traîtres :

Garde à vous, Monténégrins ! Celui qui commencera sera le meilleur d'entre nous ! et celui qui trahira, que toute chose chez lui soit pétrifiée ! Que le Seigneur Dieu par sa force pétrifie la semence dans son champ, qu'il pétrifie les enfants de sa femme, qu'elle n'engendre que des lépreux ! Que sa trace disparaisse d'ici-bas ! Qu'aucun fusil ne soit suspendu dans sa maison ! Qu'il n'abatte aucune tête d'ennemi. Que sa maison soit privée d'honneur !

Celui qui aura trahi ses frères, qu'il n'offre ni le pain ni le vin à l'église ! Que sa bûche de Noël soit ensanglantée ! Que son jour de fête soit marqué par le sang !

Celui qui aura trahi les héros, que la rouille tombe sur sa maison et qu'à ses funérailles les pleureuses mentent en chantant ses louanges !

La scène change. C'est la nuit de Noël : le vladika Danilo et l'hégoumène Stéphane, entourés de jeunes gens, sont assis auprès du foyer où brûle la bûche traditionnelle. Ils établissent le bûcher suivant les rites des ancêtres, l'arrosent de vin. L'hégoumène se fait apporter une gouzla et chante. Il a célébré cette grande fête de la chrétienté à Bethléem, au mont Athos, à Kiev, mais jamais il ne l'a célébrée avec tant de joie qu'aujourd'hui.

Et il se met à philosopher sur ce thème banal, que la paix n'est pas de ce monde, et sur cet autre qui ne l'est pas moins : « Homo homini lupus. » Ici encore, l'auteur jette dans le moule épique des pesmas [1], des idées qui conviendraient mieux aux alexandrins de notre tragédie pseudo-classique. Le vladika Danilo conclut avec résignation :

« Le feu est bon et le vin encore meilleur : tu t'es, mon fils, quelque peu échauffé, et tu passes le monde au crible. »

L'hégoumène abandonne ses thèmes philosophiques pour revenir à la réalité, c'est-à-dire au péril qui menace les Monténégrins du côté des Turcs ; puis les interlocuteurs se rendent à l'église pour fêter la Noël.

Au moment où ils sortent, une fusillade terrible éclate dans la montagne. Des guerriers arrivent ensanglantés ; ils racontent qu'ils viennent de massacrer tous les Turcs qui se sont refusés à faire le signe de la croix. Ils ont brûlé les

1. Chants épiques serbes.

maisons des renégats et détruit les mosquées. Le prélat les bénit et les remercie.

Sur le portail de l'église apparaît le moine aveugle Étienne. Il tient en main le calice ; il invite les vengeurs de la croix à communier, même sans s'être confessés. L'exploit qu'ils viennent d'accomplir leur assure de droit l'absolution.

Après la communion les vengeurs de la croix préparent un festin rustique et, une fois rassasiés, ils se remettent à danser le kolo. Mais cette danse grave — nous l'avons fait remarquer tout à l'heure — n'est qu'une évocation du chœur antique. Tout en rythmant les pas cadencés, ils célèbrent le triomphe de la foi et la défaite des ennemis :

« O vous qui, les premiers, avez frappé sur les Turcs, qui saura vous tresser des couronnes ? Le monument de votre gloire, c'est la liberté du Monténégro. »

L'hégoumène Stéphane reparaît et célèbre un service funèbre pour les héros qui ont succombé dans la lutte. Leurs âmes doivent se réjouir. C'est la première fois qu'on voit une pareille journée depuis Kosovo. Et l'hégoumène évoque les noms de tous ceux qui sont morts pour la foi et pour la patrie.

Si l'auteur du poème avait été un littérateur expérimenté, c'est sur cet épisode qu'il aurait dû terminer son œuvre. Mais il ne sait pas se borner et il a éprouvé le besoin d'en ajouter un dernier qui ne contribue en rien à l'intérêt du poème.

Le jour de la Nativité nous retrouvons ensemble le vladika Danilo et l'hégoumène Stéphane. Un messager vient leur raconter ce qui s'est passé à Rieka, sur les bords du lac Scutari. Là aussi les Turcs ont été massacrés. Mais la victoire a coûté de grands sacrifices. Un guerrier, Mandouchitch, expose les détails de cette lutte et dans quelles circonstances son fusil, le vieux compagnon de sa vie aventureuse, a été brisé par une balle ennemie. Il pleure la perte de son arme, il la pleure comme un fils unique, comme un frère, et il vient demander au vladika s'il peut lui indiquer un artisan capable de la remettre en état. Le vladika le console de son mieux et lui fait cadeau d'un nouveau fusil.

Cette arme nouvelle que le vladika donne au guerrier pour remplacer l'arme perdue, c'était peut-être dans la pensée de l'auteur le symbole de la lutte que la terre serbe doit avoir à soutenir dans l'avenir. Cette lutte n'est pas encore terminée aujourd'hui et la race serbe n'a pas encore réalisé l'idéal que rêvait pour elle l'évêque guerrier du Monténégro.

LA GUZLA DE MÉRIMÉE

Un littérateur croate, M. Tomo Matić, a publié dernièrement dans une revue technique *l'Archiv für Slavische Philologie* deux articles sous ce titre difficile à traduire en français : *Prosper Mérimées Mystifikation Kroatischen Volkslieder,* une mystification de Mérimée à propos de chants populaires croates. On devine à première vue qu'il s'agit du volume intitulé *La Guzla ou choix de poésies illyriques recueillies dans la Dalmatie, la Bosnie, la Croatie et l'Herzégovine,* qui parut à Paris en 1827. M. Matić, qui vit tour à tour à Vienne ou à Agram, au milieu de tous les documents concernant les Slaves méridionaux, est plus qualifié que nous ne le sommes à Paris pour rechercher les origines de cette mystification depuis longtemps démasquée par l'auteur lui-même et pour relever ce qu'il peut y avoir d'exact ou de faux dans les textes inventés par Mérimée. En signalant ce que M. Matić apporte de nouveau à l'étude d'un problème qui a déjà préoccupé les historiens de Mérimée, je voudrais ajouter à ses recherches quelques faits qui lui ont échappé et présenter quelques observations nouvelles au sujet de ce célèbre recueil.

L'ouvrage qui appela pour la première fois l'attention du public français sur les Slaves méridionaux paraît avoir été celui de l'abbé Fortis[1], *Viaggio in Dalmazia* publié à

1. Giovana Battista Fortis (1741-1801) entra dans l'ordre des Augustins et s'occupa surtout d'histoire naturelle. Il avait appris le serbo-croate pour voyager en Dalmatie. Son voyage eut un grand succès. Il fut traduit en allemand, en français et en anglais. Fortis fut bibliothécaire à Bologne et secrétaire de l'Istituto nazionale italiano à Milan.

Venise, en 1774, et dont une traduction française en deux volumes parut à Berne, en 1778. L'abbé Fortis voyageait surtout en naturaliste et en géologue ; mais il ne négligeait pas les détails de mœurs. Suivant une mode très répandue au dix-huitième siècle, son livre est rédigé sous la forme d'un recueil de lettres adressée à divers personnages plus ou moins illustres. La première, adressée à Monseigneur Jacques Morosini à Venise, est un recueil d'observations relatives à la géologie et à la faune de la Dalmatie.

La seconde, adressée à mylord comte de Bute, traite des mœurs des Morlaques. Ce qu'on appelait dans ce temps-là les Morlaques, ce sont les indigènes slaves de la Dalmatie, ceux que nous appelons aujourd'hui avec plus de justesse, les Serbo-Croates, et qui constituent le fond même de la population.

Dans cette lettre, l'auteur traite successivement — non sans commettre parfois quelque erreur fort excusable — de l'origine des Morlaques, de l'étymologie de leur nom [1], des différences qui existent entre les Morlaques et les habitants de la mer et des îles, des haïduks, des vertus morales et domestiques des Morlaques, des talents et des arts des Morlaques, de leurs superstitions, de leurs manières, de l'habillement des femmes (des gravures qui nous semblent aujourd'hui un peu grotesques accompagnent ce paragraphe), du mariage chez les Morlaques, de leurs aliments, des meubles, des cabanes, de l'habillement, des armes, enfin de la poésie, de la musique, des danses et des jeux, de la médecine et des funérailles. L'auteur donne en appendice à ce chapitre, qui se lit encore aujourd'hui avec intérêt, le texte et la traduction d'une chanson illyrienne, la chanson sur la mort de l'illustre épouse d'Asan-Aga, chanson que Mérimée a reproduite dans son volume, dont elle est le seul morceau authentique. Dans une note assez perfide, il fait allusion à la version de l'abbé Fortis et il ajoute : « Venant après lui,

1. Morlaque représente primitivement une forme mavrovlah, c'est-à-dire *Valaque* (chrétien du rite grec) *noir* ; noir, est une épithète de mépris qui traduit le turc *Kara*.

je n'ai pas la prétention d'avoir fait aussi beau ; mais seulement j'ai fait autrement. Ma traduction est littérale ; c'est là son seul mérite. »

Tout le reste de l'ouvrage italien est consacré à des études de topographie et de géologie, parmi lesquelles on rencontre parfois quelques traits de mœurs, quelques détails ethnographiques.

Dix ans après la traduction française du livre de Fortis, parut un récit intitulé : *Les Morlaques,* par Mme de Wynne, comtesse des Ursins et Rosenberg. L'ouvrage est dédié à Catherine II. L'auteur s'inspire du voyage de Fortis en Dalmatie, et des idées de Rousseau. Elle nous fait de la Morlaquie une sorte d'Arcadie idéale où les enfants sont élevés dans le système de l'Émile. Ses Morlaques toutefois, en tant que Slaves, ne sont pas de simples abstractions. Ils attendent de Catherine II la délivrance de leurs congénères opprimés par les Turcs[1].

Dans son récit, l'auteur intercale de prétendus chants populaires, aussi fantaisistes que le seront plus tard ceux de Mérimée : *Chanson de Pecirep, Histoire d'Anka, Epithalame de Radomir aux noces de Jervaz,* etc... Le ton de ces chansons est juste aussi exact que la couleur locale du roman, c'est-à-dire qu'il n'a rien de commun avec la réalité.

Au début du dix-neuvième siècle, les conquêtes de Napoléon mettent directement les Français en rapport avec les pays illyriens sur lesquel ils n'ont jusqu'alors que d'assez vagues notions. Les armées napoléoniennes s'emparent de la Dalmatie, Raguse comprise, de la Carinthie, de la Carniole, de l'Istrie, d'une partie de la Croatie. Un décret du 15 avril 1811 constitua avec ces divers pays une province d'Illyrie[1], dont Lublania (Laybach) fut la capitale. Dans cette capitale, paraît pendant quelque temps un journal français-slave *le Télégraphe illyrien,* dont Charles Nodier, alors fort jeune encore, fut le collaborateur « chargé de la rédaction du texte français ». Nodier était un esprit curieux, doublé

1. M. Matic a oublié de nous dire où ont paru les *Morlaques*.

d'un philologue amateur. Il eut l'idée d'étudier, évidemment avec l'aide de quelques indigènes, la littérature du peuple au milieu duquel il était appelé à vivre, et il publia dans *le Télégraphe,* à dater du 11 avril au 20 juin 1813, quatre articles sous ce titre *Poésies illyriennes.*

J'ai eu autrefois *le Télégraphe* sous les yeux à Laybach, j'y ai vu les articles de Nodier, mais nous n'en avons, que je sache, aucun exemplaire à Paris et je ne puis citer ici que les extraits que donne M. Matić.

Nodier, dans le premier de ses articles, se plaint que l'étude de la poésie illyrienne soit trop négligée : « Pourquoi, dit-il, un homme instruit, spirituel et sensible ne s'occuperait-il pas de recueillir ces vieux monuments de la poésie illyrique et de les faire imprimer en corps ? Ce serait peut-être le moyen de faire renaître l'amour de cette belle langue nationale, qui a aussi ses classiques et ses chefs-d'œuvre. »

Nodier songe peut-être aux vieux monuments de la littérature ragusaine dont il a entendu parler ; il songe aussi aux poèmes populaires, dont il a pu lire un spécimen dans le *Voyage en Dalmatie* [1]. Au moment même où il émettait ce vœu, le serbe Vouk Karadjitch préparait son recueil de Chants populaires serbes qui parut à Vienne pour la première fois en 1814 et qui, considérablement augmenté dans les éditiens ultérieures, constitue encore aujourd'hui le plus beau monument de la poésie populaire dans les pays slaves. Dans le deuxième et le troisième article, Nodier s'occupe de la Chanson de la noble femme d'Asan-Aga qu'il connaissait d'après le texte de Fortis.

Enfin, dans le quatrième et dernier article, il traduit un petit poème du poète ragusain Ignace Giorgic (1675-1737) ; la traduction, bien entendu, n'est pas faite d'après l'original. Il s'inspire d'une traduction ou plutôt d'une paraphrase

1. Nodier ne se doute pas que la langue des Slaves au milieu desquels il vit est fort différente de la langue serbo-croate, qui est à proprement parler l'idiome illyrien.

italienne publiée par un autre Ragusain le Père Appendini dans ses *Notizie istorico-critiche sull'antichità, storia e letteratura di Ragusa* (Raguse 1802-1803). Nodier a recueilli cette traduction plus tard dans ses œuvres (Paris, 1832, T. III, p. 163). Dans ce quatrième article, il annonçait l'intention de consacrer une étude détaillée au grand poème de Gondola (Gundulić) intitulé *L'Osmanide*. Les circonstances ne lui ont pas permis de réaliser ce projet.

Les Français durent évacuer Laybach et Nodier retourna dans sa patrie. Mais il n'avait pas oublié l'impression qu'avaient faite sur lui les types qu'il avait observés. En 1818, il publie un roman intitulé *Jean Sbogar*, une histoire de brigands dont la couleur locale est assez vague, mais dont l'action se passe tour à tour en Dalmatie, au Monténégro, en Istrie. A beau mentir qui vient de loin, dit le proverbe, qui cette fois encore, se trouva justifié.

Trois ans plus tard, en 1821, Nodier publiait une autre nouvelle assez singulière sous ce titre : *Smarra ou les démons de la nuit, Songes romantiques*, traduits de l'esclavon du comte Maxime Odin. Par esclavon il faut évidemment entendre ici l'illyrien, autrement dit le croato-serbe. Quant au nom de Maxime Odin que Nodier dit être le pseudonyme d'un noble ragusain, ce nom est fort mal inventé. Odin appartient à la mythologie germanique et jamais un Slave n'aurait l'idée de donner ce nom à son fils mais en le prenant, Nodier ne pensait pas, je crois, au dieu scandinave.

Dans la première édition de ce récit fantastique Nodier déclare que le manuscrit du comte Maxime Odin lui a été communiqué par un chevalier Feodorovich Albinoni et il nous apprend que Smarra et le nom du mauvais esprit auquel les anciens rapportaient le triste phénomène du cauchemar. Le même mot, dit-il, exprime encore la même idée dans la plupart des dialectes slaves. Mora est en effet un mot serbe qui désigne l'incube, le démon qui trouble les nuits, le cauchemar, et il a des analogies dans les diverses langues slaves.

A la suite de *Smarra*, Nodier donne en appendice trois poèmes slaves qu'il présente comme authentiques et dont deux le sont en effet (*La Femme d'Asan* est un chant populaire, et *La Luciole*, une œuvre de lettré). Le troisième poème intitulé *Le Bey Spalatin* est une mystification pure et simple.

Je ne voudrais pas prendre congé de Nodier sans signaler encore de lui un morceau fort peu connu qui mérite d'être rappelé ici. Appelé à collaborer au *Dictionnaire de la conversation*, dont la première édition parut entre les années 1832 et 1839, Nodier se ressouvint de son séjour en Illyrie ; on lui demanda ou il proposa d'écrire un article *Langue et Littérature illyrienne*, et cet article a été réimprimé sans changement au tome onzième de la deuxième édition de ce répertoire, qui parut à Paris en 1856. Cet article est bien curieux, comme spécimen d'ignorance naïve et de creuse phraséologie. Les trois quarts sont consacrés à des divagations plus ou moins exactes sur les chants des Guzlars, ou rhapsodes serbes. Nodier se permet d'émettre gravement un diagnostic à propos de cette langue illyrienne qu'il ignore et de cette littérature qu'il ne soupçonne pas, et sur laquelle il aurait pu trouver quelques indications dans l'*Histoire des littératures slaves*, de Schafarik, publiée à Prague en 1826. « — Je ne sais, dit-il gravement, si la langue slave aura jamais une littérature classique. Je l'en crois très digne sous tous les rapports. »

Le bon Nodier ignore absolument que cette période de littérature classique est close depuis longtemps. Elle embrasse le XVIe et le XVIIe siècles. Il déclare gravement que l'*Osmanide* de Gundulić n'existe que dans la bouche des rhapsodes et dans quelques manuscrits très rares ; que le nom de ce poète est ignoré dans tous le reste de l'Europe. Or, l'*Osmanide* n'est pas un de ces poèmes populaires que nous récitent les rhapsodes. Elle avait été publiée en 1803 et en 1827 (J'ai cette édition de 1827 dans ma bibliothèque). Elle avait été traduite en latin dès 1826.

En 1840, un écrivain polonais qui ne manquait pas de

talent, Christian Ostrowski, crut devoir dédier à Nodier un article sur Gundulić qui parut dans la *Revue du Nord*. Pour donner une idée de ce poème, il en traduisit deux chants, le huitième qui est authentique et le quatorzième qui a été fabriqué par le comte Sorgo ou Sorkocević au dix-neuvième siècle pour combler une lacune des manuscrits. Le sens critique manquait en ce temps-là à tous ceux qui s'occupaient chez nous des littératures slaves.

On délirait à qui mieux mieux. Quoi qu'il en soit, c'est probablement Nodier qui appela l'attention de Mérimée sur la poésie populaire des Slaves méridionaux et qui lui révéla l'existence de Fortis et des Guzlars.

Mérimée a raconté lui-même dans la préface de la seconde édition de *La Guzla* (1842), dans quelles circonstances l'idée de cette mystification lui était venue. Il avait conçu avec son ami Ampère le projet de faire un voyage dans l'Europe orientale; mais l'argent manquait : « L'idée nous vint d'écrire notre voyage, de le vendre avantageusement et d'employer nos bénéfices à voir si nous nous étions trompés dans nos descriptions ». Ampère, que je sache, ne prit pas la fantaisie au sérieux et n'écrivit rien. Mérimée, lui, se chargea de « recueillir » d'avance les chansons populaires de l'Illyrie. Pour se préparer, il lut le « *Voyage en Dalmatie* de l'abbé Fortis et une assez bonne statistique des anciennes provinces illyriennes rédigée — je crois, dit dédaigneusement le mystificateur qui a déjà oublié ses sources — par un chef de bureau au ministère des Affaires Étrangères ». Après de longues recherches M. Matić a été assez heureux pour mettre la main sur l'ouvrage auquel il est fait ici illusion. Il est intitulé : *Voyage en Bosnie dans les années 1807 et 1808, par Amédée Chaumette Desfossés, ancien Consul de France en Turquie, ancien chancelier du Consulat général de Bosnie* (Paris, 1822). Mérimée dans la lettre adressée au bibliophile russe Sobolevsky (18 janvier 1835) parle d'une petite brochure d'un consul français à Banialouka.

Ce consul est évidemment Chaumette Desfossés. On constate en effet que Mérimée lui a emprunté le sujet de la ballade intitulée : *la Mort de Thomas II, roi de Bosnie,* où il a reproduit presque littéralement dans les notes quelques pages du consul. Mérimée nous apprend que Nodier, qui, le premier, avait introduit en France la ballade de la femme d'Asan-Aga, accusait l'auteur de *La Guzla* de plagiat. Il nous apprend aussi que, pour interpréter littéralement cette ballade, il s'était adressé à une personne sachant le russe qui, naturellement, n'avait pu, sur certains points, lui donner que des indications fausses, comme ferait un Français qui voudrait interpréter l'espagnol ou l'italien sans avoir étudié ces langues.

C'est en 1827 que parut à Paris, le volume intitulé : *La Guzla, ou Choix de poésies illyriques recueillies dans la Dalmatie, la Bosnie, la Croatie et l'Herzégovine* (à Paris, chez Levrault, rue de la Harpe et rue des Juifs, 33, à Strasbourg). Le volume était imprimé chez Levrault à Strasbourg. J'ai la bonne fortune d'avoir dans ma bibliothèque la première édition qui fait partie des éditions dites romantiques et qui est aujourd'hui très recherchée des bibliophiles. Elle constitue tout ensemble une édition des romantiques et un précieux alsaticum. Elle est précédée d'une lithographie tirée à Strasbourg, chez Levrault, signée A. Br. et qui n'a pas reparu dans les éditions ultérieures. Cette lithographie représente le portrait d'un barde illyrien accroupi et en train de racler son instrument. Le type et les accessoires sont exacts. Il serait intéressant de savoir où Mérimée s'était procuré les documents nécessaires. La physionomie du Guzlar était, comme l'a démontré M. Tourneux, le portrait plus ou moins défiguré de Mérimée[1].

Mérimée consacre à ce personnage imaginaire une notice où il a entassé des détails romanesques qui ne concordent pas entre eux. Il raconte qu'à l'âge de dix-huit ans, Maglanovitch — c'est le nom de son héros — fut converti

1. Voir la cinquième livraison de l'*Age du Romantisme*. (Paris, Marmier et Cie, 1888).

à l'islamisme et il nous apprend un peu plus loin que vers l'âge de soixante ans, le Guzlar était un ivrogne fieffé. Si l'on voulait tirer quelque chose de lui, il fallait le faire boire ; car il ne se sentait inspiré que lorsqu'il était à peu près ivre. On sait combien l'ivrognerie est rare chez les Slaves méridionaux et à plus forte raison chez ceux qui sont musulmans.

Personne, ni en France, ni à l'étranger, ne s'est demandé ce que pouvait bien vouloir dire ce nom de Maglanovitch et je m'étonne que M. Matić ne se soit pas posé la question. *Magla* en serbo-croate veut dire le brouillard. Mérimée évidemment n'ignore pas la signification du mot. Le nom de son Guzlar veut donc dire : *Fils du brouillard.* En le donnant à son héros, l'auteur de la supercherie se moque agréablement de lui-même et du lecteur. D'ailleurs, vers 1830 la poésie ossianique était encore fort à la mode et les brouillards d'Ecosse charmaient encore les imaginations.

Notre public était alors absolument ignorant de la poésie des Slaves méridionaux. Mérimée lui-même en avait si peu l'idée qu'il composa tous ses chants en couplets de cinq à huit lignes de prose qui sont censés correspondre à des strophes de l'original. Or, la poésie populaire serbo-croate ne connaît pas les strophes. Le récit coule d'une façon continue en vers décasyllabiques analogues pour la structure aux vers des contes de Voltaire ou de La Fontaine, ou en vers octosyllabiques.

Si l'auteur de *la Guzla* ne connaissait guère la rythmique des *pesmas,* il n'avait guère plus d'idée des noms propres sud-slaves. Sauf quelques noms empruntés à Fortis, les noms propres de *La Guzla* sont fabriqués de toute pièce, (quelques-uns sur des types grecs Stamati, Kaïmis), ou sont des noms russes qui étaient déjà connus en France dans les premières années du dix-neuvième siècle : Alexis, Fedor, Prascovie[1] (celui-ci popularisé par le récit de Xavier

1. Prascovie est tout simplement la transcription du grec Paraskeue qui veut dire vendredi (le jour où l'on se prépare au Sabbat).

de Maistre, *La Jeune Sibérienne*), Wladimir, Nastasia, etc... Mérimée, comme nous le savons par sa correspondance, n'apprit le russe que vers 1848. Il avait sur le monde sud-slave des idées aussi vagues que le poète russe Pouchkine dont l'érudition était absolument incapable de contrôler l'authenticité de *La Guzla*. Il en traduisit naïvement quelques morceaux sous ce titre : *Chants des Slaves occidentaux*.

Le dernier biographe de Mérimée, M. Filon, dit à propos du succès de *La Guzla* en Russie et notamment auprès du poète Pouchkine : « Ce fait donne à réfléchir : lorsque le génie d'une grande race représentée par son poète le plus illustre, se reconnaît dans une manifestation littéraire, personne n'a plus le droit de mépriser cette manifestation, pas même celui qui en est l'auteur. » Une grande race se divise en un certain nombre de peuples fort éloignés les uns des autres, absolument différents de culture et de littérature. A certaines époques de l'histoire, ces peuples s'ignorent absolument. D'ailleurs dans le peuple ou même chez les lettrés, il n'est rien d'aussi facile à faire admirer qu'une mystification littéraire. Une dizaine d'années avant l'apparition de *La Guzla* le Tchèque Hanka avait publié un recueil de chants épiques et lyriques soi-disant datant du moyen-âge et dont il montrait le manuscrit, soi-disant original, qui est toujours conservé au Musée de Prague. Tchèques, Polonais, Russes, Serbes, tout le monde s'y est laissé prendre et moi aussi dans ma jeunesse. Il y a trente et quelques années une bande d'imposteurs bulgares sous les auspices d'un nommé Verkovitch, a lancé dans les pays balkaniques un prétendu *Veda Slave* qui a fait bien des dupes à Sofia, à Belgrade, à Prague, à Pétersbourg et même à Paris. Mon excellent prédécesseur au Collège de France, A. Chodzko s'est brouillé avec moi parce que je me refusais à partager son admiration[1]. Qui donc a dit : « Mundus vult decipi. Decipiatur mundus ? »

1. Voir dans mes *Nouvelles Études Slaves*, l'essai intitulé : Un essai de mystification littéraire (Paris, Leroux, 1880).

A côté du poète russe Pouchkine, M. Matić cite parmi les dupes les plus célèbres de Mérimée, l'Anglais Bowring, l'Allemand Gehrardt, qui, dans sa traduction, déclarait : que « familier avec la structure périodique de la rythmique serbe » la traduction de *La Guzla* lui avait été facile (Vorhaus mit dem Periodenbau Serbischer Rythmik vertraut, war ihm die Arbeit leicht).

Schafarik, dans les notes complémentaires qu'il avait préparées pour une future édition de son *Histoire de la littérature slave* (Geschichte der Slawischen Sprache), qui avait été éditée à Ofen en 1826 (p. 496 de la deuxième édition parue à Prague en 1869), note *La Guzla* parmi les recueils de chants sud-slaves et il ajoute : « On attribue ce recueil au comte de Sorgo (né en 1749, mort en 1826), qui avait supplée les chants manquants de l'Osmanide, de Gundulic ». En revanche, l'Allemand E. V. O. (Olbrecht) dans sa *Geschichte der Slavischen Sprache* (Leipzig, 1837), connaît déjà la mystification de Mérimée (p. 91).

M. Matić et les autres commentateurs de Mérimée ont ignoré une autre dupe non moins illustre que Pouchkine, son ami et son rival, le poète polonais Mickiewicz. Ce fut peut-être pendant le séjour de Mickiewicz à Moscou que l'attention du poète fut attirée — et je croirais volontiers que c'est par Pouchkine — sur *La Guzla* et notamment sur la prétendue ballade intitulée *Le Morlaque à Venise*. A Moscou, Mickiewicz se sentait exilé, dépaysé[1], comme le héros de Mérimée transporté de la rude Dalmatie dans la cité des lagunes. La ballade de Mérimée correspondait à l'état de son âme. Il la traduisit et dans les premières éditions de ses œuvres le poème figure avec cette mention un peu hasardée, *Z serbskiego* (traduit du serbe). Le poème est précisément de ceux que Pouchkine avait traduits. Pouchkine avait mis *Le Morlaque* en vers blancs, dont les couplets forment des groupes inégaux. Mickiewicz l'a tra-

1. Voir sur Mickiewicz mon étude dans *Russes et Slaves* (3e série, Paris, 1890).

duit en strophes de six vers, deux rimes alternées et deux rimes plates.

Le premier traducteur des poésies complètes de Mickiewicz, Christian Ostrowski (dont la traduction parut pour la première fois en 1844 et passa évidemment sous les yeux de Mickiewicz) a pris le poème pour une adaptation originale et l'a retraduit en français.

Mérimée ne dut pas médiocrement se divertir s'il eut connaissance de cette traduction et j'imagine qu'elle eût aussi singulièrement réjoui Spoelberch de Lovenjoul qui a oublié Mickiewicz dans sa bibliographie de Mérimée. Mystifier à la fois les deux plus grands poètes de la race slave, cette bonne fortune n'a pas été donnée à tout le monde !

Voici d'un autre côté le texte de Mérimée, de l'autre la version d'Ostrowski.

TEXTE DE MÉRIMÉE.	TEXTE D'OSTROWSKI *d'après Mickiewicz.*
Quand Prascovie m'eut abandonné, quand j'étais triste et sans argent, un rusé Dalmate vint dans ma montagne et me dit : « Va à cette grande ville des eaux ; les sequins y sont plus communs que les pierres dans notre pays. »	Après avoir dépensé mon dernier sequin, lorsqu'une perfide sirène[1] m'eut trompé, je m'en allais tout triste : un Italien me rencontra et me dit : « Viens, Dimitri, nous irons à la ville des mers, nous trouverons plus de belles filles et plus d'argent dans ses murs que de pierres dans les montagnes.
Les soldats sont couverts d'or et de soie : et ils passent leur temps à toutes sortes de plaisirs ; quand tu auras gagné de l'argent à Venise, tu	« Les soldats y sont habillés d'or et de soie ; ils boivent bien et s'amusent mieux encore ; ils te donneront à manger, à boire, et riche te ren-

1. Le texte de Mickiewicz dit tout simplement une femme : sirène est de l'invention d'Ostrowki.

reviendras dans ton pays avec une veste galonnée d'or et des chaînes d'argent à ton hanzar.

Et alors, ô Dimitri, quelle jeune fille ne s'empressera pas de t'appeler de sa fenêtre et de te jeter son bouquet, quand tu auras accordé ta guzla ? Monte avec moi, crois-moi, et viens à la grande ville, tu y deviendras riche assurément.

Je l'ai cru, insensé que j'étais, et je suis venu dans ce grand navire de pierres ; mais l'air m'étouffe et leur pain est un poison pour moi ; je ne puis faire ce que je veux ; je suis comme un chien à l'attache.

Les femmes se rient de moi quand je parle la langue de mon pays, et ici les gens de nos montagnes ont oublié la leur aussi bien que nos vieilles coutumes ; je suis un

verront chez toi ! A ton retour, un galon d'or brillera sur ta kurtka[1], et ton sabre turc pendra sur un cordon d'argent.

« Quand tu paraîtras dans le hameau, les femmes sur ton passage se presseront aux fenêtres ; et, quand tu t'arrêteras en chantant sous les fenêtres, elles te jetteront des bouquets dans le tchapka. Viens, viens, Dimitri, nous monterons dans le vaisseau de pierre, nous nous ferons citadins et nous serons riches. »

Insensé, je me laissai persuader, je quittai ma patrie, moi montagnard, et je montai sur ce vaisseau de pierre qu'on appelle Venise. Ici je sens le poison dans le pain quotidien, je cherche en vain la fraîcheur dans l'air envenimé. Plus de pensée sérieuse, plus de liberté ; je meurs garotté comme un dogue à la chaîne.

Quand je conte mes soucis aux jeunes filles, les petites folles rient de mon accent étranger. Ici même, les montagnards, mes compatriotes, ont adopté une nouvelle lan-

1. Kurtka, mot polonais ; vêtement court, du latin *Curtus*

arbre transplanté en été, je sèche et je meurs.

gue et des mœurs nouvelles. Je suis comme un arbre transplanté vers le milieu de l'année ; le soleil brûle son écorce et le vent disperse son feuillage.

Dans ma montagne, lorsque je rencontrais un homme, il me saluait en souriant et me disait : Dieu soit avec toi, fils d'Alexis ; mais ici je ne rencontre pas une figure amie, je suis comme une fourmi jetée par le vent au milieu d'un vaste étang.

Il est doux sur la montagne de rencontrer un visage de connaissance. Là, c'étaient tous de vieux amis. Salut ! s'écriaient-ils, salut au fils d'Alexis ! Ici je ne rencontre aucune figure amie. Je suis comme la fourmi élevée dans les bois que le vent jette au milieu d'un étang glacé !

L'ÉVÊQUE STROSSMAYER

J'ai eu plus d'une fois l'occasion de m'occuper de l'illustre prélat dont le nom figure en tête cette étude[1]. Je voudrais particulièrement ici insister sur le rôle de Mécène qu'il a joué pendant plus d'un demi-siècle chez les Slaves méridionaux. Je ne reprends de sa bibliographie que ce qui est absolument nécessaire pour bien comprendre ce rôle.

I

Il était né en 1815 à Osiek (Esseg), en Slavonie. Sa famille était, comme le nom l'indique d'origine allemande ; mais elle était depuis longtemps slavisée. Son père était un marchand de chevaux absolument illettré ; sa mère aimait la lecture et l'initia de bonne heure aux œuvres de Vouk Karadjitch, le restaurateur de la littérature serbe, et à celle du satirique populaire Relković[2]. Il fit des études brillantes au séminaire de Diakovo, et fut envoyé pour se perfectionner au séminaire central de Pesth (En ce temps-là on ne disait pas encore Budapest). Là, il se mêla à ce groupe de jeunes Slaves qui se réunissaient autour du poète Kollar, le chantre du Panslavisme, l'apôtre de la mutualité,

1. Voir dans *Le Monde Slave* (2e édit.), *Agram et les Croates*, *Un évêque slave* et les *Souvenirs d'un Slavophile*, chap. III.

2. Ecrivain né et mort en Slavonie (1732-1798). Il prit part comme officier à la guerre de Sept ans. Il a laissé entre autres un volume de Satires qui a été souvent réimprimé.

de la solidarité slave[1]. Kollar était un pasteur protestant; mais pour lui le Slavisme était une forme de la religion et dans cette religion communiaient les représentants des confessions les plus diverses ; des luthériens, des calvinistes, des orthodoxes, des catholiques.

Dans cette province de Slavonie où il avait été élevé, le futur évêque rencontrait à chaque pas des Serbes orthodoxes et des Israélites.

La tolérance, sous les formes les plus nobles de la charité chrétienne, fut un des dogmes de sa vie. Kollar prêchait l'union spirituelle des quatre grands groupes slaves, russe, polonais, tchèque et illyrien. Cette union bénie, l'évêque ne cessa de la rêver. Il eût voulu la réaliser dans le domaine moral et dans le domaine religieux. Mais son cœur s'attacha plus particulièrement au groupe illyrien ou sud-slave (jugoslavenski), comme on l'a dénommé depuis, et, dans ce groupe, il traita toujours avec la même bienveillance les Croates catholiques et les Serbes orthodoxes. Dans un mandement publié à l'occasion du Carême de l'année 1881, il s'exprimait en ces termes :

« Nous vivons, disait-il, côte à côte avec des frères du rite oriental. Soyons donc pour eux pleins de charité et de bonté et souvenons-nous que la preuve la plus éclatante de la vraie foi, c'est la charité pure et bienfaisante ; souvenons-nous que la charité est cette force qui domine tout, à laquelle personne ne peut résister. Aimons sincèrement les frères avec lesquels nous vivons, non pas seulement parce qu'ils sont de notre sang et de notre nation, et qu'ils ont le même avenir que nous, mais aimons-les aussi parce que leur liturgie est belle et majestueuse et qu'elle a été introduite dans l'église par saint Basile et saint Jean-Chrysostome que nous honorons et implorons comme des saints agréables à Dieu, parce que sur leurs autels comme sur les nôtres apparaît le Dieu vivant, parce que dans leurs chants sacrés

1. J'ai étudié l'œuvre de Kollar au premier volume de *Russes et Slaves*. (Paris, Hachette, 1889).

la voix magique de l'Orient résonne aussi belle que chez nous celle de l'Occident; n'écoutons jamais ceux qui voudraient nous diviser en quelque façon. Ceux-là sont évidemment nos ennemis communs.

« Les uns et les autres, nous honorons et invoquons saint Cyrille et saint Méthode [1], et notre dévotion est agréable à Dieu. Que ces deux saints noms nous unissent dans une amitié fraternelle. »

Ces sentiments de bienveillance et de charité vraiment chrétienne, l'évêque les pratiquait non seulement vis-à-vis de ses congénères orthodoxes, mais vis-à-vis des protestants de toute nationalité. Parmi les étrangers notables dont il reçut la visite dans son palais de Diakovo, je note deux protestants distingués, l'un Français, l'autre Belge. M. Eugène Perrot, aujourd'hui secrétaire perpétuel de l'Académie des Inscriptions, visita au cours de l'année 1869, Mgr Strossmayer. Il a publié une relation fort intéressante de cette visite dans le *Tour du Monde* (janvier 1870). Je me contente d'en extraire quelques lignes :

« L'évêque, écrit M. Perrot, était si les circonstances avaient continué à le servir, un des hommes qui sont nés pour jouer le plus grand rôle. Il a l'esprit vif, curieux, élevé et c'est en même temps, un âme ardente et passionnée, à qui la nature a donné tout ce qu'il faut pour agir sur ceux qui l'approchent, pour les séduire et les remuer, pour être orateur et chef de parti. Dans la conversation, sans jamais tomber dans l'emphase et la déclamation, il était éloquent; tout le servait merveilleusement pour traduire ses idées : le regard qui brillait, le geste noble et vif; une voix nette, sonore, accentuée, une langue abondante, ferme, pleine d'images heureuses et colorées. Dans une église ou dans une assemblée, l'effet doit être très grand. »

Ce diagnostic était très juste et ceux qui ont su quelque chose des débats du Concile du Vatican ont été unanimes à rendre hommage à l'éloquence du prélat qui maniait d'ail-

1. Ces deux saints, apôtres des Slaves au neuvième siècle, sont également honorés chez les catholiques et les orthodoxes.

leurs la langue latine avec une aisance toute cicéronnienne.

Dans son ouvrage sur la *Péninsule des Balkans,* ouvrage paru il y a plus de vingt ans[1] mais qui garde encore aujourd'hui un sérieux intérêt, M. Emile de Laveleye a tracé un séduisant portrait de l'éminent prélat chez lequel il eut l'occasion de séjourner dans son palais épiscopal. Je ne veux y relever qu'un détail : « En religion, écrivait M. de Laveleye, Strossmayer est un chrétien selon l'Évangile, adversaire de l'intolérance, ami de la liberté, des lumières, du progrès sous toutes ses formes, entièrement dévoué à son peuple et surtout aux malheureux ». M. de Laveleye avait pour la première fois rencontré le prélat slave chez un illustre Italien, M. Minghetti, et il rapporte un mot fort intéressant de cet homme d'État : « J'ai eu occasion de voir tous les hommes éminents de notre temps. Il y en a deux qui m'ont donné l'impression qu'ils étaient d'une autre espèce que nous, ce sont Bismarck et Strossmayer. »

On me permettra d'intervenir personnellement pour rappeler un trait qui est tout à l'honneur de M. de Laveleye. En présentant l'illustre évêque à ses lecteurs, il croyait que sa biographie n'avait pas encore été écrite, sauf peut-être en Croatie.

Or cette biographie, écrite par moi dès 1869, au moment même du Concile de Rome, figurait dans un volume, *Le Monde Slave,* publié à Paris en 1872, volume qui avait échappé à M. de Laveleye[2]. La *Revue historique,* rendant compte de son ouvrage releva l'erreur commise à mon détriment. L'illustre publiciste s'empressa de m'écrire pour s'excuser d'une ignorance bien excusable. Des relations très cordiales s'établirent entre nous, et quelques années plus tard, l'illustre professeur belge voulut bien m'offrir l'hospitalité à l'occasion d'une conférence que j'étais venu faire au Cercle littéraire de Liège, et qu'il eut la bonne grâce de présider.

1. Paris, Alcan, 1886.
2. Paris, Didier, 1872, deuxième édition. Paris, Hachette, 1897.

Les pages que M. de Laveleye a consacrées au grand évêque, ont toujours leur intérêt, et je les recommande bien volontiers. Elles peuvent être complétées par les détails que j'ai donnés dans les ouvrages auxquels je faisais allusion tout à l'heure.

Diakovo, dont Mgr Strossmayer fut nommé évêque en 1849, était à cette époque une assez misérable bourgade de la Slavonie. C'est encore aujourd'hui une fort modeste ville de province qui tire tout son lustre de la renommé du prélat, par lequel elle fut habitée pendant plus d'un demi-siècle, et de la cathédrale qu'il y a érigée. L'évêché en revanche possédait de grands domaines; mais ils étaient mal exploités et, en prenant possession du diocèse, le nouveau titulaire ne trouva comme actif qu'un reliquat de trois cents francs. Grâce à une sage et intelligente administration, Mgr Strossmayer a laissé en mourant un capital de trois millions et demi.

II

Nous avons vu plus haut comment, naguère à Pesth, le futur prélat, sous l'influence de Kollar, s'était intéressé à la renaissance littéraire des peuples slaves et à leur solidarité intellectuelle. L'un des principaux foyers de cette renaissance était depuis quelques années la capitale de la Croatie, Agram, que les indigènes appellent en leur langue Zagreb. On désignait alors sous le nom d'illyrisme le mouvement qui tendait à rapprocher le dialecte croate du dialecte serbe, à constituer une langue littéraire unique pour les peuples qui habitent les deux rives de la Save.

En 1837, une société de lecture avait été établie à Agram. Louis Gaj publiait des journaux à tendance illyrienne qui trouvaient de l'écho jusqu'au fond des campagnes : une société d'éditions, une *Matica*[1] illyrienne se fondait en 1842

1. Le mot veut dire proprement *Reine des Abeilles*. La meilleure traduction de ce mot serait *la ruche*.

pour publier des livres à l'instar des sociétés de ce nom qui existaient déjà à Novi Sad (*Ujvidek*) chez les Serbes de Hongrie et, à Prague, chez les Tchèques. En 1850, une société s'était créée pour l'étude de l'histoire jougo slave. Peu à peu la ville d'Agram devenait pour les Slaves méridionaux un centre intellectuel et jouait parmi eux un rôle analogue à celui que Prague avait pris chez les Slaves de Bohême et de Moravie.

En arrivant au trône épiscopal, le jeune prélat avait pris pour devise : Tout pour la foi et la patrie. Il avait suivi d'un œil attentif les efforts intellectuels de sa nation. Il se résolut à la doter des deux organes qui lui manquaient encore pour arriver à une complète émancipation : une académie, une université. Pour l'accomplissement de la noble tâche qu'il s'était imposée, il trouva un vaillant auxiliaire dans la personne d'un jeune prêtre, François Račzki, professeur au séminaire de Zeng (Senj) et chanoine du chapitre romain de Saint-Jérôme des Illyriens.

Dans l'histoire morale des Slaves méridionaux au XIXe siècle, les deux noms de Strossmayer et de Račzki sont absolument inséparables. L'établissement de Saint-Jérôme des Illyriens à Rome constituait pour les Croates un foyer d'études scientifiques et particulièrement d'histoire religieuse ; l'évêque s'y intéressa vivement et il lui fit un don de quarante mille francs pour lui permettre de se développer dans l'intérêt du clergé national. En ce temps-là, un savant religieux allemand, le Père Augustin Theiner travaillait aux archives du Vatican et publiait les *Vetera Monumenta Hungariam sacram illustrantia* (Rome 1859). Grâce à la libéralité du prélat, il put éditer peu de temps après deux volumes de *Vetera Monumenta Slavorum meridionalium historiam illustrantia* (1863).

Dès 1860, l'évêque avait conçu le dessein de fonder à Agram une académie, destinée à diriger et à concentrer le labeur intellectuel des pays croato-serbe ; et il lui donnait le nom d'Académie Sud-Slave qui lui permettait d'étendre au besoin son action sur les voisins, Slovènes et Bulgares. Le

10 décembre, il annonçait au ban[1] Sokcévic qu'il tenait à sa disposition une somme de cinquante mille florins (plus de cent mille francs) comme première mise de fonds.

En 1867, il fut assez heureux pour pouvoir procéder en personne à l'ouverture de cette Académie dont l'empereur-roi l'avait nommé protecteur et dont son ami, le docte chanoine Rački, fut le premier président. J'ai eu, sur une aimable invitation du prélat, la bonne fortune d'assister à la cérémonie et je l'ai racontée en des pages auxquelles je ne puis que renvoyer. J'ai dit plus haut quelle bienveillance l'évêque tenait à témoigner aux Serbes orthodoxes, et comme il s'appliquait à ne pas les distinguer des catholiques dans la répartition de ses libéralités. Le premier secrétaire perpétuel de l'Académie fut un savant philogogue serbe, Georges Danicitch. Il y a, juste au moment où j'écris ces lignes, quarante ans que l'Académie a fait paraître son premier volume. Depuis ce temps-là, elle a publié environ cent quatre-vingts volumes de Mémoires ; vingt et un volumes des *Anciens auteurs croates* ; plus de trente volumes de *Documents relatifs à l'histoire et à la littérature* ; trente volumes de *Monumenta spectantia historiam Slavorum meridionalium* ; dix volumes de *Monumenta historico-juridica* ; une dizaine de volumes relatifs au folk-lore des Slaves méridionaux ; un certain nombre d'ouvrages isolés, dont quelques-uns fort importants : par exemple, ceux du professeur Bogisich sur le droit coutumier, des annuaires, etc... Elle a entrepris en outre la publication d'un grand dictionnaire serbo-croate commencé par feu Danicitch, continué par M. Budmanni, qui forme déjà cinq volumes et qui est arrivé à la lettre L. Ce sera l'un des plus beaux monuments lexicographiques du monde slave. On ne peut regretter qu'une chose, c'est que parfois l'Académie se soit laissée entraîner par l'excès de son patriotisme, qu'elle ait, par exemple, édité des recueils de textes latins, pour la plupart relatifs à l'histoire de l'Italie ou des peuples balkaniques, en les

1. Le *ban* est une sorte de vice-roi, chef du pouvoir exécutif en Croatie.

faisant précéder de préfaces en croate, lorsqu'il eût été si simple d'y mettre des introductions en langue latine. Dans un volume auquel j'ai fait allusion tout à l'heure[1] j'ai cité un fragment du discours par lequel l'éminent prélat avait inauguré cette institution chère à son cœur et dans lequel il traitait des rapports de la foi et de la science.

Je me contenterai d'en rappeler ici une seule phrase :

« Il nous faut aujourd'hui ou avancer dans la science et acquérir toutes les ressources qu'elle donne, ou rester les esclaves, ici de la science romane, là de la science germanique et n'être plus que l'instrument de la grandeur des peuples voisins. »

La fondation de l'Académie dont il fut le premier protecteur avait pu suffire à la gloire de notre Mécène, mais il était de ceux auxquels on peut appliquer le mot du poète :

Nil actum reputans si quid superesset agendum.

« Il n'y a rien de fait s'il reste quelque chose à faire. » L'Académie ouverte, l'évêque songea à doter ses compatriotes des instruments de travail qui leur étaient nécessaires pour étudier l'histoire nationale. Il acheta la bibliothèque de l'historien Kukulievié Sakcinski, l'homme qui avait le plus contribué à mettre en lumière le passé des pays croates et la compléta par des livres acquis non seulement en Croatie, Dalmatie et Slavonie, mais encore dans presque toute l'Europe, par de nombreux manuscrits auxquels la jeune Académie allait emprunter la matière de la plupart de ses publications.

L'évêque compléta ses libéralités par le don d'une galerie de peinture. Dans ses voyages, il avait acquis de nombreux tableaux, particulièrement de l'école italienne, et il en avait enrichi son palais de Diakovo. Il avait d'abord résolu de léguer cette galerie à l'Académie ; il changea d'idée et s'en dessaisit de son vivant dès l'année 1883 ; mais, avant, il avait offert à la ville d'Agram une somme de quarante mille flo-

1. *Le Monde Slave*, 2e éd., t. I, p. 74.

rins pour la construction d'un musée ; il en ajoutait vingt mille encore pour aider à l'achèvement de l'édifice, et il pourvut encore aux frais d'installation de la galerie qu'il abandonnait à ses compatriotes.

Dès l'année 1861, l'évêque avait saisi la diète croate du projet de fondation d'une université. Le gouvernement de Vienne fit la sourde oreille.

Mgr Strossmayer revint à la charge en 1866. Cette année là, le peuple croate célébrait le troisième centenaire de la défense de Siget contre les Turcs, par le héros national Nicolas Šubić Zrinski (ou Zrinyi, comme disent les Hongrois). A cette occasion, le généreux Mécène offrit à la nation, une somme de cinquante mille florins pour la fondation de l'Université, et il invitait ses compatriotes à ouvrir une souscription. Elle produisit en deux mois près de deux cents mille florins.

En 1874, l'Université fut inaugurée avec trois facultés. Celle de médecine exige des frais spéciaux et n'a pas encore pu entrer en exercice. En 1888, l'évêque offrit une somme de vingt mille florins pour contribuer à la fondation de cette faculté. Il n'a pas vécu assez pour voir se réaliser cette dernière fondation qui était particulièrement chère à son cœur. Mais il a eu tout lieu de se réjouir des progrès de l'Université. Elle joue aujourd'hui un rôle fort honorable dans la vie des Slaves méridionaux. Elle assure les bienfaits de l'éducation supérieure à des Serbes et à des Bulgares des pays voisins.

La munificence du prélat patriote ne s'est pas bornée à sa nation. Les peuples voisins et congénères en ont également éprouvé les effets. Il a contribué à la seconde édition du dictionnaire serbe-latin de Vouk Karadjitch (Vienne 1852). Il a encouragé de ses subsides la *Matica* serbe de Novi Sad, en Hongrie, propagé les poésies populaires serbes recueillies par Vouk, soutenu sa veuve, donné un millier de florins pour son monument, publié à ses frais les œuvres d'écrivains serbes, tels que le poète Sundecitch et le jurisconsulte Utiesenovitch.

Les Slovènes étaient particulièrement chers à son cœur. Chaque année, l'évêque allait refaire sa santé chez eux, en Styrie, à Roitsch (Rogatac) qui est le Vichy des Slaves méridionaux ; il y était reçu avec une tendresse et une vénération enthousiastes. Il avait souscrit pour une somme de mille florins à leur *Matica,* encourageait leurs étudiants. Aussi les Slovènes s'empressèrent de se joindre à leurs frères croates pour fêter, par des manifestations artistiques et littéraires, le cinquantième anniversaire de son épiscopat.

Il y a un demi-siècle, les Bulgares étaient ignorés non seulement de l'Europe, mais même de leur congénères slaves. Les apôtres du Panslavisme, comme on disait alors ou plutôt de la solidarité, de la *réciprocité*[1] slave ne connaissaient que quatre groupes, les Tchèques, les Polonais, les Illyriens et les Russes. Les Petits Russes, les Slovènes, les Bulgares, étaient oubliés. L'évêque fut un des premiers à comprendre le rôle que les Bulgares étaient appelés à jouer prochainement. Dans la lettre qu'il écrivit à l'occasion de la fondation de l'Académie, il indiquait les services qu'elle pourrait rendre aux Croates, aux Serbes, aux Slovènes, et il ajoutait : « A ces nations pourraient se joindre les laborieux Bulgares. Ce peuple, d'environ cinq millions, mérite déjà notre sympathie par cela seul qu'il a devancé dans la littérature non seulement les Slaves du Sud, mais même ceux du Nord. Et dans ces derniers temps, il nous a montré que chez lui n'est pas éteint l'esprit des Cyrille et des Méthode, des Clément, de l'exarque Ivan et du grand tsar Siméon[2]. »

Pour venir en aide à ce peuple dont personne ne pouvait alors prévoir la rapide résurrection, Strossmayer accorda de larges subventions à deux jeunes patriotes, les frères Miladinov, qui avaient entrepris de recueillir les chants populaires de leur pays natal, particulièrement de la Macédoine.

1. Le mot *mutualité* n'était pas encore inventé.

2. Voyez sur ces origines littéraires du peuple bulgare mon volume *La Bulgarie* (Paris, Cerf, 1895). L'ouvrage est malheureusement épuisé.

Il n'y avait point dans ce temps-là d'éditeurs pour les livres bulgares et les deux frères avaient en vain cherché en Russie le Mécène qui leur assurerait les ressources nécessaires pour éditer les chants nationaux. L'un d'entre eux eut la bonne fortune de rencontrer l'évêque à Vienne, il lui montra son manuscrit. Ce manuscrit était écrit en caractères grecs. Les Phanariotes dénonçaient volontiers aux Turcs les publicistes bulgares comme des agents panslavistes ; pour éviter ce soupçon, nos deux frères avaient imaginé d'employer l'alphabet hellénique. L'évêque consentit à entreprendre à ses frais la publication, mais à condition que l'ouvrage serait imprimé en caractères cyrilliques. Constantin Miladinov se rendit volontiers à ce vœu du prélat patriote et Mgr Strossmayer l'installa chez lui, dans son séminaire de Diakovo ; le travail de transcription dura trois mois entiers, et en 1861, le copiste se rendit avec l'évêque à Agram, pour confier le manuscrit à l'impression. L'ouvrage parut en effet. Il forme un fort volume, absolument épuisé depuis longtemps et très recherché des savants. Il porte en tête une dédicace de l'éditeur au noble Mécène.

La libéralité de l'évêque ne s'étendait pas seulement aux Slaves mais à tout ce qui de près ou de loin touchait à leurs intérêts. Je voudrais raconter ici un détail que les biographes du prélat ont ignoré. J'eus l'honneur d'être présenté à Mgr Strossmayer, pendant son séjour à Paris, en 1867. J'avais déjà débuté dans la carrière des lettres ; je préparais une thèse de doctorat sur les apôtres slaves Cyrille et Méthode et, pour un travail aussi nouveau, je ne pouvais guère compter sur un éditeur. Le prélat m'annonça qu'il prenait immédiatement une souscription de cent exemplaires.

« Je veux, me dit-il, que vous voyiez notre pays ; je veux que vous assistiez à l'ouverture de notre Académie ; ne me dites pas que vos ressources sont trop modestes pour un si lointain voyage ; je mets à votre disposition un crédit illimité pour cette occasion et pour les œuvres que vous pouvez entreprendre dans l'intérêt de notre nation. »

Dans son palais épiscopal de Diakovo, à Rome, dans la maison du chapitre illyrien de Saint-Jérôme dont il était un peu le patron, il m'offrit à deux reprises la plus affectueuse hospitalité. Trente ans plus tard, lorsque j'entrepris de publier un célèbre texte slave, qui était cher à son cœur d'évêque et patriote, l'*Évangéliaire de Reims,* il tint à figurer sur la liste de mes premiers souscripteurs. Je ne fis que payer ma dette de profonde reconnaissance en lui dédiant, en 1868, l'ouvrage sur les apôtres slaves auquel il s'était intéressé ; cette dette je la paye encore aujourd'hui en rendant à sa mémoire l'hommage qu'elle mérite. Il était de ces hommes qui font honneur, non seulement à leur pays, mais à l'humanité tout entière.

L'ANCIEN DROIT BULGARE

Ceux de nos lecteurs qui suivent depuis de longues années le *Journal des Savants* n'ont sans doute pas oublié une série d'articles de M. Dareste, publiés en 1885 et en 1886, à propos d'un ouvrage de feu Hermenegild Jireček, *Codex legum slavonicarum*, qui avait paru à Prague, en 1880. A cette époque lointaine, l'histoire juridique de la Bulgarie était à peu près complètement ignorée. Cette histoire a été surtout mise en relief par l'auteur du livre que nous étudions actuellement. Licencié en droit de l'Université de Moscou, puis avocat dans son pays, M. Bobtchev est, depuis 1902, professeur d'histoire du droit bulgare à l'Université de Sofia ; il a dirigé des recueils spéciaux et notamment un Recueil d'anciens monuments du droit bulgare (Sofia, 1903) et un Recueil d'usages juridiques, dont il a commencé la publication en 1908.

L'*Histoire du droit bulgare* est évidemment le résumé du cours professé à l'Université de Sofia. Écrit pour des étudiants, l'ouvrage renferme une foule de considérations générales qui n'ont aucun intérêt pour le lecteur étranger. Il ne pourrait être traduit sans être considérablement abrégé. Je voudrais simplement en extraire quelques détails sur les textes authentiques qu'il met en lumière.

I. *Lois du prince Kroum (800 à 814), d'après le Lexique de Suidas.* Ce que Suidas cite de ces lois se résume en cinq articles :

1. Si un homme en accuse un autre, que ce dénonciateur soit

d'abord enchaîné et interrogé, et s'il est démontré qu'il a calomnié, qu'il soit mis à mort.

2. Il est interdit de donner de la nourriture à un voleur; les biens des contrevenants seront confisqués.

3. Le voleur aura les jambes brisées.

4. Il est ordonné d'arracher toutes les vignes (évidemment pour enrayer les progrès de l'ivrognerie).

5. Au mendiant il ne suffit pas de donner, mais il faut lui donner suivant ses besoins. Celui qui ne procède pas ainsi, ses biens seront confisqués.

Ces textes si courts sont accompagnés d'un commentaire qui n'occupe pas moins de 22 pages. Il est vrai que, chez quelques-uns des prédécesseurs de M. Bobtchev, ils avaient donné lieu aux fantaisies les plus extravagantes.

II. *Responsa papæ Nicolai ad consulta Bulgarorum.* Tous ceux qui se sont occupés des origines du christianisme chez les Slaves connaissent ce célèbre document. Sous le règne de Boris (852-899), les Bulgares s'étaient convertis au christianisme. Boris avait été baptisé par un évêque grec, mais la rupture ne s'était pas encore produite entre Rome et Byzance, et l'autorité morale du pape restait considérable dans la péninsule balkanique. Les Bulgares, fort embarrassés pour concilier leurs devoirs de néophytes avec leurs traditions païennes, envoyèrent à Rome deux évêques pour demander au pape une consultation tout ensemble morale et juridique.

Les réponses pontificales[1] nous apprennent — ce qui n'a pas lieu de nous étonner — que les lois ou les coutumes pénales des Bulgares étaient encore très cruelles; elles comportaient, à tout propos, la mort, la mutilation, la torture. Certaines questions sont d'une naïveté enfantine. Les envoyés demandaient au pape de leur fournir une législation laïque et le pape répondait qu'il enverrait volontiers les lois nécessaires, s'il était assuré qu'il y eût dans leur pays des

1. Ces *responsa* ont été publiés dans Hardouin, *Acta Conciliorum*, tome V, et dans la collection Mansi, tome XV. Il est regrettable que M. Bobtchev ne les ait pas réimprimés dans son volume.

hommes capables de les interpréter. Nous ignorons si ces lois ont été envoyées.

Dans tout cela, sauf les indications sur l'état des mœurs, il n'y a rien qui se rapporte proprement à la législation bulgare. Le chapitre III est consacré aux anciennes rédactions du *Nomokanon*, recueil byzantin de législation civile et ecclésiastique qui ne renferme, au point de vue de la Bulgarie, aucun élément original.

Dans ce nomocanon figure un texte intitulé *Zakonŭ sudnyĭ ljudamŭ* (loi de jugement pour les hommes), que M. Bobtchev étudie au chapitre IV. Ce texte juridique est tout simplement calqué sur les Ἔκλογα de Léon l'Isaurien et de Constantin Copronyme. Seulement la rédaction slave adoucit la rigueur du texte byzantin et remplace de rudes châtiments corporels par des amendes. M. Bobtchev signale encore parmi les textes étrangers les *Syntagmata* de Mathias Vlastar, le Code de Justinien, le Code du tsar serbe Douchan, le Manuel d'Harmenopoulo, la loi dite rurale extraite du Code de Justinien qui, au témoignage de Zacharie et de V. Vasilevsky, avait subi l'influence de l'élément slave. Cette loi est, au dire de M. Bobtchev, fondée sur deux principes slaves : la possession de la terre en commun et la liberté du paysan laboureur.

Une série de documents originaux est constituée par les chrysobulles ou ordonnances des princes bulgares, sur lesquelles il convient de s'arrêter un peu plus. Ces documents sont au nombre de sept, tous écrits en slavon bulgare. Le premier, rédigé vers 1230, sous le rège d'Asen II, est une charte donnée aux habitants de Raguse. Le second, postérieur à l'année 1278, est dû au tsar Constantin Tikh et adressé à un monastère de Saint-Georges. Le texte en est fort mutilé. Le troisième daté de Rahova (1348), porte la signature du tsar Jean Alexandre. Le quatrième, daté du règne de Jean Alexandre, tsar de tous les Bulgares et des Grecs, est au témoignagne de M. Bobtchev lui-même, une compilation assez douteuse. Un cinquième, donné au monastère de Zographos, est du tsar Jean Kaliman (XIIIe siècle).

Les deux derniers émanent de Jean Schichman (le dernier porte la date de 1378).

A ces documents slaves on peut ajouter un texte latin déjà publié par Ljubić dans les *Monumenta historico-juridica Slavorum meridionalium* (c'est un privilège de Jean Alexandre donné aux Vénitiens en 1352, un traité de commerce, comme nous dirions aujourd'hui) et des chrysobulles rédigées en grec et données à divers monastères.

Évidemment beaucoup d'autres textes ont été perdus. Mais ceux qui nous ont été conservés suffisent à nous fournir d'assez nombreux renseignements sur l'organisation politique et sociale de la Bulgarie au moyen âge, sur les institutions, sur la terminologie juridique.

Après les chrysobulles viennent les traités. On en connaît quatorze, dont le plus ancien remonte à l'année 679. La plupart sont conclus avec Constantinople et généralement assez humiliants pour l'empire byzantin, réduit à payer tribut aux barbares. Nous n'en avons pas le texte authentique.

De l'année 1253 nous avons un traité avec la République de Raguse, dont le texte intégral nous a été conservé. Il est rédigé en slavon serbe. C'est tout ensemble un traité politique et une convention commerciale. Les Bulgares et les Ragusains s'engagent à se défendre mutuellement contre les Serbes et règlent diverses questions commerciales.

Un traité d'Ivan Alexandre avec Venise (1252) nous est parvenu dans la rédaction italienne. C'est un traité de commerce. Il est accompagné de certaines clauses concernant les biens des Vénitiens décédés en Bulgarie et de garanties pour la situation des Vénitiens dans le royaume.

Enfin nous avons encore un traité conclu en 1387 par le prince Ivanko, qui régnait sur la Dobroudja, avec la République de Gênes. Ce traité a été jadis l'objet d'une étude publiée par Silvestre de Sacy dans les *Memoires de l'Académie des Inscriptions*, année 1824 (t. VII, p. 292)[1].

1. Mémoire sur un traité fait entre les Génois de Pera et un prince des Bulgares.

M. Bobtchev cherche encore des traces de l'ancien droit bulgare dans les annales byzantines, arabes ou slaves, mais au fond il n'en a pas trouvé de bien appréciables.

Une grande partie de son livre est occupée par des considérations sur l'histoire de la Bulgarie ou sur les législations des autres pays slaves. Ces digressions ont eu certainement leur intérêt pour les élèves de l'Université de Sofia, mais elles allongent singulièrement le volume, dont la matière est, en somme, assez restreinte.

Dans la seconde partie de l'ouvrage, l'auteur, mettant à profit les textes que nous venons d'énumérer, nous donne une série de chapitres sur l'organisation sociale de la Bulgarie, sur les tribunaux et la procédure, le droit pénal et le droit civil (personnes juridiques, droit de famille, succession, propriété, contrats). Il retrouve en Bulgarie la *Zadruga* ou association de famille pour l'exploitation commune de la propriété. En somme, autant que j'en puis juger, la législation bulgare, comparée à celle des voisins sud-slaves, russes ou byzantins, n'offre pas des traits bien originaux. Il faut remercier M. Bobtchev des efforts qu'il a faits pour nous la restituer. Son travail consciencieux et patient est, en quelque sorte, une œuvre de paléontologie juridique.

LE CENTENAIRE DE LA LITTÉRATURE BULGARE

L'Évêque Sofroni.

La littérature bulgare a célébré récemment le centième anniversaire de sa renaissance, ou plus exactement de sa création. Au moyen âge, la production intellectuelle avait eu pour organe en Bulgarie la langue de l'église, le slavon. Après la chute de l'empire bulgare et l'établissement de la domination ottomane dans la péninsule balkanique, l'activité du clergé bulgare se trouva paralysée par celle du clergé grec phanariote. J'ai raconté, il y a déjà longtemps, dans un livre malheureusement épuisé et que je n'aurai probablement pas l'occasion de réimprimer[1], les circonstances dans lesquelles le sentiment national et l'activité littéraire avaient commencé à renaître chez les Bulgares dans la seconde moitié du XVIIIe siècle ; j'ai rendu hommage, notamment, au moine Paisii qui acheva, vers 1762, l'ouvrage intitulé : *Histoire slave-bulgare du peuple, des tsars et des saints bulgares*, ouvrage qui resta longtemps manuscrit, mais dont de nombreux exemplaires circulèrent chez les Slaves de la péninsule balkanique et contribuèrent à réveiller chez eux

1. *La Bulgarie*. Paris, librairie Cerf, 1885. Cet ouvrage contient un chapitre sur la renaissance littéraire des Bulgares et sous ce titre, *la Bulgarie sous Pasvan Oglou*, la traduction des Mémoires de Sofroni. Cette traduction avait déjà paru dans un volume de Mélanges publiés par l'École des langues orientales à l'occasion du Congrès des orientalistes de Leyde (Paris, Leroux, 1882), publications auxquelles je demande la permission de renvoyer.

l'esprit national. Il ne fut imprimé que dans la seconde moitié du XIXe siècle. D'ailleurs, l'auteur n'avait nullement la prétention d'écrire en langue vulgaire, mais dans la langue traditionnelle de l'église orthodoxe, un slavon plus ou moins corrompu.

Le premier écrivain qui osa écrire et publier en bulgare moderne, ce fut, au début du XIXe siècle, un prélat, Sofroni, évêque de Vratsa, qui, en 1806, imprima à Rymnik, en Valachie, un volume dont je reproduis ici littéralement l'intitulé :

KYRIAKODROMON
C'EST-A-DIRE
LIVRE DU DIMANCHE
INSTRUCTION
POUR TOUS LES ÉVANGILES LUS
PENDANT TOUTE L'ANNÉE
AVEC L'INTERPRÉTATION ET LA MORALE ET POUR LES GRANDES
FÊTES ET LES FÊTES
DES SAINTS, SERMONS ÉDIFIANTS
TRANSCRITS DU SLAVON ET DE LA TRÈS PROFONDE
LANGUE GRECQUE EN BULGARE VULGAIRE
PAR L'HUMBLE ÉVÊQUE VRATSA
SOFRONI POUR ÊTRE COMPRIS DU SIMPLE PEUPLE
AVEC LA PERMISSION DU MÉTROPOLITAIN DOSITHÉE
DE HONGRIE VALACHIE, ET L'AIDE DES ÉVÊQUES
ET DES CHRÉTIENS PIEUX MAINTENANT PUBLIÉ
DANS LA TYPOGRAPHIE DE L'ÉVÊCHÉ DE RYMNIK
NECTAIRE ÉTANT ÉVÊQUE
EN L'ANNÉE 1806
IMPRIMÉ PAR DMITRI
MICHEL POPOVITCH ET PAR GEORGES SON FILS.

J'ai donné dans le livre, auquel j'ai fait plus haut allusion, une biographie sommaire de Sofroni. Mais, depuis un quart de siècle, de nombreux documents nouveaux ont été mis au jour et le moment est venu de tracer un portrait complet de ce curieux personnage, dont le nom est aussi populaire chez les Slaves balkaniques que peut l'être chez nous celui d'un Bossuet ou d'un Fénelon.

Il naquit en 1739 à Kotel (en turc Kazan), dans la Bulgarie méridionale[1]. Cette ville a donné à la Bulgarie moderne quelques-uns de ses hommes les plus remarquables : les deux Vogoridi, dont l'un fut prince de Samos et l'autre, sous le nom d'Aleko Pacha, le premier gouverneur de la Roumélie orientale, absorbée depuis 1885 dans la principauté de Bulgarie ; Georges Rakovski, mort en 1868, agitateur politique et publiciste distingué ; Gabriel Krstievitch, qui fut, après Aleko Pacha, gouverneur de cette Roumélie éphémère ; le moine Néophyte Borelli qui, le premier essaya d'organiser une église nationale bulgare et mourut en 1849, emprisonné au mont Athos ; le médecin Beron, mort en 1871 en Roumanie, qui publia en 1824 à Brasov, en Transylvanie, le premier livre d'école bulgare. Au témoignage de M. Jireczek[2], on montrait encore, il y a une trentaine d'années, à Kotel, deux maisons qui avaient servi d'habitation au jeune Sofroni ou plutôt Stoïko. Car il ne prit le nom de Sofroni que lorsqu'il entra dans l'église. Chez les orthodoxes, le nom ecclésiastique commence en général par la même lettre que le nom laïque. C'est ainsi qu'au IXe siècle le grand apôtre des Slaves, qui s'appelait Constantin, avait pris le nom de Cyrille sous lequel il devait s'immortaliser.

Le père de Stoïko eut la bonne idée d'envoyer son fils à l'école : dans ce temps-là il n'y avait pas d'écoles bulgares. Le jeune élève dut étudier le grec et apprit par cœur l'octoic[3]. Au moment où il commençait le psautier, il se trouva orphelin.

Il se mit à gagner sa vie comme il put, fut envoyé à Constantinople pour régler les affaires d'un oncle défunt. Dans cette capitale, il lui arriva toute espèce d'aventures désa-

1. Kazan veut dire, en turc, bassin vallée. Kotel est la traduction bulgare du mot turc.

2. Konst. Jireczek, *Voyages en Bulgarie*. Prague, 1888 (en langue tchèque).

3. Recueil de chants religieux, ainsi nommé parce qu'il est écrit pour huit voix.

gréables qu'il raconte avec une touchante naïveté, mais dont quelques-unes sont de telle nature que je ne puis les rappeler ici. Il fit de bonne heure connaissance avec la justice turque qui, comme on sait, était peu clémente aux chrétiens et particulièrement aux Bulgares. Accusé de recel, il fut jeté en prison, les fers aux pieds. Sa famille le maria fort jeune avec une femme quelque peu orgueilleuse qui lui rendit la vie assez dure.

Il était lettré ; les Bulgares manquaient de prêtres nationaux ; leur église était en grande partie tombée aux mains des Grecs. Quelques *tchorbadjis*[1] ou notables s'avisèrent un jour de lui dire : « Notre évêque va venir ; nous allons lui demander de te faire prêtre. » L'évêque arriva et ils lui offrirent 70 piastres pour le décider à tonsurer leur compatriote. Mais un autre candidat offrait 150 piastres. L'évêque, bon apôtre, transigea pour 100 piastres. Sofroni reçut l'imposition des mains le 1er septembre 1762. Mais, comme il était un peu plus lettré que la plupart de ses confrères, qui n'étaient au fond que de simples laboureurs, il fut bien vite en butte à leur jalousie. Son instruction relative lui valut toute sorte de désagréments. Un évêque le nomma épitrope économe et le chargea de prélever les contributions des fidèles. Il fut jeté en prison par un pacha turc pour répondre des impôts qui étaient dus par les giaours. Il tomba malade, s'endetta. Il n'y avait point de médecins en Bulgarie ; Sofroni dut se laisser soigner par de vieilles femmes qui usèrent de sortilèges. Pour le punir, son évêque le suspendit *a divinis* pendant six ans. S'il n'avait eu que ces misères morales à subir, la vie eût été encore supportable. Il faut lire dans ses mémoires le récit où il nous raconte comment, à propos d'une histoire de moutons vendus à des Turcs, il fut condamné à la bastonnade, menacé d'être pendu et mis aux fers. A travers toutes ses épreuves il ne se décourage

1. Le tchorbadji est proprement le distributeur de soupe, par suite notable chargé de veiller sur les étrangers et de les nourrir, gros bourgeois ; le mot s'emploie encore en Bulgarie et un peu moins en Serbie.

pas. Dans ses moments de répit il apprenait à lire aux petits paysans.

Il pensa être plus heureux en abandonnant son diocèse primitif pour passer dans celui d'Anchialo, dans la Bulgarie orientale. Là encore, il fut mis en prison, menacé du pal et, pour avoir célébré un mariage qui déplaisait à certain sultan, il fut amené jusqu'au pied d'un saule aux branches duquel il devait être pendu. Il échappa à la mort par miracle. Au milieu de toutes ces épreuves, il lui arriva un bonheur inespéré. L'évêque de Vratsa mourut; sur la demande d'un certain nombre de fidèles, Sofroni fut investi de la dignité épiscopale. Vratsa est située à peu près à moitié chemin entre Sofia et le Danube, en plein pays bulgare. Sofroni se mit à évangéliser ses ouailles, non plus en grec, comme ses prédécesseurs, mais dans leur langue nationale. « Les chrétiens, qui n'avaient point entendu les autres évêques parler cette langue, me regardaient comme un philosophe (c'est-à-dire un savant) », dit-il naïvement. A ce moment-là, la Bulgarie était en pleine anarchie. L'autorité du sultan était presque partout méconnue : des janissaires révoltés, des kirdjalis[1] ravageaient les régions du Danube et du Balkan. Ce n'étaient pas de simples voleurs de grands chemins. Ils avaient une organisation militaire, des armes excellentes; il ne leur manquait que de l'artillerie. Ils pillaient les campagnes d'une façon méthodique, enlevaient les jeunes filles et les jeunes gens. Pouqueville, dans son voyage en Morée[2], nous a laissé sur eux de curieux renseignements. Ils commirent d'effroyables ravages en Bulgarie, ruinèrent de fond en comble des villes telles que Stanimaka, Arbanasi, Rahovo, Panagiourichté, Koprivstitsa, Kalofer, dont les habitants émigrèrent jusqu'à Andrinople ou jusqu'en Moldavie. A Viddin, un Bosniaque musulman, Pasvan Oglou, avait constitué un état indépendant, s'était emparé de Roustchouk

1. Mot turc qui veut dire *brigands des déserts*. Le souvenir de leurs nombreux méfaits vivra longtemps encore dans l'imagination du peuple bulgare et serbe.

2. *Voyage en Morée*. Paris, 1803, t. III.

et de Varna. Il avait même tenté d'occuper Vratsa, mais n'avait pu y réussir. Dans un diocèse épuisé par les troupes des pillards, des rebelles et du sultan, Sofroni avait grand' peine à recueillir, au péril de sa vie, les ressources nécessaires pour lui permettre d'entretenir ses enfants et de subsister lui-même. Sa vie était souvent menacée. Une fois il dut rester caché dans une grotte pendant vingt-quatre jours. Un autre fois il dut se cacher... dans un harem turc. Il se trouva, bien malgré lui, interné pendant trois ans à Viddin, où il dut, par ordre de Pasvan Oglou qui jouait au souverain, remplir les fonctions épiscopales.

Désespérant de pouvoir terminer en paix sa carrière dans son diocèse de Vratsa, il finit, dans le courant de l'année 1803, par se réfugier en Valachie. Cette province était à l'abri des troubles qui désolaient les pays bulgares. Protégée par la Russie, elle jouissait d'un bien-être relatif sous le gouvernement du prince Constantin Ypsilanti, auquel Sofroni donne, dans ses Mémoires, le titre de bey. Le prélat fugitif fut accueilli avec sympathie par Mgr Dosithée, métropolitain de Hongrie-Valachie. Ce haut dignitaire de l'église orthodoxe obtint du Saint-Synode que Sofroni fût relevé de son évêché, lui offrit une cellule dans son palais et l'autorisa à remplir en Valachie son ministère ecclésiastique. Les réfugiés bulgares étaient nombreux au Nord du Danube.

D'autre part, le grec, alors fort usité en Valachie, était familier à Sofroni. Plusieurs documents ecclésiastiques rédigés en Valachie portent sa signature dans cette langue.

Ce n'était pas sans regrets que le prélat avait abandonné son pays et son troupeau. Il profita de la tranquillité dont il jouissait à Bucarest pour écrire ses Mémoires, qui constituent assurément une des pages les plus curieuses de de l'histoire intérieure de l'empire ottoman à la fin du XVIIIe siècle. C'est un récit très court, mais très sincère et très naïf. Il se termine par une page qui est vraiment touchante :

Je n'ai plus qu'un seul souci, dit l'auteur. Je crains que Dieu ne me juge pour avoir pris le fardeau de ce troupeau et l'avoir abandonné. Mais j'espère en sa grâce; car je ne l'ai pas abandonné pour me livrer au repos, mais par suite de ma détresse.

Maintenant je travaille nuit et jour à écrire quelques livres dans notre langue bulgare. Si les Bulgares ne peuvent rien entendre de ma bouche, qu'ils reçoivent de moi, pécheur, quelque enseignement utile, qu'ils lisent mes écrits; qu'ils en profitent, qu'ils prient le Seigneur pour moi indigne...

...Soyez indulgents pour celui qui a travaillé et portez-vous bien.

Sofroni ne se confinait pas dans ses fonctions ecclésiastiques et dans ses travaux littéraires. Il eut l'occasion de rendre d'autres services à ses compatriotes. Nous avons de sa main un document curieux : c'est une proclamation à la nation bulgare pour l'inviter à faire bon accueil aux Russes en lutte avec les Turcs. Ce document non daté peut se rattacher à l'année 1810. Il est signé Serafim, évêque bulgare; mais on peut croire à une erreur du copiste ou de l'imprimeur. Rakovski, qui a édité pour la première fois ce document dans *Le Cygne du Danube,* suppose qu'il avait dû être imprimé à Bucarest. D'après les traditions qu'il avait recueillies, l'évêque avait accompagné les Russes dans leur campagne et avait pénétré avec eux jusqu'à Rasgrad, en Bulgarie.

La proclamation de Sofroni est écrite, comme ses mémoires, dans une langue assez expérimentée, mélange grossier de bulgare et de slavon. Évidemment, l'auteur est un peu embarrassé du rôle qu'on lui fait jouer. Je traduis en entier ce curieux document :

PROCLAMATION A LA NATION BULGARE.

Serafim (Sofroni), évêque bulgare.

Je vous en prie paternellement, mes chers enfants, peuple bulgare. Chrétiens qui vivez dans la terre bulgare, salut à vous. Réjouissez-vous parce que voici qu'une joie universelle arrive pour toute la Bulgarie ; voici que s'approche votre salut et votre libération. Voici que maintenant nous voyons et nous contemplons comment la miséricorde de Dieu s'est occupée de notre pauvre nation, comment Dieu a versé la pitié dans le cœur du pieux et grand empereur Alexandre Pavlovitch, comment il l'a excité à vous sauver des barbares tourments des Turcs. Voici que son armée s'approche de vous sous la croix, — vos frères chrétiens, — afin de vous sauver de tant de misères ; voici qu'il vient ce jour lumineux que vous attendiez depuis quatre cents ans.

Ça, bon peuple vaillant, Bulgares, fidèles chrétiens, levez-vous, fortifiez-vous et n'ayez crainte ; attendez avec affection, recevez avec cordialité ces frères chrétiens qui viennent par la volonté de Dieu vous délivrer. Ne craignez rien ; c'est une armée chrétienne. Ne fuyez pas devant eux, ne quittez pas vos villes et vos maisons, mais ayez soin de leur préparer des vivres, du blé, de l'orge, du foin, autant que vous pourrez ; offrez-leur l'hospitalité, traitez-les bien suivant votre devoir de chrétiens. Ne les regardez pas comme des étrangers, mais comme des frères de votre foi. Servez-les loyalement avec fidélité et amour : car ils versent leur sang pour la foi chrétienne, pour la patrie, pour la Sainte Eglise de Dieu, pour leurs frères, pour leurs sœurs, afin de les garder et de les préserver pour qu'ils ne tombent pas en servitude, comme vous êtes y tombés par suite de vos discordes et de vos haines réciproques, et c'est pour cela que vous êtes tombés dans une condition aussi misérable. Pour cela, chaque chrétien, si pauvre qu'il soit, doit retirer le pain de ses lèvres et bien traiter les Russes et ne doit pas s'enfuir chez nos ennemis les Turcs.

Réfugiez-vous auprès de ces soldats chrétiens, attachez-vous à eux ; car ils ne battent ni ne tuent comme les maudits enfants d'Agar (les Turcs). Vous ne subirez de pertes ni dans votre bétail, ni dans vos biens, ni d'affronts sur vos personnes. Ce que vous donnerez d'orge ou de foin ou de bétail, tout sera payé par l'empereur. Il vous protégera et vous défendra.

Ah ! chrétiens. Ne savez-vous pas comme ces bourreaux vous ont brûlés avec des fers brûlants ; combien de vos enfants ils ont fait rôtir à la broche sous vos yeux ; combien de fois ils vous ont pris du bétail et du bien ; combien de vos fils et de vos filles ils vous ont enlevés et soustraits à la foi chrétienne ? Ne vous martyrisent-ils pas encore aujourd'hui ? Eh bien, vos souffrances ont été jusqu'aux oreilles du pieux empereur Alexandre Pavlovitch. Il a eu pitié de vous et a désiré vous dérober à ces cruels tourments. Informez-vous et vous saurez s'il y a dans d'autres empires de pareils tourments. Vos souffrances ont été connues de toute l'Europe et dans toutes les gazettes on a écrit sur votre martyre. Aussi votre cœur pourra-t-il avoir l'idée de se tourner vers vos ennemis et cruels tourmenteurs? Fuyez-les, chers chrétiens, comme on fuit un serpent cruel et venimeux, accourez vers cette pieuse armée russe et entrez en relations avec elle. Considérez les Russes comme des frères de votre sang; servez-les avec fidélité et affection : recevez-les dans vos maisons; traitez-les bien et, s'ils veulent aller quelque part, indiquez-leur le chemin bien exactement, sans perfidie.

Mais surtout, chrétiens, gardez-vous de la trahison de Judas comme du feu de l'enfer. Qu'aucun chrétien ne tombe dans ce grave péché, car il serait puni dans ce monde et dans l'autre, parce qu'il a livré son âme à l'ennemi des chrétiens.

Ainsi, si vous servez fidèlement, nous espérons en la volonté de Dieu que dans peu de temps vous aurez joie et bonheur, que vous vivrez en paix et en tranquillité, ce que nous vous souhaitons à tous. Amen.

Nous avons encore un autre document signé de Sofroni pendant son séjour en Valachie : c'est une lettre adressée par cinq notables bulgares de Bucarest — dont il est — à un de leurs compatriotes qui avait rendu des services aux Russes pendant la campagne. Cette lettre est datée du 2 août 1815.

A partir de cette date on perd le trace de Sofroni. On ignore quand il est mort, où repose sa dépouille, et le patriote bulgare ne sait où porter l'hommage que sa piété voudrait rendre au fondateur de la littérature nationale.

Revenons un peu sur le livre qui lui a valu cet honneur. Cet ouvrage n'a pas la prétention d'être original. Nous en avons cité plus haut le titre. Nous avons vu qu'il est simplement traduit du slavon et *de la très profonde langue grecque*. Il n'était pas facile de trouver un éditeur à Bucarest pour un livre destiné aux voisins de Bulgarie, et les modestes ressources de Sofroni ne lui permettaient pas de l'imprimer à ses frais. Mais il y avait en Roumanie une colonie de riches marchands bulgares à la générosité desquels l'évèque pouvait s'adresser. C'est ce qu'il fit dans une lettre qui nous a été conservée. C'est un document tout ensemble touchant et naïf, d'un style pénible et fort inexpérimenté. On me saura gré, je crois, d'en citer quelques spécimens :

Très nobles et très illustres négociants, nos fils spirituels Hadji Kyre[1] Petko, Kyre Iovko, Kyre Savva... et autres chrétiens qui vous trouvez en Valachie, Moldavie, chers enfants de notre humilité, paix et bénédiction...

Votre généreux caractère, votre magnanime dignité qui a rendu votre nom fameux dans des endroits lointains m'a encouragé à écrire à Vos Honneurs et bien que je n'aie pas eu la joie de voir vos respectables visages, je dois respecter votre dignité. Et à cause de cela j'ose écrire à Votre Noblesse comment moi, humble, avec la sainte volonté de Dieu, je me suis décidé à écrire les Évangiles des dimanches avec leur interprétation... en les traduisant de la langue slavonne et de la profonde langue grecque dans la simple langue bulgare pour être lus les dimanches dans les églises, de façon à ce qu'ils puissent être compris par les hommes simples et sans éducation, les hommes et les femmes. Car nos livres sont écrits dans l'ancienne langue slave et les gens simples ne comprennent pas la loi divine et beaucoup de prêtres ne la comprennent pas. Pour cette raison, je me suis appliqué, moi pécheur, et j'ai transcrit ce livre édifiant en la langue bulgare vulgaire telle que nous la parlons.

Sofroni estime à dix mille gros la dépense qu'occasionnera son édition et il conclut en demandant à ses compatriotes de l'aider pour le bien commun de toute la nation. Il les y invite dans l'intérêt de leur âme.

Cette œuvre, dit-il, est bien meilleure que celle de la Sainte Montagne, — c'est-à-dire du mont Athos qui jouissait d'un grand crédit chez les peuples balkaniques. — Car dans mille églises on

1. Kyre est le mot grec κύριος.

prie pour votre âme tant que durera le monde et combien d'hommes ce livre édifiant ne mettra-t-il pas dans la vraie voie!... Un tel livre dans la simple langue bulgare, il n'y en a pas encore eu dans le monde. De tels livres en langue populaire, il y en a chez les Grecs, chez les Serbes, chez les Valaques, chez les Russes et chez les peuples d'autres religions. Seuls nos pauvres Bulgares n'ont pas reçu un tel don. C'est pourquoi ils sont obscurcis par l'ignorance. Appliquons-nous donc à mettre ce livre au jour, seulement pour qu'il y ait un commencement; après nous on peut espérer qu'il y aura beaucoup de livres en langue populaire; l'important est qu'il y ait un commencement.

Je vous en prie, aidez-moi donc, moi, votre humble prélat qui suis de votre race bulgare; aidez-moi dans cette entreprise.

Cet appel est daté du 29 avril 1805.

Il fut entendu. Ceux qui aidèrent Sofroni à faire paraître le modeste volume ne se doutaient guère qu'il marquait une date dans l'histoire de leur peuple et qu'il allait être le point de départ d'une nouvelle littérature.

Sofroni déclare que, pour rédiger son volume, il s'est servi de textes slavons et de livres grecs. Il serait assez difficile de déterminer les originaux des textes slavons, mais on sait que l'original grec est un ouvrage du prélat Nicéphore Theotoki, imprimé pour la première fois à Moscou en 1796. Une seconde édition de ce livre parut à Bucarest en 1803. C'est évidemment de cette édition que Sofroni s'est inspiré; mais la plupart du temps il ne s'est pas borné à une traduction littérale; il a paraphrasé, adapté, résumé, surtout résumé. Car l'ouvrage grec est plus considérable que l'imitation bulgare, dans laquelle interviennent d'ailleurs encore des fragments empruntés à certains manuscrits slavons.

Le succès de l'ouvrage dépassa les espérances de l'évêque. Son nom est resté attaché au livre qui est encore aujourd'hui populaire. De même que nous disons un calepin, un Lhomond, un Bouillet, on dit encore aujourd'hui en Bulgarie un *Sofronie* pour désigner ce recueil qui est la lecture favorite des âmes dévotes. On doit encore à l'évêque d'autres ouvrages imités ou traduits du grec et une copie de la fameuse *Chronique de Païsii,* chronique qui, comme nous l'avons dit plus haut, ne fut publiée que plusieurs années après sa mort. Ces ouvrages ne méritent pas de nous arrêter. Ce qui nous intéresse dans l'œuvre de Sofroni, ce sont ses inappréciables Mémoires, c'est le volume édifiant paru à Bucarest en 1806 et qui est la pierre angulaire de la nouvelle littérature bulgare.

L'HISTORIEN BULGARE PAISII

Nous venons d'étudier la figure si curieuse de l'évêque Sofroni, qui est considéré comme le fondateur de la littérature bulgare moderne et dont les mémoires constituent une contribution importante à l'histoire des populations chrétiennes de l'empire ottoman durant la seconde moitié du XVIIIe siècle.

Avant Sofroni un autre prêtre bulgare a joué un rôle considérable dans la renaissance intellectuelle de sa nation. C'est le moine Paisii, auquel un de ses compatriotes, M. Boïan Penev vient de consacrer une monographie qui comble une véritable lacune de la littérature bulgare.

Si bas qu'ils fussent tombés sous la domination ottomane, les Bulgares n'étaient pas cependant absolument isolés de leurs congénères slaves. Les négociants de Raguse, qui ont exercé une influence si heureuse sur les Serbes de Bosnie-Herzégovine, avaient aussi des comptoirs et envoyaient des voyageurs dans les pays bulgares.

Les Grecs, avec l'appui des Turcs, avaient imposé leur langue, leur liturgie, leur costume. Les Bulgares un peu riches se croyaient Grecs, de même que naguère à Prague les bourgeois tchèques se croyaient volontiers Allemands. Dans l'église grecque de Temesvar, Rakovski a relevé avec indignation cette inscription: Εσύστησε Ζλάτκος φιλογενής Ἕλλην ἀπὸ Γαμπροβο. S'il est un nom slave, c'est à coup sûr celui de Zlatko (de zlato, or) et s'il est une ville bulgare, c'est cette ville de Gabrovo[1] qui fut un des premiers foyers de la renaissance bulgare.

La connaissance de langue grecque ouvrait aux esprits un peu curieux l'accès du monde extérieur. Mais elle menaçait l'existence même de la natation. Paisii fut le premier à réagir contre l'hellénisme et à recueillir la tradition nationale.

On sait peu de chose sur sa vie. Il était né dans l'éparchie de Samokov, c'est-à-dire à l'ouest des pays bulgares ; il fut moine au mont Athos, au monastère de Khilandar, où il se rencontra avec des congénères serbes. Ce couvent possédait une précieuse collection de manuscrits. Paisii était hiéromonaque, c'est-à-dire prêtre régulier, et il remplissait les fonctions d'assistant ou de vicaire auprès de l'hégoumène. Il avait alors quarante-deux ans et l'on sait, d'ailleurs, qu'il était venu au mont Athos, en 1745, à vingt-trois ans.

Le monastère de Khilandar joue un rôle considérable dans l'histoire religieuse et intellectuelle des Slaves méridionaux. Richement doté vers la fin du XIIe siècle par le prince serbe Étienne Nemania, qui s'y fit moine sous le nom de Siméon, il a survécu à toutes les révolutions qui ont bouleversé la péninsule balkanique. En 1896, il reçut la visite du roi de Serbie, Alexandre : les moines firent hommage au jeune souverain d'un Évangéliaire dont à ses frais une édition fac-simile fut publiée à Vienne.

Au moment où Paisii vint résider à Khilandar, la communauté traversait une crise assez pénible. Elle était endettée vis-à-vis des Turcs qui lui réclamaient un tribut annuel de trois mille *groch* ou piastres (environ 9 000 francs), Il y avait beaucoup de désordre et de discorde dans la communauté. Aussi Paisii s'en alla au monastère de Zographos où il eut la bonne fortune de trouver beaucoup de documents sur la Bulgarie. Il nous apprend encore qu'il alla ensuite dans la terre allemande, c'est-à-dire en Autriche et

1. C'est à Gabrovo que fut ouvert en 1835, le premier établissement d'enseignement secondaire bulgare.

qu'il y découvrit le livre de Mavro Orbini, dont nous avons déjà parlé ici même à propos de l'historien serbe Raïtch : *Il regno degli Slavi*. Nous savons d'ailleurs qu'en 1761 il était à Karlovci en Croatie[1], chargé d'une mission par le monastère de Khilandar, dont il était devenu prohégoumène. Il avait à faire exécuter le testament d'un archimandrite de Khilandar, décédé à Karlovci et qui léguait ses biens à la communauté. La signature qu'il eut l'occasion de donner alors est le seul autographe que nous possédions de lui. Il est peu probable qu'il sût l'Italien, et il dut lire Orbini dans la traduction russe exécutée par ordre de Pierre le Grand.

Nous savons encore par une note qui figure sur un de ses manuscrits, celui de Kotel, que Paisii, au commencement de l'année 1765 était dans cette ville qui a joué un si grand rôle dans la renaissance intellectuelle des Bulgares[2]. Il y rencontra le jeune Sofroni. Il avait apporté avec lui le manuscrit de son histoire et Sofroni en fit une copie, ainsi qu'il nous l'apprend lui-même dans ses Mémoires. Malheureusement Sofroni a oublié de nous dire dans quelles circonstances il avait rencontré l'historien et quelle impression il avait faite sur lui. La Bulgarie renaissante s'efforce par tous les moyens de prouver sa gratitude à ceux qui ont contribué à sa résurrection. A ses peintres, à ses sculpteurs, je me permets de signaler un beau sujet de tableau, de groupe ou de bas-relief : la rencontre de Paisii et de Sofroni.

Voilà tout ce qu'on sait de la vie de Paisii. On ignore même la date de sa mort. Sur sa vie morale, sur les raisons qui le décidèrent à écrire — comme il le pouvait — l'histoire de sa nation, il nous fournit quelques indications dans l'épilogue qui accompagne son histoire : « Peu à peu j'étais rongé par le souci, par la douleur que m'inspirait la nation

1. *Archiv für Slavische Philologie* t. XII, p. 620. Karlovci est plus connu sous la forme allemande *Karlowitz*.

2. Elle a vu naître notamment l'évêque Sofroni, le médecin pédagoque Biron, l'historien Rakovski.

bulgare ». Singulière coïncidence, c'est le même langage que tiendra un demi-siècle plus tard le Slovaque Kollar, le futur poète du Panslavisme.

A Iéna, dit-il, dans ses mémoires, je commençai à éprouver des sentiments inconnus jusqu'alors, des douleurs poignantes, comme celles qui nous saisissent dans les cimetières, mais bien autrement grandioses. C'étaient des sentiments sur la mort du peuple slave dans ces contrées, sur les tombeaux de nos chers ancêtres, des Serbes[1] écrasés et détruits. Chaque localité, chaque village, chaque rivière, chaque montagne portant un nom slave me semblait un tombeau, un monument d'un gigantesque cimetière.

En citant ces paroles, il y a longtemps, en 1888, j'ajoutais : « Ce patriotisme archéologique fait peut-être sourire ; mais, qu'on y réfléchisse, c'est un sentiment analogue qui a produit l'unité allemande ». Paisii nous dit sur le titre de son ouvrage qu'il a composé « pour le profit de notre nation bulgare ». Et au début de son histoire il s'exprime ainsi :

J'ai eu un zèle ardent pour ma race et ma patrie bulgare et je me suis donné beaucoup de mal pour étudier beaucoup de livres et d'histoires afin d'écrire les annales de la nation bulgare. C'est pour votre utilité et votre gloire que je l'ai écrite, vous qui aimez votre race et votre patrie bulgare et qui aimez à connaître votre race et votre langue.

Dans le monastère du mont Athos Paisii s'était rencontré avec des moines grecs et serbes qui le raillaient de ce que sa nation n'avait pas d'histoire, et ces railleries avaient surexcité tout ensemble sa curiosité et son patriotisme. Il voulait, ainsi qu'il le dit dans son épilogue, que ses compatriotes ne fussent plus tournés en dérision et humiliés par les autres nations.

Les Russes et les Serbes se vantent d'avoir avant nous reçu

1. Il s'agit des Serbes de l'Elbe appelés aussi Sorabes.

l'écriture slave et le baptême, mais ce n'est pas vrai. Ils ne peuvent produire là-dessus aucun témoignage. J'ai vu que beaucoup de Bulgares adoptent la langue et les mœurs des étrangers et méprisent leur langue; c'est pourquoi j'ai écrit contre les insulteurs de nos ancêtres qui n'aiment pas leur langue et leur patrie, et pour vous qui aimez à connaître votre langue et votre race, afin que vous sachiez que nos tsars, nos patriarches et nos prélats bulgares n'ont pas été dépourvus d'annales, de livres ni de tropaires[1], et combien de temps ils ont régné.

Paisii explique que ces documents n'ont pas été conservés faute d'imprimeries slaves et à cause de la négligence et de l'ignorance générales. D'autre part, après la conquête turque, les églises et les monastères ont été incendiés et avec eux les manuscrits.

Paisii commence par des considérations générales sur l'importance de l'histoire, puis à l'instar des anciens chroniqueurs il remonte jusqu'au déluge et au partage des races. Il raconte comment Moskhos fils de Japhet[2] habita la région du nord et devint père de la race slave à laquelle appartiennent les Bulgares.

En invoquant le nom de ce Moskhos légendaire Paisii affirme la parenté des Bulgares et des Serbes. Dans son récit historique il consacre un chapitre particulier à l'histoire des Serbes, dont la destinée est intimement mêlée à celle de leurs voisins bulgares. Après avoir raconté, comme il peut, l'histoire politique des Bulgares, il consacre deux chapitres à l'histoire religieuse et aux saints nationaux.

Le but que poursuit Paisii en compilant son ouvrage est avant tout patriotique. Il veut relever dans leur propre

1. Dans le texte Kondiki. C'est le grec κοντακίον, tropaire, qui contient en abrégé le sujet de la fête du jour. Clugnet, *Dictionnaire des noms liturgiques*, Paris, 1895.

2. Il y a dans la Genèse (chap. x) un fils de Japhet nommé Mescech (traduction d'Osterwald). De ce personnage, l'historien polonais Stryjkowski, dans sa *Chronique polonaise, lithuanienne, samogitienne et russe* publiée en 1582, avait fait le père des Moscovites et de tous les Slaves. Cette généalogie fabuleuse a été acceptée par la plupart des chroniqueurs polonais et slaves.

estime ses compatriotes qui rougissent de leur nom et de leur langue ; il exalte autant que possible les Bulgares au détriment des Serbes et des Grecs. Il représente les Grecs comme un peuple astucieux et perfide. Si parfois ils ont vaincu les Bulgares, c'est plutôt par la ruse que par la bravoure.

Les Grecs, dit-il, avaient la sagesse, et la politique et beaucoup de cérémonies[1] ; les Bulgares avaient la vaillance.

Il proclame avec raison que si les deux peuples voisins avaient su s'allier contre les Turcs, ils n'auraient pas été soumis par eux :

Ils ont attiré sur eux la colère de Dieu ; ils ont perdu leur empire et sont devenus les misérables serfs des Turcs jusqu'à aujourd'hui. Et les Turcs les ont entourés partout. Mais les Grecs ont appelé les Turcs à leur secours et se sont livrés à eux...

Paisii apostrophe avec violence ceux de ses compatriotes qui sont tentés de se laisser helléniser.

Pourquoi, insensé, as-tu honte de ta langue et te traînes-tu après une langue étrangère ? Mais on répond : les Grecs sont plus sages[2] et plus politiques. Les Bulgares sont simples et sots et n'ont pas une langue politique. Mais comprends donc, insensé ! Il y a beaucoup de nations plus sages que les Grecs et plus glorieuses. Est-ce que quelque Grec abandonne sa langue et sa race comme tu fais, toi qui ne tires aucun avantage de cette sagesse et cette politique grecque ? Bulgare ! ne te laisse pas égarer ; connais ta race et ta langue et apprends ta langue. La simplicité et l'innocence bulgare sont bien supérieures. Les Bulgares simples reçoivent des hôtes dans leur maison et font l'aumône ; les Grecs sages et politiques ne font pas cela, mais ils dépouillent les simples et s'enrichissent de façon injuste ; et il y a plutôt du péché que du profit dans leur sagesse et leur politique. Es-tu honteux

1. La langue de Paisii est fort embarrassée. Tout ceci veut dire que les Grecs étaient plus civilisés.

2. Voyez la note précédente.

de ce que les Bulgares sont des gens simples, de ce qu'il n'y a pas chez eux des négociants et des littérateurs... mais de simples laboureurs, des terrassiers, des bergers et autres artisans! Je te répondrai simplement ceci : d'Adam à David, à Joachim ou à Joseph, le fiancé de la Vierge, combien y a-t-il eu de justes, de prophètes, de patriarches qui ont été appelés grands sur la terre et devant Dieu? Il n'y a eu parmi eux aucun négociant, aucun homme artificieux et superbe comme ceux que vous honorez et estimez aujourd'hui et à la suite desquels vous vous traînez, adoptant leur langue et leurs mœurs. Mais tous ces anciens justes étaient des laboureurs et des bergers, des hommes simples et sans malice. Et le Christ lui-même voulut naître et vivre dans la maison de l'humble et pauvre Joseph. Ainsi vous voyez comme Dieu aime les simples et innocents laboureurs et bergers, comme il les a glorifiés. Et vous rougissez de ce que les Bulgares sont des bergers et des laboureurs simples et sans malice et vous abandonnez votre race et votre langue et vous vous glorifiez d'une langue et de coutumes étrangères.

Étudié au point de vue historique, le livre de Paisii fourmille naturellement d'erreurs, de lacunes et d'omissions. Mais envisagé au point de vue psychologique, il constitue un document de premier ordre pour qui veut se rendre compte de l'évolution de cette nationalité bulgare, qui constitue aujourd'hui un facteur si considérable parmi les nations qui se partagent la péninsule balkanique.

LA BULGARIE MODERNE

Dans un volume qui a paru il y a plus d'un quart de siècle[1], j'ai étudié naguère la situation de la jeune principauté de Bulgarie et ses chances d'avenir. J'écrivais, à la dernière page, les lignes suivantes :

« Vienne une crise quelconque en Orient et les trois tronçons imaginés par le traité de Berlin[2] profiteront de la première occasion pour chercher à se réunir. En ce qui me concerne, je ne doute pas que l'union ne se fasse au profit de la Bulgarie du nord. Dès maintenant nous pouvons saluer l'entrée d'un membre nouveau dans la grande famille des états civilisés. »

Ma prédiction s'est réalisée plus tôt que je ne l'aurais imaginé. Le royaume de Bulgarie, à la suite de circonstances que nos lecteurs connaissent, a proclamé son indépendance, et cette indépendance, après des négociations qui ont été longues, mais en somme peu laborieuses, est reconnue aujourd'hui par toute l'Europe. Petit-fils de Louis-Philippe, cousin du roi des Belges et de la reine Amélie de Portugal, Ferdinand de Saxe-Cobourg vient d'entrer triomphalement dans la famille des souverains européens. Parmi les états balkaniques la Bulgarie est après la Grèce, celui qui a fait la carrière la plus rapide. La Serbie et la Roumanie ont mis plus d'un demi-siècle à faire reconnaître leur indépendance et à prendre le nom de royaume.

1. *La Save, le Danube et le Balkan*. Voyage chez les Croates, les Slovènes, les Serbes et les Bulgares (Paris, Plon, 1884).

2. La principauté de Bulgarie, la Roumélie orientale et la Macédoine.

I

On s'est un peu étonné au début du titre de tsar adopté par le prince Ferdinand. Il suffit de consulter la classique histoire des Bulgares, par M. Constantin Jireczek, de l'Académie de Vienne[1], pour constater que depuis le xe siècle jusqu'à l'année 1393 tous les souverains de Bulgarie ont porté le titre de *tsiesar*, abrégé plus tard sous la forme *tsar*. Comme l'allemand *Kaiser*, le mot dérive du latin *Cæsar*. Quelques-uns s'intitulaient *tsiesar* des Bulgares et des Grecs. Leur nouveau successeur, Ferdinand Ier, n'affiche pas d'aussi hautes prétentions.

Dans une ancienne église qui subsiste encore à Trnovo on peut lire une inscription qui débute ainsi :

« Moi Jean Asen, tsar fidèle au Christ, fils d'Asen Ier, j'ai construit cette église... »

En reprenant le titre de tsar, le prince Ferdinand n'a donc fait que se conformer à la tradition nationale. Il ne faut pas d'ailleurs s'exagérer l'importance de ce titre. Il est la traduction du grec *basileus* et peut aussi bien se traduire par roi que par empereur. Il ne peut, en aucune façon, faire ombrage à l'empereur de toutes les Russies. Depuis Pierre le Grand les souverains russes portent le titre latin d'*imperator* ; ils gardent celui de tsar pour la Pologne et les anciens états (Kazan, Astrakhan, etc.), depuis longtemps absorbés par l'unité russe. C'est donc à tort, — et par suite d'une tradition aujourd'hui abrogée, — que nous disons le tsar en parlant de l'empereur Nicolas II ou de ses derniers prédécesseurs.

Le souverain de Bulgarie porte donc le titre de roi comme son voisin de Serbie ; notons toutefois, à titre de curiosité, que malgré la parenté intime des deux langues slaves les

1. Édition russe de 1882. Cet excellent ouvrage, publié pour la première fois en tchèque, a été aussi traduit en allemand.

deux titres ne sont pas identiques : Ferdinand est *tsar* ; Pierre Karageorgevitch est *kral* et cette dénomination n'est pas d'une moins illustre origine : kral n'est autre qu'une déformation du germanique Karl. C'est le nom de Charlemagne qui comme celui de César, est devenu synonyme de souverain. Au temps où les chefs de la Serbie et de la Bulgarie avaient simplement le titre de prince, ce titre était encore représenté par un vocable germanique : *knez* ou *kniaz* (le prince), qui dérive du même primitif que l'allemand *König* (le roi).

II

La Bulgarie, émancipée depuis trente ans, a eu trop de politiciens et pas d'hommes vraiment politiques, et de ces politiciens elle a fait une effroyable consommation. Ils se sont écroulés les uns sur les autres comme des capucins de cartes, et parfois ils se sont assassinés.

« Le peuple bulgare, dit M. Drandar[1] délivré par les armes russes du joug oppresseur des Ottomans, n'était point préparé pour la vie politique; il est permis de dire aujourd'hui que l'émancipation fit surgir des hommes dont ni l'instruction ni le caractère n'étaient à la hauteur du rôle qui leur échut. Il serait injuste de leur en faire un reproche; après cinq siècles d'esclavage, le peuple bulgare ne pouvait avoir la connaissance et surtout l'expérience nécessaires pour apprécier à sa valeur une liberté politique conquise par le sang d'une armée étrangère; il ne pouvait se trouver prêt à exercer avec le tact, la modération, la souplesse indispensables, ce self-government.

« Il en est des peuples comme des individus; est-ce la faute de l'enfant s'il se blesse avec le couteau que sa mère a imprudemment laissé entre ses mains? Le peuple bulgare, lors de sa libération, était, lui aussi, politiquement un enfant; il était probable, sinon inévitable, qu'il ferait des fautes dans les premières années de sa nouvelle existence. »

1. Dans son volume *la Bulgarie sous le Prince Ferdinand* (Bruxelles, 1908).

Le spectacle des agitations politiques dont j'avais été témoin il y a un quart de siècle m'avait inspiré des réflexions analogues d'un caractère assez pessimiste :

« Je ne crois pas, écrivais-je alors, que les constitutions libérales soient précisément faites pour les peuples enfants. Ce sont des engins perfectionnés ; ils demandent pour être maniés avec succès une expérience qui ne s'acquiert, hélas, qu'avec le temps. Echanger brusquement le régime arbitraire des pachas contre le plein exercice de la liberté parlementaire, c'est là pour un peuple une dangereuse épreuve ; c'est comme si l'on passait brusquement à l'air libre en sortant d'une cloche d'air comprimé.

« Certes, le droit de réunion, la liberté de la presse, la responsabilité ministérielle, sont pour un peuple de précieuses prérogatives ; sont-elles indispensables à une nation qui ne sait encore faire ni son pain, ni son vin, qui laboure encore avec une charrue de bois et chez qui la moitié du sol est en jachère ? J'en doute ; s'il m'était permis de faire un vœu en faveur des Bulgares, je leur souhaiterais moins un souverain constitutionnel qu'un bon tyran, un sultan Mahmoud, un Pierre-le-Grand inexorable et farouche qui les fît entrer de force en Europe, qui osât forcer chez eux la marche du progrès et les émanciper définitivement des traditions ottomanes, comme le tsar de fer émancipa son peuple des traditions byzantines ou tatares[1]. »

Lorsque dans le courant du mois de septembre 1886 le prince Alexandre de Battenberg, vainqueur des Serbes et bénéficiaire de l'union définitive des deux Bulgaries du nord et du sud, crut devoir abdiquer devant la mauvaise volonté de la Russie, les Bulgares se trouvèrent fort embarrassés. En proclamant la république, ils auraient évidemment échappé à l'ennui de mendier un souverain à travers l'Europe ; mais ils sentaient bien qu'ils n'étaient pas encore capables de se gouverner eux-mêmes, que sur eux pesait la tare héréditaire, l'esprit anarchique de la race (*Ethnos anarchikon kai misallélon*, race anarchique et incapable d'amour mutuel, avait dit de leurs ancêtres un empereur byzantin),

1. *La Save, le Danube et les Balkans*, p. 218, 219.

et ils se mirent en quête d'un souverain. Le poste n'était pas très tentant ; le titulaire de la principauté de Bulgarie allait être soumis à une double servitude : d'une part la suzeraineté officielle, diplomatique, de la Porte, d'autre part la suzeraineté officieuse, mais effective, de la Russie. Le prince Valdemar de Danemark, sur qui on avait d'abord compté, refusa ; le prince Ferdinand de Saxe-Cobourg, alors lieutenant de l'armée austro-hongroise, accepta et fut proclamé par l'assemblée nationale réunie dans l'antique capitale de Trnovo. La Russie se refusa à le reconnaître et les autres puissances imitèrent son exemple. Le prince, Français par sa mère la princesse Clémentine, fille de Louis-Philippe, connaissait bien nos classiques et sans doute il avait médité les vers célèbres de La Fontoine :

Patience et longueur de temps,
Font plus que force ni que rage.

III

Arrivé à Sofia, il prit très au sérieux son rôle de souverain constitutionnel et s'appliqua à louvoyer entre les partis. Je disais tout à l'heure que vers 1884 je souhaitais à la Bulgarie un bon tyran. La Bulgarie en eut un — était-il bon ? c'est une autre question, — dans la personne d'Etienne Stamboulov qui fut, pendant plusieurs années, premier ministre. C'était un avocat de Trnovo qui, en 1884, devint président de l'assemblée nationale (*Sobranié*). Quand le prince Alexandre de Battenberg avait cru devoir quitter la Bulgarie, il avait institué un conseil de régence composé de Stamboulov, de son beau-frère le colonel Moutkourov et de Karavelov. Le prince Ferdinand en arrivant au pouvoir dans un pays inconnu, ne pouvait faire autrement que de mettre Stamboulov à la tête du cabinet. Dans ces fonctions Stamboulov se montra fort peu scrupuleux vis-à-vis de ses adversaires, mais en somme il inspira aux Bulgares confiance en eux-mêmes. Il leur apprit qu'ils pouvaient vivre et progresser en dépit de la Russie et de l'Europe. Il finit par soulever une telle impopularité qu'il dut donner sa démission (mai 1894). Le prince respira ; Stamboulov, démissionnaire malgré lui avait passé dans l'opposition et pouvait être un adversaire dangereux. Il fut assassiné au mois de juillet 1895.

L'acte fondamental de la principauté de Bulgarie, la constitution dite de Trnovo, stipulait que le premier souverain de la Bulgarie pouvait appartenir à une religion autre que l'orthodoxie gréco-slave. Son successeur devait être orthodoxe. La Russie avait usé de ce prétexte pour ne pas reconnaître le prince Ferdinand qui était, dans l'ordre chronologique, le second prince bulgare, mais qui, en montant sur le trône, était resté catholique. Ferdinand était célibataire et il y avait peu de probabilité qu'il pût épouser une princesse orthodoxe, tant que la Russie lui était hostile. D'autre part, pour consolider l'avenir de la Bulgarie, il fallait une dynastie. Afin de faciliter le mariage du prince, Stamboulov fit décider par le Sobranié, en 1893, que par dérogation à la constitution de Trnovo, le premier-né de la famille princière pouvait appartenir à un autre culte que celui de l'état. Le prince épousa, dans le courant de l'année 1893, la princesse Marie-Louise de Parme : son premier fils reçut le nom essentiellement bulgare de Boris, mais fut baptisé suivant le rite catholique. La Russie ne désarmait pas ; les autres états

Imitaient son silence autour d'elle rangés.

Au risque de contrister son épouse et le monde catholique, le prince se décida à imiter l'exemple de son lointain ancêtre Henri IV, qui avait trouvé que Paris valait bien une messe. Il décida de convertir le jeune Boris à l'orthodoxie ; l'empereur de Russie consentit à être le parrain du néophyte inconscient, et du coup la Russie reconnut le souverain qui avait sacrifié les sentiments et les traditions de famille aux exigences de l'État. Peu de temps après avoir gagné cet auguste adhérent, l'orthodoxie perdit une princesse de Monténégro, qui embrassa le catholicisme pour s'assurer le trône d'Italie.

Le prince Ferdinand, sitôt rattaché par un lien spirituel à la famille impériale de Russie, fut accepté par toute l'Europe. On se rappelle le mot célèbre de Gambetta : « L'anticléricalisme n'est pas un article d'exportation. » Il semble que la République française, — qui, dès ce moment, rêvait la séparation de l'Église et de l'État, — n'avait rien à voir dans ces questions de rite ou de sacristie. Et cependant, pour complaire à la Russie, elle avait boudé le prince Ferdinand, et pour complaire de nouveau à sa grande alliée, elle le reconnut, parce que l'héritier présomptif ferait désormais le signe de la croix autrement que nous ne le faisons en France. Naguère, j'avais vu le prince Ferdinand venir incognito à Paris causer avec les amis de son pays et chercher les moyens de sortir de l'impasse où il était engagé. Maintenant il était reçu à la gare de l'Est avec les honneurs militaires, accueilli triomphalement dans ce palais de l'Élysée qui jadis ignorait sa présence, tout cela parce que son fils aîné ferait désormais ses prières en slavon au lieu de les faire en latin. Il faut avouer que l'histoire a quelquefois des surprises bien singulières.

La princesse Marie-Louise de Parme, qui avait donné deux fils et deux filles à son époux, ne survécut pas longtemps à une épreuve qui dut lui être assez douloureuse. Bonne et charitable, cette princesse a laissé un souvenir populaire. Après quelques années de veuvage, Ferdinand a épousé en secondes noces une princesse de Mecklembourg qui paraît avoir gagné en peu de temps le cœur de ses nouveaux sujets. On l'appelle la reine sœur de charité. La famille royale de Bulgarie est probablement aujourd'hui en Europe celle qui offre la plus grande diversité au point de vue des cultes. Ferdinand Ier est catholique, son épouse luthérienne, son fils aîné orthodoxe.

Tous ceux qui ont approché le nouveau roi, — j'ai eu parfois cet honneur, se plaisent à reconnaître les hautes qua lités de son esprit et cette espèce de fascination qu'il exerce sur son entourage. Ils aiment à le comparer à son oncle, le duc d'Aumale, auquel les événements n'ont malheureusement pas permis de mettre à profit tous les mérites dont la nature l'avait doué.

Ferdinand est monté sur le trône dans des circonstances délicates ; non seulement il a très habilement louvoyé au milieu des partis qui se disputent le pouvoir avec âpreté et qui souvent ne reculent pas devant les moyens les plus extrêmes pour satisfaire leurs rancunes ou leurs ambitions (assassinat de l'ex-ministre Stamboulov (1895), assassinat de Karavelov (1903), assassinat de Petkov (1907)), mais, tout en surveillant la politique intérieure, il sut tenir tête aux défiances de ses voisins, Serbes, Grecs ou Turcs, et saisir très opportunément l'instant où la puissance suzeraine serait paralysée par les ambitions autrichiennes pour proclamer cette indépendance à laquelle la Bulgarie n'aurait jamais osé songer au moment où il est monté sur le trône.

Les querelles des partis, la répartition des portefeuilles entre leurs représentants, au fond tout cela intéresse bien peu l'Europe et la postérité ne s'en souciera guère. Ce qui l'intéressera, ce qui nous intéresse avant tout, c'est le progrès économique du royaume, c'est le progrès moral de la nation bulgare.

IV

A l'occasion du vingtième anniversaire de l'avènement du souverain, ses ministres ont eu l'idée de lui adresser une série de rapports dont l'ensemble constitue ce que l'on pourrait appeler le bilan de son règne.

Ces rapports, rédigés en langue bulgare, forment un volume grand in-octavo de plus de six cents pages ; ils attestent le labeur infatigable auquel ce petit peuple a dû les succès qui n'ont pu étonner que ceux qui ne le connaissent pas. Assurément, les Bulgares ont encore beaucoup à faire pour atteindre à tous les raffinements de la civilisation occidentale. Mais ils ont droit d'être fiers des progrès accomplis sous les yeux d'une Europe, en somme médiocrement bienveillante, malgré les obstacles que leur ont tour à tour opposés leurs voisins immédiats, les Turcs, les Serbes et les Hellènes.

C'est par l'instruction publique, par l'école que la nation bulgare s'est refaite au XIXe siècle et qu'elle a réussi à échapper au double joug que faisaient peser sur elle les Turcs et les Grecs phanariotes. C'est par le rapport du ministre de l'Instruction publique que débute l'ensemble des documents administratifs que j'ai sous les yeux.

Sous le règne de Ferdinand a été votée en 1891 la loi qui organisait sérieusement l'instruction publique de la Principauté. Cette loi intéresse le budget de l'État aux écoles primaires qui jusqu'alors étaient généralement entretenues par les communes.

En 1889 la contribution de l'État aux dépenses scolaires était de 980000 francs; en 1890 elle monte à 1075000 francs. En 1907, elle est montée à 5 millions 700000 francs (On sait que le système monétaire bulgare est identique au nôtre). Le chiffre des écoliers croît en proportion de ces dépenses. Pendant l'année scolaire 1887-88 il était de 125773. Pour l'exercice 1906-1907, il a été de 334719, ce qui représente une augmentation de plus de 166 pour 100. Ce n'est pas seulement le sexe fort qui a bénéficié du progrès de l'école; la proportion des élèves femmes était en 1887-88 de 22 pour 100. Elle a dépassé 45 pour 100 pour le dernier exercice.

En 1888 le nombre des instituteurs était de 3292; il est de 7241 en 1907. A l'époque où les instituteurs étaient payés uniquement par la Commune, ils étaient réduits à un marchandage assez humiliant. On ne prenait pas toujours le plus habile, mais le plus économique. Aujourd'hui, grâce au traitement fourni par l'État, ce marchandage a disparu.

Dès maintenant, au point de vue de l'instruction élémentaire, la Bulgarie est en avance sur les pays voisins, la Roumanie, la Serbie, la Grèce. L'enseignement des femmes est surtout en progrès. La Bulgarie possède six gymnases de filles (2 à Sofia, 1 à Philippopoli, Varna, Roustchouk et Tirnovo) et quatre instituts pédagogiques, autrement dits, écoles normales. Il existe cinq écoles normales pour les instituteurs. La population de ces établissements qui était, il y a vingt ans, de 364 élèves et de 21 maîtres, est montée en 1907 à 853 élèves et 97 maîtres. L'inspection a été organisée ; elle comprend aujourd'hui un personnel de 70 inspecteurs. Il y a vingt ans les gymnases ou lycées de garçons étaient au nombre de cinq avec 2 228 élèves. On compte aujourd'hui onze gymnases et trois progymnases avec une population de 8 542 élèves. C'est un accroissement de 237 pour 100.

L'éducation artistique du peuple bulgare n'a pas été négligée. Une loi de 1896 a créé à Sofia une école de dessin qui compte actuellement 158 élèves et qui sous son titre modeste est en réalité une école des arts décoratifs.

Mais, ce qui atteste surtout le progrès intellectuel de la Bulgarie dans ces vingt dernières années, c'est le développement des institutions consacrées à la haute culture intellectuelle.

La bibliothèque nationale de Sofia ne date que de 1879. Elle compte aujourd'hui 31 350 ouvrages et pendant l'année dernière elle a reçu 21 000 visiteurs ; sa collection de manuscrits slaves a été mise à profit par de nombreux savants étrangers. Elle publie chaque année la liste de ses acquisitions.

Une autre bibliothèque publique existe à Philippopoli. Elle compte actuellement 34 000 volumes. Un musée archéologique et numismatique est joint à cette bibliothèque.

Pour bien comprendre l'importance du progrès représenté par ces chiffres il faut se rappeler que les pays bulgares avant la délivrance ne possédaient pas une seule imprimerie. Les rares livres bulgares s'imprimaient à Bucarest, à Belgrade, à Smyrne, à Constantinople.

A la bibliothèque nationale de Sofia fut adjoint dès la fondation un petit Musée comprenant quelques objets archéologiques, armures, monnaies, inscriptions latines. Un Musée indépendant fut créé par une loi de 1893. Ce musée enrichi par de nombreuses acquisitions est particulièrement riche en antiquités gréco-romaines.

Il est dirigé par un éminent archéologue, bien connu des membres de notre Académie des Inscriptions et de notre École d'Athènes. La collection numismatique compte plus de 10000 numéros. Une collection particulièrement intéressante pour les patriotes et les amis de la Bulgarie, c'est celle des antiquités bulgares proprement dites et des documents relatifs à la renaissance nationale. Une galerie de peinture et une galerie ethnographique y sont annexés.

Si avant son indépendance la nation bulgare n'avait ni imprimerie, ni collections, ni bibliothèque, à plus forte raison, ne pouvait-elle songer à avoir un théâtre permanent. C'est en Roumanie que vers 1860 s'organisa la première troupe bulgare et que furent données les premières représentations.

Après la proclamation de l'indépendance en 1884 une troupe réussit à se constituer à Philippopoli. Elle donna ses représentations dans un café-concert qui portait un nom français ; il s'appelait le Luxembourg.

En 1888 elle vint à Sofia et s'établit dans une baraque de foire. Il faut un commencement à tout. En 1889 elle reçut du Ministère de l'Instruction publique une subvention de 10000 francs.

En 1888 elle s'établit dans un théâtre provisoire ; en 1890 elle s'adjoignit une troupe d'opéra dont les éléments furent en grande partie fournis par la nation tchèque. En 1894 le ministère de l'Instruction publique institua un comité de direction ; un peu plus tard la troupe fut placée sous les ordres d'un intendant. La subvention budgétaire fut portée en 1906 à la somme de cent dix mille francs. Des artistes des pays slaves, notamment du théâtre d'Agram et du théâtre de Prague vinrent se dévouer à l'éducation artistique de leurs jeunes camarades bulgares.

En 1904 fut commencée la construction d'un théâtre définitif qui n'a pas coûté moins de 1 500 000 francs, y compris les frais d'installation, de décors, d'ameublement, de costumes. Ce théâtre fut inauguré le 3 janvier 1907 en présence du souverain. Le répertoire est dû en partie à des écrivains nationaux (Droumov, Millarov, Vazov, Théodorov), en partie aux chefs-d'œuvre des scènes étrangères, notamment de la nôtre ; Molière y voisine avec Shakespeare et Sardou avec Dumas fils.

V

A côté de la bibliothèque, du Musée, du Théâtre, les Bulgares ont, l'année même de l'avènement du prince Ferdinand, ouvert à Sofia un Institut météréologique.

Depuis 1906, cet établissement publie un bulletin français et il a donné en français et en bulgare plusieurs volumes d'observation sur les tremblements de terre en Bulgarie.

En 1904 a été ouvert un musée pédagogique, une école pour les sourds-muets, inaugurée en 1898, une école pour les aveugles en 1904.

En 1888 a été fondée à Sofia une École supérieure transformée en Université par une loi du 16 février 1901. Elle publie tous les ans en bulgare et en français le programme de ses cours.

Elle ne comprend encore que trois Facultés, celles des Lettres, des Sciences et du Droit. Une Faculté de Médecine exige des cliniques, des amphithéâtres, des laboratoires considérables et ne saurait être l'œuvre d'un jour.

Chaque année, un grand nombre de jeunes gens des deux sexes vont étudier en Autriche, en Allemagne, en France, en Suisse, en Belgique. En France, les villes qu'ils fréquentent de préférence sont Paris, Aix, Montpellier. Quelques-uns d'entre eux font parmi nous des études très brillantes. Faut-il rappeler que le dernier ministre de Bulgarie à Paris, le Dr Zolotovitz, avait été l'un des plus brillants élèves de Montpellier ? Il y a une dizaine d'annés, une jeune Bulgare sortit seizième sur vingt-cinq de notre École Normale de Fontenay ; une autre étudiante bulgare a passé le Doctorat ès lettres, dit d'Université, à la Faculté des Lettres d'Aix. Une autre a obtenu récemment à la Sorbonne la cote la plus haute qui ait été donnée pour la langue française ; elle partageait cet honneur avec une jeune Russe. Nos étudiants Bulgares sont beaucoup moins mondains, beaucoup moins agités que les Russes ou les pseudo-Russes et font beaucoup moins parler d'eux ; mais il y a parmi eux beaucoup moins de détraqués. Qu'ils restent fidèles aux solides qualités de leur race et qu'ils ne se laissent pas séduire par le spécieux mirage des grands mots et des magiques formules. Qu'ils comprennent bien surtout que, soit à Sofia, soit à Paris, pour l'étudiant le premier devoir c'est d'étudier.

Les étudiants Russes ont inventé dans ces dernières années de *se mettre en grève*. C'est une façon plus ou moins légale de déguiser une fâcheuse tendance à la paresse. Les étudiants Bulgares se sont une fois laissé entraîner à ce fâcheux exemple. Je les engage à ne pas recommencer. Ce n'est que par le travail assidu, *labor improbus*, qu'ils pourront réussir à reconstituer à fond leur nationalité et à lui mériter l'estime de l'Europe.

Le nombre des étudiants de l'Université de Sofia a été, pour 1907, de 1 350 étudiants dont cent soixante-douze étudiantes.

On n'exagère pas, je crois, en évaluant à deux ou trois cents celui des étudiants des deux sexes qui étudient à l'étranger, soit pour leur compte, soit aux frais du gouvernement. La plupart d'entre eux vont se concentrer dans les pays de langue française. Et la Bulgarie est parmi les peuples d'Orient l'un de ceux où notre influence est le mieux accueillie.

Le prince, aujourd'hui Roi, a créé à Sofia un Jardin Zoologique et un Cabinet d'Histoire naturelle accessibles au public.

Le ministère de l'Instruction Publique a créé ou entretient

un certain nombre de publications. La plus importante est celle du Recueil de folk-lore, de science et de littérature dont vingt et un volumes ont déjà paru. Les dix-sept premiers ont été édités par les soins du ministère ; la publication des travaux a été confiée à la Société des Sciences de Sophia. Cette Société a joué le rôle d'une sorte d'Académie. Parmi les autres publications éditées sous les auspices du ministère, je signalerai encore celles des *Matériaux pour l'histoire de la Bulgarie, des Anciens textes bulgares* éditées par la Commission archéographique, instituée auprès du Département. Une Académie a été récemment fondée.

Le ministère édite encore un journal technique qui donne en primes à ses souscripteurs un certain nombre d'ouvrages pédagogiques.

J'écrivais il y a bientôt un quart de siècle : « C'est par l'école surtout que s'opérera la régénération du peuple bulgare, ». L'école n'a pas déçu ces prévisions optimistes. C'est elle qui a fait l'unité morale du monde bulgare. Cette unité c'est l'armée qui l'achèvera et qui la maintiendra.

Cette armée a d'abord été instruite et organisée par des officiers russes qui l'ont brusquement abandonnée en 1885 au moment où la Roumélie occidentale, c'est-à-dire la Bulgarie du Sud dénonçant le traité de Berlin, — où elle n'avait pas été consultée, — a décidé son union avec la Bulgarie du Nord. On sait avec quelle aisance ces étrangers ont été remplacés par des officiers indigènes, avec quelle vaillance la jeune armée bulgare a reçu le baptême sur le champ de bataille de Slivniça, quels ont été ses succès pendant la dernière campagne.

L'Union une fois établie entre les deux Bulgaries, l'armée du Nord qu'on pouvait évaluer alors à cent cinquante mille hommes se trouva renforcé des contingents rouméliotes. Ces contingents, la puissance suzeraine, la Turquie les avaient réduits au strict minimum. Ils constituaient une milice et non une armée ; cette milice ne comptait sous les armes que douze bataillons, un escadron de cavalerie, une demi-batterie d'artillerie, une compagnie de génie. En appelant à la fois les douze classes tenues au service, on arrivait à un total de 46 000 combattants. Par mesure de précaution, l'artillerie n'avait point de gargousses et n'avait jamais tiré un coup de canon.

On se rappelle avec quelle ardeur ces milices se portèrent au secours de l'armée bulgare, traîtreusement surprise par le roi Milan et comment elles scellèrent de leur sang le pacte qui constituait la nouvelle Bulgarie.

L'Union des deux Bulgaries, l'élection du prince Ferdinand furent accueillies par l'Europe officielle avec une mauvaise volonté peu déguisée. Voici quel était au moment de son avènement l'état de l'armée bulgare :

Elle se composait de l'armée proprement dite et de la milice.

L'armée était ainsi composée :

Infanterie : six brigades à deux régiments de quatre bataillons, 641 officiers et 18 844 sous-officiers.

Cavalerie : trois régiments et un escadron d'escorte princière.

Artillerie : trois régiments d'artillerie de campagne, chacun à six batteries de huit pièces, un détachement de montagne et une batterie de siège.

Génie : un régiment à six compagnies et une compagnie de télégraphistes.

Au début du règne du prince Ferdinand l'armée territoriale (opltchenie) était absolument dépourvue de cadres. La flottille militaire comprenait plutôt des transports que des vaisseaux de guerre.

En 1891 fut votée une loi sur l'organisation militaire de la principauté. La Bulgarie eut désormais une armée permanente, une armée de réserve et une armée territoriale ou milice. Cette loi a été complétée par celle de 1904 qui est la charte actuelle de l'armée bulgare.

L'armée active se compose de tous les hommes de 20 à 40 ans en état de porter les armes. L'armée territoriale comprend les hommes de 41 à 46 ans.

L'infanterie comprend 36 régiments à 2 bataillons.

La cavalerie comprend 5 régiments.

L'artillerie : 9 régiments.

Le génie 9 bataillons, un bataillon de chemins de fer et une compagnie de pontonniers.

Ces troupes sont commandées par 2 161 officiers et 47 000 sous-officiers ou caporaux.

Si l'on compare les chiffres de 1889 à ceux de 1907, on constate à première vue des augmentations colossales. L'une des plus considérables est celle du personnel de la marine. Le nombre des officiers a passé de 4 à 48. La Bulgarie a maintenant une flottille de guerre du Danube et une flottille de la Mer Noire pourvues d'un personnel de 600 matelots.

Depuis 1906, le matériel de l'artillerie est fourni par le Creusot.

Si l'on compare les chiffres de 1887 à ceux de 1907 on constate pour quelques-uns une augmentation qui est représentée par 390, 462 et même 1 100 pour 100.

En 1898 le prince Alexandre avait créé une école militaire ; en 1900 un gymnase a été adjoint à cette école qui porte aujourd'hui le nom du roi Ferdinand. Ses élèves suivent deux années de cours et constituent deux compagnies. Chaque année un certain nombre de Bulgares étudient dans les écoles militaires de l'Étranger.

En temps de paix, l'effectif de l'armée bulgare est de 52 000 hommes, en temps de guerre elle peut mettre sur pied neuf corps d'armée et une division de cavalerie, un millier de bouches à feu : l'ensemble forme un total de 375 000 combattants, bien entraînés, animés d'un patriotisme indomptable et dont l'effectif serait encore renforcé de nombreux volontaires macédoniens.

On a vu dans la dernière campagne de quoi cette jeune armée était capable.

LE ROI FERDINAND

De tous les pays balkaniques, la Bulgarie est assurément celui qui a fait la fortune la plus rapide. Affranchie par les armes de la Russie, démembrée par l'Europe au traité de Berlin, elle a, dès 1885, reconstitué son unité — provisoire — grâce à l'annexion volontaire de la Roumélie orientale. Cette unité, le prince Alexandre de Battenberg sut la maintenir en dépit de la mauvaise volonté de son voisin, Milan de Serbie. Malheureusement pour des raisons que nous n'avons point à énumérer ici, le prince Alexandre n'était point persona grata auprès de l'empereur de Russie et, comme la Russie était de fait la véritable puissance suzeraine, le prince Alexandre crut devoir abdiquer.

Les Bulgares se trouvèrent dans un grand embarras. Ils envoyèrent en Europe une députation composée de trois hommes d'État : MM. Grekov, Stoïlov et Kaltchev, avec la mission de leur trouver un souverain. J'eus l'honneur de les recevoir, si mes souvenirs sont bien exacts, au mois de novembre 1886. Je n'avais pas de candidat à leur recommander et je leur demandai s'ils ne croyaient pas que la solution la plus simple était d'ériger leur pays en république. Ils n'avaient point de descendants d'ancienne dynastie, ils n'avaient point d'aristocratie héréditaire. Ils constituaient essentiellement un peuple de laboureurs et de marchands. Pourquoi ne pas faire l'essai d'une Constitution républicaine ? Il serait toujours temps de chercher un prince si vraiment les Bulgares étaient hors d'état de s'en passer.

Mes interlocuteurs ne se laissèrent point persuader par mes arguments ; ils connaissaient leur peuple mieux que moi, ils sentaient fort bien qu'aux instincts anarchiques héréditaires chez les Slaves il fallait opposer un frein vigoureux, imposer un modérateur. Un prince venu de l'étranger était seul capable de planer au-dessus des partis et de les réconcilier. Ils s'adressèrent d'abord au prince Valdemar de Danemark qui, malgré la parenté des Cours de Copenhague et de Saint-Pétersbourg, n'osa point accepter. Ils se tournèrent alors vers un jeune prince dont on leur avait vanté les mérites, Ferdinand de Saxe-Cobourg-Gotha.

Ferdinand-Maximilien-Charles-Léopold-Marie de Cobourg-Gotha, de la branche catholique de cette maison, est né le 26 février 1861 à Vienne. Son père était le prince Auguste, général major dans l'armée autrichienne, mort en 1880, sa mère la princesse Clémentine, était fille de Louis-Philippe. Le jeune prince se trouvait donc apparenté aux Maisons royales de Cobourg, d'Angleterre, de Portugal et de France. C'était là, au point de vue du prestige international, des titres de noblesse de nature à impressionner les futurs sujets bulgares et à leur faire espérer des sympathies dont ils pourraient un jour profiter. Le jeune prince avait reçu une éducation distinguée ; il s'était particulièrement intéressé aux sciences naturelles. A l'âge de 18 ans, il avait entrepris, avec son frère Auguste, un voyage au Brésil, voyage dont les résultats, au point de vue des études botaniques, ont été consignés dans le bel ouvrage du chevalier Wawra de Fernsee et du chevalier Beck *Itinera principium Saxoniæ Coburgi* (Vienne 1883-1888). Lors du couronnement de l'empereur Alexandre III, le jeune Ferdinand avait représenté la maison de Cobourg à cette cérémonie (août 1883). Puis il avait servi dans l'armée et il était lieutenant de la cavalerie des honveds.

Lorsque les délégués bulgares se présentèrent au jeune prince dans son château d'Ebenthal, ils ne se heurtèrent pas tout d'abord à un refus. Mais le prince répondit qu'il ne pouvait accepter de venir en Bulgarie que comme commissaire turc. Les délégués expliquèrent qu'ils étaient chargés de ramener un prince et non un commissaire, qu'ils auraient pu demander à la Porte. Le prince Ferdinand aurait voulut s'assurer l'assentiment de la Russie. Mais dans les circonstances présentes, il n'y fallait pas penser, et le prince dut accepter sans aucune réserve.

Le 7/19 juillet 1887, l'assemblée nationale le proclama à l'unanimité prince de Bulgarie. Le 15 août de cette même année, le prince prêta, à Trnovo, dans l'ancienne capitale des tsars, le serment constitutionnel, et fit son entrée à Sofia le 22 août.

Suivant un mot célèbre, l'ère des difficultés commençait. La Russie se refusait à reconnaître le nouvel élu. L'une des raisons qu'elle donnait était d'ordre théologique. D'après le pacte fondamental de la Bulgarie, la Constitution dite de Trnovo, le premier prince bulgare pouvait appartenir à un autre culte que l'orthodoxie. C'était le cas d'Alexandre de Battenberg qui, si je ne me trompe, était luthérien. Mais le successeur devait être orthodoxe : autrement dit, si Battenberg avait eu un héritier, cet héritier aurait dû être orthodoxe. Mais Ferdinand n'était pas son héritier. Néanmoins, il était le second prince bulgare ; il n'était pas orthodoxe et il n'avait pas envie de le devenir. C'est pourquoi il fut boudé par la Russie, par toute l'Europe et même par la République française et par la Turquie. Ah ! si Voltaire avait écrit l'histoire du dix-neuvième siècle, quelle page pour un Nouvel Essai sur les Mœurs !

La situation extérieure était difficile. La situation intérieure n'était pas moins compliquée. Alexandre de Battenberg avait dû instituer une régence. Elle se composait d'Étienne Stamboulov, de son beau-frère le général Moutkourov et de Karavelov.

Stamboulov, alors âgé de trente-trois ans, était un ancien émigré qui avait pris part à la guerre contre les Turcs, avait protesté contre le démembrement de la Bulgarie par le traité de Berlin, et s'était établi avocat à Trnovo. En 1880 il avait été nommé député au Sobranié, était devenu vice-président, puis président de cette assemblée, et avait contribué à la révolution pacifique qui eut pour conséquence l'annexion de la Roumélie orientale à la Principauté. Nommé régent par le prince de Battenberg, il s'imposa à ses collègues comme Bonaparte s'était imposé aux siens. Il fut vraiment le premier consul. Il sut persuader au prince et à ses compatriotes que la Bulgarie pouvait tenir tête à la Russie, se passer de l'Europe et se suffire à elle-même. Il appartenait à la race des Richelieu et des Bismarck : violent et peu scrupuleux, il se fit beaucoup d'ennemis; mais, au fond, il réussit à inspirer à ses compatriotes une solide confiance en eux-mêmes. Les mœurs politiques étaient assez brutales dans la Bulgarie naissante ; Stamboulov échappa aux balles qui lui étaient destinées, mais il finit par se rendre insupportable à tout le monde, et, au mois d'avril 1894, il dut donner sa démission. Peu de temps après, il fut assassiné. Le revolver pendant cette période agitée, a joué un rôle exagéré dans la vie politique du peuple bulgare. Le ministre qui avait formé un cabinet de conciliation après le départ de Stamboulov, l'ancien délégué Stoïlov prépara une période d'apaisement.

Stamboulov avait voulu assurer à son pays une dynastie. Pour faciliter le mariage du souverain avec une princesse — non orthodoxe — il fit décider, en 1893, par le Sobranie, une modification à l'acte fondamental de Trnovo. Il fit voter que le premier né du mariage conclu par le prince Ferdinand pourrait appartenir à un autre culte qu'à celui de l'État bulgare. Il n'y avait malheureusement guère de chances que le prince pût épouser une princesse orthodoxe. Ni la Serbie, ni la Roumanie, ni le Monténégro, ni la Grèce n'avaient de fiancée à lui offrir, et bien entendu il ne fallait point penser à la Russie. Le prince Ferdinand devait nécessairement chercher femme parmi les familles catholiques ou protestantes. Au mois de février 1893, il épousa, à Pianora, en Toscane, la princesse Marie-Louise, fille du duc Robert de Parme, qui lui a donné quatre enfants dont deux fils. L'aîné, le prince Boris, duc de Trnovo, né le 30 janvier 1894, arrive à l'âge viril et les destinées de la dynastie sont désormais assurées. La princesse Marie-Louise — j'ai eu l'honneur de l'approcher — était une femme de grand sens et de grand cœur, et sa mort prématurée — elle est décédée en 1899 — a laissé de profonds regrets au cœur de ceux qui l'ont connue.

Conformément aux engagements pris par le Sobranie, le prince Boris avait été élevé dans la religion catholique. La Russie ne désarmait pas, toute l'Europe imitait son exemple et persistait à ne pas reconnaître le prince Ferdinand. On connaît le joli mot du duc d'Aumale. Le prince Ferdinand venait souvent en France dans un incognito qu'il devait subir plutôt qu'il ne le recherchait.

Un soir, il pénètre dans cette bibliotèque de Chantilly où son oncle, tout en fumant sa vieille pipe de bruyère, se livrait à ses travaux favoris. La bibliothèque n'était plus éclairée que par la lampe qui brûlait sur la table studieuse.

— Qui est là ? demanda le duc.

— C'est moi, mon oncle, votre neveu Ferdinand.

— Ah ! c'est toi, mon ami. Tiens ! Je faisais comme l'Europe ; je ne te reconnaissais pas.

Si l'Europe, sans s'inquiéter de la Russie, s'était décidée à reconnaître l'ordre de choses établi en Bulgarie depuis déjà dix ans, le peuple bulgare et son prince auraient pu prendre patience.

Mais, à la longue, l'isolement où les cabinets européens laissaient la Bulgarie finissait par lui peser. Il n'existait qu'un seul moyen de sortir de l'impasse où l'on se trouvait acculé. C'était de convertir l'héritier présomptif à l'orthodoxie. Le jour où le prince Ferdinand prit cette résolution qui dut coûter à son cœur d'époux et de père, l'empereur de Russie annonça qu'il serait le parrain du jeune néophyte ; le prince Ferdinand fut reconnu, non seulement par la Russie mais par tous les États européens, y compris la République française qui allait bientôt proclamer la séparation de l'Église et de l'État, et par la Turquie musulmane.

Dans cet épisode si imprévu, Machiavel et Voltaire eussent encore trouvé la matière de quelque chapitre piquant, l'un pour son livre *Du prince*, l'autre pour le Traité dont nous parlions tout à l'heure. La Bulgarie valait bien une messe, comme eût dit l'un des lointains ancêtres du prince Ferdinand, cet Henri IV qui fut d'ailleurs un très bon roi.

Le prince et son épouse entreprirent un voyage en Europe et furent cordialement reçus, notamment à Saint-Pétersbourg et à Paris. La princesse qui était d'une santé délicate et qu'une quatrième grossesse avait beaucoup fatiguée, mourut au début de l'année 1899. Quelques années plus tard, la princesse Clémentine comblée de jours la rejoignit dans la tombe. Le prince resta seul dans son palais jusqu'au jour où il se décida à donner une nouvelle mère à ses enfants. Au mois de mars 1908, il a épousé en secondes noces la princesse Éléonore de Reuss Kœglitz qui, en sa qualité d'infirmière, avait fait avec l'armée russe la campagne de Mandchourie, et qui a apporté sur le trône de Bulgarie toutes les vertus d'une sœur de charité. La langue russe lui était déjà familière et, sans prétendre faire oublier la regrettée Marie-Louise, la nouvelle princesse, bientôt tsarine, n'a pas tardé à conquérir l'affection et le respect de ses sujets bulgares.

L'histoire des partis et des hommes politiques qui se sont disputé le pouvoir depuis la chute de Stamboulov n'offre guère d'intérêt pour l'étranger. Ce qui est intéressant, c'est le progrès économique et moral de la Bulgarie sous le prince Ferdinand. Ce progrès j'en ai retracé plus haut le tableau.

Dans la politique extérieure de la principauté il faut noter tout d'abord le rapprochement de la Serbie et de la Bulgarie. Les deux États ont tout intérêt à marcher d'accord, et il est vivement à souhaiter qu'ils restent unis à jamais pour la défense de leurs intérêts communs.

Le prince Ferdinand a eu la bonne fortune de réaliser le grand rêve de son peuple et l'idéal qu'il s'était certainement proposé en acceptant la couronne abandonnée par son prédécesseur. Il a su profiter habilement des récents embarras de la puissance suzeraine pour proclamer l'indépendance de la Bulgarie (22 septembre, 5 octobre 1908), et reprendre le titre de tsar, qu'au temps de l'indépendance avaient naguère porté ses prédécesseurs. Ferdinand est roi comme son voisin Pierre de Serbie, mais Pierre Karageorgevitch n'est pas star, il est *kral*, et cette détermination n'est pas d'une moins illustre origine. *Kral* n'est autre qu'une déformation du germanique Karl. L'un a pour parrain César et l'autre Charlemagne.

Souhaitons longue vie et règne prospère au nouveau souverain. Il aime la France, même républicaine, et il s'efforce de faire refleurir là-bas sur les bords de l'Isker, les nobles traditions que lui a léguées le duc d'Aumale.

Souhaitons que dans cette confédération balkanique à laquelle il faudra bien arriver tôt ou tard[1], la Bulgarie intégrale joue le rôle que lui réservent la sagesse de son souverain et les solides qualités de son peuple.

1. Ceci a été imprimé le 9 octobre 1909 dans le *Courrier d'Orient*.

UNE EXCURSION A SOFIA

A l'époque où j'ai visité la Bulgarie pour la première fois — en 1883 — elle était encore d'un accès fort difficile. De Tatar Bazarjik dans la partie septentrionale de la Roumélie le chemin de fer allait jusqu'à Constantinople. Mais du Danube à Tatar Bazarjik il fallait recourir aux bons offices de voituriers et à l'hospitalité peu confortable des *hans*. Les choses ont bien changé. Aujourd'hui l'Orient-express transporte le touriste en quarante heures de Paris à Sofia en passant par Budapest, Belgrade et Nich. La jeune capitale bulgare est également accessible en chemin de fer par Samovit, Svichtov et Roustchouk sur le Danube.

I

En 1883, Sofia sortait à peine de la domination turque et comptait environ trente mille habitants. Aujourd'hui la population a dépassé cent mille et l'espace occupé par la ville a quadruplé. Elle peut d'ailleurs s'étendre indéfiniment car elle a autour d'elle une plaine immense.

Cet accroissement rapide a naturellement eu pour conséquence une surélévation subite du prix des terrains et les pauvres diables ne savent plus où se loger. Les cités comme les individus ont des maladies de croissance et Sofia est en train de subir la sienne.

En débarquant à la gare où m'accueillent des amitiés chaleureuses, j'ai grand'peine à me reconnaître. Des tramways électriques attendent à la station, des lampadaires électriques se dressent le long des avenues. De l'éclairage à l'huile ou plutôt de l'obscurité complète, Sofia a brusquement passé aux derniers progrès des villes occidentales. Elle n'a point de gazomètre et l'usage du gaz y sera probablement toujours inconnu. Les minarets qui naguère annonçaient de loin la ville à moitié mulsulmane ont disparu ; un seul subsiste encore. De larges boulevards pénètrent au centre de la capitale, l'ancien quartier turc a été complètement éventré et il faut se donner beaucoup de mal pour en retrouver quelques vestiges. Aux îlots tortueux peuplés de cabanes ou de chaumières sans étages ont succédé des quadrilatères de maisons européennes, le plus souvent à deux ou trois étages, bordées ou suivies de jardins. Impossible de s'y reconnaître avec un plan du temps jadis.

L'histoire contemporaine de la Bulgarie est écrite dans les noms de toutes ces voies nouvelles. Voici le boulevard Ferdinand, le boulevard Marie-Louise qui rappelle le nom de la princesse défunte, le boulevard de Slivnitsa qui évoque le souvenir de la lutte soutenue jadis contre ce fou furieux de Milan. Nous traversons sur le pont des Lions le petit cours d'eau sans eau, la Vladaïska qui contourne les quartiers nord-ouest ; nous arrivons au cœur de la cité.

Sofia est la dernière venue dans la famille des capitales européennes. Mais elle a tenu à rattraper le temps perdu. Par l'élégance de ses maisons, de ses places, de ses squares, de ses édifices publics elle peut dès maintenant rivaliser avec les capitales secondaires de l'Allemagne, avec les grandes villes de la Russie. C'est aux villes russes que le style de ses églises fait penser tout d'abord ; celui des édifices civils rappelle plus ou moins le néo-grec de Munich.

Sous le badigeon moderne qui recouvre Sofia et qui saisit tout d'abord l'œil du touriste superficiel, il faut savoir retrouver les survivances des deux civilisations qui se sont naguère imposées à l'antique cité, la civilisation byzantine et la civilisation ou, si l'on aime mieux, la barbarie musulmane.

La capitale de la Bulgarie est une ville tout ensemble

très moderne et très ancienne. Ses origines remontent au règne de Trajan, le grand organisateur des pays danubiens. A ses débuts dans l'histoire elle s'appelait Serdica du nom d'une peuplade thrace. Et ce nom a d'abord été repris par les Bulgares qui se plaisaient naguère à l'appeler Sriedets, ce qui semblait vouloir dire en slave la cité centrale. Serdica fut vite hellénisée. Constantin le Grand, originaire de la ville voisine de Nissa (Nich aujourd'hui serbe) se plaisait à y résider et l'appelait sa Rome. Au cours des années 343 et 344 il s'y tint un grand concile où furent condamnées les doctrines ariennes. Sophia était d'ailleurs célèbre par ses eaux thermales qui guérissent toujours et auxquelles un magnifique établissement vient d'être consacré. Il n'était malheureusement pas encore inauguré au moment où j'ai dû quitter la ville. De cette période romano-grecque il ne reste que des monuments funéraires, des dalles portant des inscriptions qui sont aujourd'hui réunies au musée.

En l'an 809 la ville fut occupée par le premier prince bulgare, Kroum. Les Bulgares lui donnèrent le nom de Sriedets. Au moyen âge la principale église était un temple placé sous l'invocation de sainte Sophie et le nom de la sainte finit par s'imposer à la ville tout entière. Elle existe toujours cette vieille basilique, mais elle a subi bien des épreuves ; les Turcs l'avaient convertie en mosquée ; en 1808 et en 1858 elle était en partie détruite par des tremblements de terre. Les Bulgares ont rendu au culte orthodoxe la nef qui a subsisté. Le reste doit être restauré et on compte y établir un musée d'antiquités chrétiennes. Non loin d'elle s'achève en ce moment une gigantesque basilique dédiée au grand saint russe Alexandre Nevsky, le patron du tsar libérateur Alexandre.

II

Une autre église byzantine se recommande à l'attention du touriste ; c'est la misérable petite paroisse de sainte Paraskeva.

Au XVIe siècle si l'on en croit les voyageurs, Sofia possédait onze grandes mosquées et cent petites. Une seule reste aujourd'hui consacrée au culte musulman, une autre sert de prison. La plus grande de toutes, un bel édifice en briques rouges, surmontée de neuf coupoles a été affectée au Musée national. Dès mon arrivée à Sofia, le ministre de l'Instruction publique M. Bobtchev — un savant jurisconsulte et historien[1] — avait bien voulu mettre à ma disposition un des fonctionnaires de son ministère, M. Michev, un licencié de notre Sorbonne, qui m'a fait les honneurs des établissements scientifiques. Le Musée a fort bien su mettre à profit les locaux de l'ancienne mosquée. Les antiquités gréco-romaines groupées dans le rez-de-chaussée et dans le jardin qui l'entoure ont déjà provoqué soit en Bulgarie, soit ailleurs de doctes recherches ; ce qui m'a intéressé surtout c'est la partie byzantine et bulgare. On a réuni ici des reproductions de fresques perdues dans des églises peu accessibles et qui donneront lieu quelque jour à de savantes publications.

J'ai notamment remarqué celles de l'église de Boïana. Boïana est une petite localité située au flanc du mont Vitoch qui domine Sofia. Elle possède une petite église dédiée à saint Pantaleimon et à saint Nicolas et qui à l'intérieur est presque tout entière recouverte de fresques qui représentent le tsar Constantin Asen et *Sebastokrator* Kaloïan avec leurs femmes. Par suite de récentes superstructions cette église est à peu près plongée dans une complète obscurité, Mais la houille blanche n'est pas loin et il faut espérer que l'église pourra un de ces jours être dotée de la lumière électrique. Elle possédait autrefois d'intéressants manuscrits qu'un savant russe, Grigorovitch a emportés et qui sont maintenant conservés à Moscou.

Au temps jadis la grande mosquée abritait à la fois le musée, la bibliothèque publique et l'imprimerie nationale. Aujourd'hui elle suffit à peine à contenir les richesses artis-

1. Voir plus haut, p. 168.

tiques et archéologiques qui lui arrivent de tous côtés. La bibliothèque nationale qui possédait naguère 15 000 volumes en compte aujourd'hui plus de 80 000. Elle est installée dans un bâtiment somptueux. Parmi les richesses qu'elle possède en dehors des livres et manuscrits slaves, il faut signaler la bibliothèque orientale du célèbre pacha de Viddin, Pasvan Oglou, qui a joué un si grand rôle dans l'histoire intérieure de la Turquie au début du XIXe siècle.

III

En tout pays les antiquités nationales sont essentiellement respectables. Mais chez un peuple qui a subi une si lourde oppression et dormi d'un si long sommeil, elles ont un caractère deux fois sacré.

Si les mosquées ont disparu, en revanche les églises chrétiennes se sont multipliées à Sofia. L'église cathédrale est souvent désignée en français sous le nom d'église de Saint-Kral et les étrangers adoptent volontiers le nom de ce saint imaginaire. Kral est le mot serbe qui veut dire roi. Il faudrait dire en français, l'église du saint Roi. Ce saint roi, ce n'est pas un Bulgare c'est un souverain serbe, Étienne Ouroch Miloutine qui mourut en odeur de sainteté en 1320. Ses restes furent transférés à Sofia dans la seconde moitié du XVIe siècle et sont restés l'objet de la dévotion populaire. Ce fou de Milan Obrenovitch pensait peut-être à ce lointain prédécesseur quand il eut l'idée d'annexer Sofia à la Serbie. On sait comment il fut repoussé par Alexandre de Battenberg, refoulé sur son royaume et sauvé d'un désastre complet par l'intervention autrichienne.

Ce n'est pas sans quelque scrupule que j'évoque le souvenir de cette guerre serbo-bulgare, provoquée par un détraqué criminel pour lequel l'histoire ne sera jamais trop sévère.

Périsse jusqu'au souvenir de cette lutte fratricide et puisque Sofia possède la relique d'un saint serbe, puisse cette auguste dépouille inspirer aux deux nations un esprit de concorde et de paix! Pour résister aux ennemis qui les menacent de tous côtés les Slaves ne sauraient être trop unis!

A ce propos il me vient à l'esprit une idée que je recommande à la méditation de tous les patriotes serbes, bulgares, grecs et roumains. Quand un Français arrive à Belgrade, à Sofia, à Bucarest, à Athènes il retrouve notre système monétaire décimal. Seulement le franc s'appelle dinar à Belgrade, lev (lion) à Sofia, leu (même sens) à Bucarest et drachme à Athènes et les monnaies frappées sous ces divers noms ne peuvent franchir sans subir le change, les frontières des petits États qui les ont émises. En attendant la Confédération balkanique destinée à remplacer l'ancienne Turquie d'Europe — avec Constantinople comme ville fédérale — ne pouvons-nous au moins rêver une union monétaire balkanique et si cette union pouvait se rattacher à la nôtre — ne fût-ce que par une pièce de cinq francs internationale — de quel progrès cette union latino-balkanique ne pourrait-elle pas être le présage? Tout en ajournant la réalisation des rêves de la grande politique, il y a là pour les Serbes, les Roumains, les Bulgares et les Grecs une jolie occasion de montrer qu'ils font vraiment partie de l'Europe et qu'ils ont le sentiment de la solidarité qui doit les unir[1].

Le rapide développement de la nouvelle Sofia a nécessairement dû provoquer la construction de nouvelles églises. Les modèles ne manquaient pas; la Russie en offre de tous les types et il en est d'exquis; la chapelle de l'ambassade de Russie appartient à cette catégorie. Elle est vraiment délicieuse avec le vert de son toit et l'or de son clocher. Je voudrais pouvoir en dire autant du temple qui s'élève en ce moment sous le vocable de saint Alexandre Nevsky. Il coûtera dit-on, cinq millions. Il est l'œuvre d'un architecte russe qui a tenu à faire quelque chose de massif et colossal, mais qui a produit en somme une œuvre lourde et trapue.

1. Cet article avait été écrit au mois de juillet 1912.

On dirait une énorme tortue. Peut-être quand les coupoles seront dorées, l'ensemble prendra-t-il un peu plus de légèreté. L'intérieur que j'ai visité à travers les échafaudages doit être décoré d'une infinité de fresques et de mosaïques. L'effet promet d'être assez somptueux.

Le palais des rois perdu dans la verdure des jardins qui l'entourent est, si je ne me trompe, resté tel que je l'ai connu naguère du temps du prince Alexandre. Dès maintenant on songe à en construire un plus magnifique, dont l'emplacement est déjà désigné.

Les édifices civils qu'on a dû élever assez vite pour répondre à des besoins urgents n'ont pas eu la prétention d'affecter un style national dont on ne connaît guère les éléments ou d'imiter les modèles russes. L'assemblée nationale, le théâtre, la poste, les halles, la banque, les divers ministères offrent simplement un aspect élégant et confortable. La nouvelle Sofia est encore trop jeune pour avoir beaucoup de monuments commémoratifs. La nation bulgare a tenu à remercier dignement ceux qui avaient contribué à son émancipation. J'ai décrit naguère la pyramide élevée à la mémoire du tsar libérateur. Ce n'était qu'un hommage provisoire.

Depuis, la reconnaissance nationale a érigé en l'honneur d'Alexandre II un monument définitif. En face même du palais du *Sobranié* se dresse la statue équestre du souverain russe flanquée autour de son soubassement de celles des généraux qui ont pris part à la guerre de l'Indépendance. Cet ensemble grandiose est l'œuvre d'un sculpteur italien dont j'ai malheureusement oublié de noter le nom. Je ne lui connais guère d'analogue dans notre Occident.

Si Alexandre II a affranchi la Bulgarie, le peuple bulgare n'a point oublié que son premier souverain le prince Alexandre de Battenberg a su maintenir son indépendance et protéger ses frontières contre l'invasion étrangère. Des circonstances, sur lesquelles je ne veux point insister ici, obligèrent le prince à renoncer au trône et à terminer sa vie à l'étranger. La nation a tenu à ramener sa dépouille dans ce pays qu'il avait si vaillamment défendu. Il repose dans un somptueux mausolée sous les fleurs et sous les couronnes.

Son successeur a vécu dans des circonstances plus heureuses et l'Europe qui à ses débuts avait été injuste envers lui s'est prise pour lui d'une universelle sympathie. J'ai eu l'occasion à diverses reprises d'appeler l'attention sur les progrès, moraux, intellectuels, économique accomplis sous son règne, je ne veux point y insister ici. Ces progrès dont j'avais eu connaissance par la presse et les rapports officiels, j'ai tenu à aller en constater moi-même les résultats. Et je ne puis que confirmer aujourd'hui le diagnostic que je portais dans un volume publié en 1884 « la Bulgarie a su prouver qu'elle était digne de reprendre sa place parmi les nations européennes, qu'elle apporterait à l'Orient régénéré un précieux élément de force, d'ordre et de civilisation ».

TABLE DES MATIÈRES

CHARTRES. — IMPRIMERIE DURAND, RUE FULBERT.

PICOT (E.)

LES SERBES DE HONGRIE

LEUR HISTOIRE, LEURS PRIVILÈGES, LEUR ÉGLISE, LEUR ÉTAT POLITIQUE ET SOCIAL

Prague et Paris, 1873-1874, 2 volumes in-8 brochés, 476 pages. . . . . **25 fr**

Publication très intéressante comprenant : Histoire des Serbes depuis le VIIe siècle jusqu'à nos jours. — Ethnographie des Serbes de Hongrie. — Les confins militaires. — L'Église serbe, les Écoles, les Journaux, etc.

DOZON (A.)

CHANSONS POPULAIRES BULGARES INÉDITES

TEXTE, TRADUCTION EN REGARD, NOTES ET GLOSSAIRE

Paris, 1875, petit in-8 broché, XLVII-227 pages. . . . **10 fr.**

LES CHANTS POPULAIRES BULGARES

RAPPORT SUR UNE MISSION LITTÉRAIRE EN MACÉDOINE

Paris, 1874, in-8 broché. . . . . **3 fr. 50**

BENLŒW (Louis)

ANALYSE DE LA LANGUE ALBANAISE

ÉTUDE DE GRAMMAIRE COMPARÉE

Paris, 1879, in-8 broché, XIV-262 pages. . . . . . **6 fr.**

LA GRÈCE AVANT LES GRECS

ÉTUDE LINGUISTIQUE ET ETHNOGRAPHIQUE. — PÉLAGES, LÉLÈGES, SÉMITES ET IONIENS

Paris, 1877, in-8 broché, VII-264 pages. . . . **5 fr.**

CHARTRES. — IMPRIMERIE DURAND, RUE FULBERT.

www.ingramcontent.com/pod-product-compliance
Ingram Content Group UK Ltd.
Pitfield, Milton Keynes, MK11 3LW, UK
UKHW021044220726
13924UKWH00005B/2010